幸せな選択、
不幸な選択

行動科学で
最高の人生をデザインする

ポール・ドーラン
中西真雄美＝訳

Happiness by Design

Change What You Do, Not How You Think

Paul Dolan

早川書房

幸せな選択、不幸な選択

――行動科学で最高の人生をデザインする

HAPPINESS BY DESIGN

Change What You Do, Not How You Think

by

Paul Dolan, PhD

Translated by
Mayumi Nakanishi
First published 2015 in Japan by
Hayakawa Publishing, Inc.
This book is published in Japan by
direct arrangement with
Whitespecs Limited
c/o Brockman, Inc.

装幀：川名潤（prigraphics）

目次

Ⅱ 幸福を届ける

序文

ダニエル・カーネマン

幸福（私は「主観的幸福感」という言葉を好んで使うが）の研究では、中心となる論点がふたつある。ひとつ目はアリストテレスの時代から論じられている古典的な問題で、「すばらしい人生」とは、喜びや満足感といったポジティブな感情に満ちた人生なのか、それとも有意義で充実した人生なのかというものだ。これは、どちらか一方を選ぶということ自体に問題がある。人生の意義よりも喜びを重視すれば、快楽主義者と呼ばれる。けっして褒め言葉ではない。かたや、快楽なんてものはくだらない、道徳的で目的をもった生き方にこそ意味があるなどと言おうものなら、間違いなく頭でっかちのうるさいヤツと思われるだろう。快楽主義者にも頭でっかちにもなりたくなければ、幸福をどう捉えればよいのだろう？　さらにもうひとつの大きな論点は、幸福の度合いをどう測るかだ。人がどう感じながら生きているか、つまり、おおむね幸せだと思いながら生きているのか、惨めな気分で生きているのかを質問すればよいのだろうか？　それとも、人々に自分の生活について考えてもらい、それに満足しているかどうかを質問すればよいのか？

この二種類の質問はたがいに関係し合っているように思える。生きる意義を見いだしているかを探るため人生全般の満足度を尋ねるのも、いま経験していることに幸せを感じるかと尋ねるのも、どちらも道理に適っているだろう。私も長いあいだ、そう考えてきた。だが、ポール・ドーランの考えは違うようだ。まず、彼は人が自分の生活をどう評価しているかよりも、生活をどう経験しているかに関心があるようだ。「意味がある」ものと「意味がない」ものを本人の評価ではなく、経験として捉える考え方は、きわめて斬新だ。彼の見解によると、人の取る行動は、目的をもった主体的な経験かどうかによって区別される——例えば、ボランティア活動にはやりがいがあるが、チャンネルを次々と変えながらテレビを観る行動にはそれがない。ドーランの視点では、やりがいと快楽はどちらも幸福を構成する基本要素なのだ。なんとも大胆で独創的な考えだ。

「幸福は何によって成り立っているか?」という問いに、幸福にまつわる事実・事象を並べ上げても答えにならない。問題は「幸せ」という言葉が適切に使われているかどうかだ。人々が「幸せ」を口にするとき、頭のなかに何を思い浮かべているだろう? この問いに完璧な答えなど出せない。なぜなら、人が「幸せ」という言葉を使うとき、いつも同じものを頭に思い描いているわけではないからだ。ただ、不完全であるとはいえ、あまたある「幸福」の定義のなかで、ドーランの〝快楽とやりがい〟という概念はなかなかいいところを突いている。私が孫たちに説明するなら、こんなふうに話したい——「幸福」とは、喜びとやりがいの両方が得られる経験に満ちた生活のことだよ、と。

ポール・ドーランは根っからの楽観主義者だ。そのおかげで幸福に関する研究の専門家として国際的に認められるまでに、いくつもの障害を乗り越えてこられた。本書には、彼の楽観主義が随所に見られる。とりわけ、ポールは読者のみなさんについて楽観的な見方をしている。自分が置かれる環境を自ら創り出し、人生において打ち込む価値のあるものを慎重に選択すれば、誰もが喜びとやりがいに満ちた人生を必ず送れるはずだと、彼は信じている。この選択をどう行なえばよいか、選択したことがらにどう取り組んでいけばよいかについて、彼は本書のなかで数多くのアドバイスを与えてくれている。彼はこう言う。「あとは、あなた次第だ」——。

読者のみなさんへ

本書を購入してくれてありがとう。私にとってとても幸せなことだし、これによってみなさんも幸せな気分になってもらえればと願っている。私は職業上、そして個人的にも「幸福」と人間の行動に強い興味をもっており、その興味をさらにかき立てるような多くのチャンスに恵まれてきた。幸福に関する本を執筆する以前から、私はイギリスでの幸福に関する大がかりな調査で現在も使用されている質問を考案したり、イギリス政府に対し、国民の行動変化をもたらすべく効果的に介入するための助言をしたりしてきた。現在ではイギリス政府以外にも、慈善団体や多国籍企業、あるいは他国の政府などから、従業員や国民をより幸福にし、彼らの行動に影響を与えるにはどうすればよいかといったアドバイスを求められるようになってきた。

私が職業上、幸福について強い関心を持つようになったきっかけは、ほとんど偶然と言ってもいい。私は医療の費用対効果をどう測定し、評価すればよいかといった学術研究に、10年ほど携わってきた。この研究は2002年にフィリップ・リーバーヒューム賞を受賞し、私の健康経済学への貢献が認められた。おかげで、私はシェフィールド大学での授業からしばし解放され、いくつかのカンファレンスに出席する機会を得た。2003年の3月にミラノで開催された幸福の経済学に関する会議は、私の学者人生に最も大きな意味を残すイベントとなった。夕食会で私の隣に座った男性は、ダニエル（ダニー）・カーネマンと名乗った。私は彼がどういう人物であるかをよく知っていた。おそらくみなさんのなかにもご存じの方が多いだろう。ダニエル・カーネマンは2002年にノーベル経済学賞を受賞した心理学者で、その後、『ファスト&スロー』を執筆した。これは人間の行動と意思決定について書かれた、非常に優れた本である。

ダニーは私が取り組んでいた仕事にすぐさま関心を示し、興味深く話を聞いてくれた。そして数分後には、「プリンストン大学に来て、一緒に働かないか？」と誘ってくれた。私はほとんど考える間もなく、「ええ、喜んで」と答えていた。ダニーはそれまで私が出会ったなかで最も感じのよい人物だったが、それだけではない。私にとっての知的ヒーローなのだ。実際のところ、この会議は私の人生を大きく変えた。幸福に関する世界的に有名な研究者であり、『*Happiness: Lessons from a New Science*（幸福学——新しい学問分野から学べること）』〔未邦訳〕の著者であるリチャード・レイヤードと出会ったのも、この会議だった。彼はやがて、2010年に私がロンドン・スクール・オブ・エコノミクスへ移るきっかけを作ってくれることになる。

ダニーとリチャードに出会って以降、私は幸福とそれをもたらす要因についての研究に取り組むようになった。この研究では、既存のデータを分析することもあるが、ときには自分自身でデータを集めなくてはならないこともある。それが、研究室《ラボ》や実生活のなかで行なわれる実験を通して、人間の行動を理解するための研究につながっていったのは、ごく自然な流れである。人が「どう感じるか」は、その大部分が「何をするか」によって決まり、「何をするか」はおおむねそれが自身の幸福にどう影響するかが動機付けとなる。幸福を感じるかどうかは、自分の行動が招く影響について、自分自身が受け取るフィードバックなのだ。これらがいかに循環し、つながっているかは、あなたにも想像がつくだろう。

幸福と人間の行動の両方を研究する数少ない研究者のひとりとして、本書を執筆した大きな目的のひとつは、このふたつの研究分野のつながりを明確にすることである。そのなかでより幸福になるためには何をすればよいのか、(行動を変えることによって)どうすればさらなる幸福をもたらすことができるのかといった疑問に率直な答えを出していきたい。私は経済学者になるための教育を受けたにもかかわらず、現在は行動科学の教授をしている。おそらくそのおかげで、最近の研究は心理学に近いものがある。私の研究や、今回の本の内容は、これらふたつの分野の一番おいしいところを結びつけようとするものだ。つまり、私たちの行動は文脈《コンテクスト》や状況に大きく影響を受けるという心理学的認識に沿って、経済学的なコストとメリットの問題を厳密かつ明確に検討しようというものだ。

本書には、個人的な経験に基づく観点も盛り込んでいる。私の父は長年にわたって、あまり高い技術を必要としない肉体労働に従事し、母は家計を助けるために事務仕事に携わってきた。私は公営住宅で育ち、ごくありふれた公立学校に通った。家計は苦しかったが、それほどひどい暮らしだったわけではない。しょっちゅうバカンスに出かけるということはなかったが、両親はつねに充分な食事ときちんとした身なりをさせてくれていた。現在では、大学を出ていない友人もいれば、特権階級に生まれた友人もいる。それゆえ、私は人の幸福と行動について研究する人々の多くとは違った経験をいまでもさせてもらっている。学術的研究の理解も重要なことだが、さまざまな経歴をもつ人々の複雑で奥の深い実生活をうかがい知ることも、同じくらい大切なことなのだ。

みなさんもご存じのとおり、他人からの期待をうまくかわすのも大切なスキルなので、私はみなさんの生活に変化を起こしてみせると約束するつもりはない。けれども、自分の取るべき行動をどう選択していけばよいのか、それについての有意義な洞察をいくつか提供していければと考えている。人からこうしろと言われる内容はたいして重要ではないが、誰にそれを言われるかはとても重要だということを、行動科学は教えてくれている。あなたも、ほかの人たちの言葉は聞き入れなくても、ある特定の人たちの言葉には耳を傾けることがあるだろう。本来、有意義なメッセージを与えてくれる人というのは3つの特性をそなえている——信頼できる人物であること、専門家《エキスパート》であること、そしてあなたと似ていること。私が行なってきた学術研究と生まれ育った環境とを考え合わせると、私にはこの3つの特性がすべてそなわっているのではないだろうか。だからこそ、ここから先を読み進めてもらう価値があるのだ。

ウォームアップ

本編に入る前に、次のリストを見てほしい。人に幸福をもたらすと考えられる20の要素があげられている。

このリストから、自分にとって最も幸せになれる要素を4つあげるとすれば、あなたはどれを選ぶだろうか？　4つの要素を選んだら、〈最も幸福になれる〉の欄にチェックを入れ、一つひとつの要素に対して、実現がどの程度むずかしいかを0から10で評価してほしい。実現がまったく困難でないなら〝0〟、きわめてむずかしいなら〝10〟といったぐあいだ。

あなたが選んだ4つの要素を念頭に置いて、これから本書を読み進めてほしい。

ウォームアップ

		最も幸福になれる	実現のむずかしさ（0～10）
1	財力		
2	新たな経験		
3	子どもの存在		
4	子どもとの時間		
5	子どもの独り立ち		
6	新しいパートナー		
7	たっぷりの睡眠	✓	2
8	セックス		
9	通勤時間の短縮	✓	7
10	友人との時間		
11	新居		
12	新しい仕事		
13	新しい上司		
14	新しい仕事仲間		
15	エクササイズ		
16	健康的な身体	✓	3
17	スリムな体型		
18	禁煙		
19	休暇	✓	3
20	ペットの存在		

序章　私はいかに吃音を克服したか

ここで、ひとつ告白をしよう。つい最近まで、家族やごく親しい友人にしか明かしていなかったことだ。私には吃音がある。これが、私の思い描く「幸福」の展望に唯一大きな影を落としていたと言っても過言ではない。私の人生にずっとつきまとい、つねに何かしら影響をおよぼしてきた。それを隠そうとする私の努力はそこそこうまくいっていたにもかかわらず。

7歳になるころ、私は母に言語療法士のもとへ連れていかれた。そこでは、大人になれば治るだろうと言われた。吃音がとりわけひどくなったのは、ティーンエイジャーのころだ。自分の名前すら言えなかった。電話に出るのが大嫌いだった。人前で話をするような機会があると、吃音のない人にはどうってことのない状況でも、強烈な不安が襲ってくる。そして、それが終わると絶望のどん底に突き落とされた。

吃音がこれほど悩ましいのは、どうしてもそこに注意が向いてしまうからだ。吃音者にとっては神経のすべてがそこに集中してしまうようで、人と話をするたびにそこから意識が離れなくなる。吃音者ならわかると思うが、その頻度や度合いには波があり、それゆえ〝注意エネルギー〟

が相当かかってしまう。かりに6語発するたびに必ずつっかえるのであれば、それほど注意を払う必要はない。まわりの人たちも、そのパターンに慣れてくれる。だが、人は不確実で予測のつかないことが気になるものだ。同じ雑音でも、時計のカチカチという音のように予測できるものはさほど気にならないが、車のクラクションのようにランダムに発生する音には注意が向いてしまうように。

また、吃音は説明するのがとてもむずかしい。その原因が完全に解明されていないからだ。[1] 人は一般に、わけのわからない刺激には敏感になってしまう。脚に痛みがあっても、数日前に自転車で転んだせいだとわかっていればたいして気にならないが、なぜ痛むのか理由がわからなければ気になってしかたがないだろう。[2]

表面上は吃音がさほどひどくない人でも、いつ言葉がつっかえてしまうかと考え、表面下ではかなりの不安を感じているものだ。私自身の吃音は、意図しない沈黙の間として現れる。その間、私は声を出すこともできず、その時間が永遠に続くように感じられる。言うまでもなく、言葉が出てこないことを恐れてもいるが、それだけではない。私たち吃音者は、自分の話し方が周囲から注目されていて、それが低い評価を受ける原因になっているにちがいないと考えてしまう。唯一の救いは、大人になれば治ると聞いていたことだ。それが本当だったらよかったのだが。

私の吃音がひとりでに消えていくものではないと悟ったのは、学部生最後の年のゼミで行なった悲惨なプレゼンテーションでのことだった。自分に吃音があるとわかっていた私は、それまで人前でのスピーチを巧妙に避けてきたので、それは私にとって人生初のプレゼンテーションだった。もちろん人前でのスピーチを恐れる人はたくさんいるだろうが、吃音者の場合、その恐怖は何倍にも膨れあがる。1年後、ヨーク大学の大学院生だった22歳のとき、私は子どものころに母親に連れていかれたのとは別の言語療法士のもとを訪れた。彼女は子どものころに診てもらった療法士よりも優れた見識をもっていて、私に話し方をコントロールする方法を教えてくれた。まず、とても静かに、ゆっくりとした口調で、自分の言葉が途切れることなくつながっていくところを想像しながら話し始める。当時の私はまだ「よどみなく話す」というレベルからはほど遠かったが、これによって人前でも話を始められるだけの自信がついた。私は緊張する状況でどんどんスピーチをするようになり、やがて恐怖心を克服して、気がつけば講師の職に就いていた。

そのうちに、私は講演を進んでやるようになり、そのことをあまり不安に思わなくなっていた。スピーチの恐怖に注意が向かなくなっていたのだ。私はこうしたイベントの多くに不安いっぱいで臨んでいたが、正直なところ、思っていたほどひどい出来だったものをひとつも思い出せない。私はここ20年、吃音と〝闘う（Fight）〟アプローチをとってきたことをとても誇りに思うようになった。そして、人前でのスピーチのように、苦労はあっても目的がしっかりしていてやりがいのある活動を積極的に求めるようになった。

とはいえ〝逃げ出した（Flight）〟ケースもたくさんあった。例えば、ラジオやテレビのインタビューは避けてきたし、たとえどんなものでも生放送は絶対にＮＧだ。厄介なのは、吃音がずっと私の感情に影響を与え続けてきたということだ。その結果、話をしている最中や流暢に話さなければいけない大事な行事の前には、相当な不安が押し寄せてくるのだ。そこで6年ほど前、私はクロアチアで開催された吃音者会議に出席することを決めた。帰りの機内で、私はロンドンにあるマイケル・ペイリン・センターのふたりの言語療法士に出会った。そのセンターは子どもの吃音を専門にしていたのだが、彼らは親切にも私の診療を引き受けてくれた。

その療法《セラピー》はこれまでのものとはずいぶん違っていた。彼らが注目したのは、私が吃音に向けてきた注意だ。実際の話し方に関わる療法はほとんどなかった。私が学んだのは、いままさに経験している出来事にもっと多くの注意を向けること。それが、これからおかしな話し方をしてしまわないかという恐怖やこれまでの話し方におかしいところがあったのではないかという心配を和らげてくれる。また、自分がスピーチをしたイベントで得られた精神的フィードバックにも注意を向け始めた。私はほぼ毎回とてもすばらしいフィードバックを受け取っていて、次にスピーチをする機会のことを考えるとき、この情報が非常に頼りになった。自分の行動が感情にどう影響するかということに注意を向けるのは、何があなたを幸せにし、何があなたを幸せにしないかを理解するうえでとても重要なことなのだ。

さらに、自分の話し方やそれが流暢でないことに向けてきた注意は、他人が向けてくる注意とはまったく一致しないことにも気づいた。それどころか、のちに自分が吃音者だとカミングアウトしてみてわかったことだが、そのことに気づいていた人はほんの少ししかいなかったのだ。ほとんどの人は、ちょっと変わった話し方をする人くらいにしか考えていなかった。本書の初期段階の草稿に感想を述べてくれた私の生徒のなかには、何度も公の場でスピーチしていた私が、自分のスピーチに対してこんな懸念を抱いていたと知って驚いた者もいた。もうひとつの大事な教訓は、私を知る人たちにとってさえ、私の吃音などほとんど重要ではなく、それについて批評することもほとんどなかったということ。また、吃音を乗り越えられるかどうかは、自分自身をどれだけ信じられるかということと大きく関係していた。こうして私は自分のことを吃音者と認識するのをやめた。

いったん自分の話し方にあまり注意を向けなくなると、そのことに悩まされることもなくなった。そう、行動を変えて、幸福を高めることは、ポジティブなことに注意を向けるとともにネガティブなことから注意を逸らすことでもある。最近では、人がどう判断しようと、自分が幸せかどうかが吃音に左右されることはほとんどない。注意の配分に注目すれば、私がいまではほとんど吃音を気にしなくなったのも、つっかえても気にならなくなったのも、おおむね説明がつく。吃音がましになったことももちろん大きいが、それにあまり注意を向けなくなったことのほうがはるかに重要だ。その結果、私は以前よりずっと幸せになった。

私の吃音について言えることは、幸福のすべての要因についてもあてはまり、幸福になるためのすべての行動にもあてはまる。幸福は「自分の注意を何にどう割り振るか」で決まる。あなたが注意を向けるものが、あなたの行動を決定し、あなたが幸せになるかどうかも決める。注意とは、生活をまとめあげる接着剤のようなものだ。

職業上でも注意の配分に注目するようになったきっかけがあった。それは、経済学者になるための訓練だ。どんな難題でも割り振りの問題として取り組むようになったのだ。どこにでも不足しているものはあり、だからこそ資源の配分は望ましい結果を引き出すために重要なことだ。あなたの注意資源がいままさに従事している活動に向いている場合もあるだろうし、「今晩何を食べる？」といったささいなことに向いていることもあるだろう。あるいはたんに空想にふけっているだけ、ということもあるだろう。本来、ひとつの刺激に向けられた注意はほかの刺激には向かないものだ。友人にメールを打っているときには、隣に座っている別の友人に注意を向けていないだろう。「注意を払う」というのは、じつに的を射た表現なのだ。

注意資源が不足しているなら、何に注意を向けるべきか、どう向けるべきかを上手に選択する方法を検討しなくてはいけない。思ったほど幸せになれないでいるなら、注意の配分のしかたが間違っているのだろう。できるだけうまく注意を割り振れば、最大限幸せになれるはずだ。

「人は自分が注意を向けたものでできている」という考えは、1世紀以上も前にウィリアム・ジェイムズが提唱している。[3] プリンストン大学でダニエル・カーネマンとともに研究する機会を得たことで、私の「注意」への関心は一気に燃え上がった。私はここでの研究の成果として、刺激を幸福に変換する「製造プロセス」のなかで、注意がどう作用するかを示した。

幸福をもたらす要因を説明しようとするこれまでの試みは、例えば収入といったインプットと幸福という最終アウトプットを直接関連づけようとしていた点で、どれも間違っていた。だが、私のアプローチでは、インプットをあなたの注意を奪い合う刺激と捉え直している。そして、あるインプットがあなたの幸福にもたらす影響は、それに対してどの程度の注意が向けられていたかによって決まる。例えば収入があなたの幸福にもたらす影響は、受け取る収入の額だけでなく、収入に向ける注意の量で決まるのだ。同じように他のインプット——金銭、結婚、セックス、吃音、その他いろいろ——も、それにどの程度の注意を向けているかによって、幸福への影響度が変わってくる。

ある種のインプット、例えば騒音のようなものはもともと人の注意を引きやすいが、それらについては、自分の感情に与える影響をコントロールできるものだ。そう考えると、気分が楽にならないだろうか。

もう少し謙虚に考えると、私たちが注意を向けるものやその結果として取る行動の大半は、無意識のプロセスによるものだ。実際に、行動科学におけるここ20年ほどの研究が、シンプルだがとても重要なことを教えてくれている。私たちが行なっていることの大半は、頭で考えた結果ではなく、反射的にそうしているだけのことだと。大きな板チョコを買ってしまうのは、本気でそれをむさぼり食おうと決めたからというよりも、たまたまレジの横に並べてあったからというケースが多いのだ。私だって、車に乗ったらどの段階でシートベルトを締めているかなんてわからない。あなたは意識しているだろうか？　学校や仕事から帰って、ほとんど何も考えずに冷蔵庫に直行してしまうこともあるのでは？

人はみな環境の生き物だ。カリフォルニア州の300万人のティーンエイジャーを対象にした調査データによると、学校から0・1マイル（約160メートル）の範囲内にファストフードの店があると、その学校の肥満児の割合が5パーセント以上も増えるという。同じように、家から0・5マイル（約800メートル）の範囲にファストフードの店があると、妊娠中の女性の体重が44ポンド（約20キロ）増加する可能性が1・6パーセント増える。[4] 体重の増加は、そうなるきっかけがあるかどうかと非常に関連が深い。

同じおいしい話でも、次は人をだましておいしい思いをする話をしよう。そうは考えたくないだろうが、チャンスさえあれば、私たちの大半が多少なりともズルをしようとする。ただし、自分の印象が悪くならない程度にわきまえての話だ。ある学生のグループに一般的な知識テストを行ない、自己採点をしてその点数を報告させると、教師が採点した場合にくらべ、（50問中）4点以上正解率が高くなるそうだ。大幅に点数を改ざんするわけではないが、ズルには違いない。ズルをするかどうかの傾向は、先ほどの例と同様に、その人がどんな人間であるかではなく、それをするきっかけがあるかどうかに左右される。[5]

おおむね予想がつくと思うが、私の吃音はある状況では普段よりひどくなる。最も深刻な事態は緊張するような状況で起こり、吃音者なら誰でも同じことを言うと思うが、ひとりでいるときにつっかえることはまずない。私の話し方やそれが私自身に与える影響は、私がどんな人間であるかや自分がどんな環境に置かれているかに左右される。とはいえ、いつ、どんなふうに吃音が起こるか、うまく話せない状況に私がどう反応するかは、まったく予測がつかない。ひょっとすると表面下では何らかの一貫性があるのかもしれないが、私にはまったくわからない。そこで、人間の行動と幸福を理解するためには、内的認識とともに外的文脈の影響についてもきちんと考慮しなければいけない——つまり、心理学と〝文脈学〟の両面からのアプローチだ。

本書は2部構成になっている。第1部では、幸福を細部にわたって〝発見〟していこう。ここで簡単に述べた内容を詳しく考察し、私たちの幸福がいかに「注意」に左右されているかを示していく。けれども、幸福をもたらすものは何かというテーマに入る前に、まず幸福とは何かを明確にしなければいけない。幸福のカギは**日々の生活のなかに快楽とやりがいを見つけ出すこと**——それを第1部では示していきたい。第1部の内容に基づいて、また行動科学の研究から得られた最新のデータをふまえて、第2部では自分自身にも自分が愛する人たちにも幸福を〝届ける〟方法について、いくつか提案したいと思う。ここでカギとなるのは、あまりいろいろ考えずに、あなたらしく生きながら幸せになれるよう、生活を組み立てていくこと。それが「**幸せをデザインする**」というアプローチだ。

I

幸福力を
高める

幸福について書かれた本はたくさんあるが、どれも最初に幸福とは何かを定義しないまま、より幸せになるには何をすればよいかといった、いわば処方箋を作っている。だが、幸福を追求するには、いままさに追い求めているものは何なのか、何を達成しようとしているのかを明確にする必要がある。そこで第1章では、私たちにとっての幸福とは何かを定義するところから始めよう。私はこう定義する——幸福とは、快楽とやりがいが持続することである、と。

この定義をふまえて、第2章では最新の調査を紹介しよう。日常的にさまざまな活動にいそしむ人々が、どの程度幸福であるかを回答する調査である。この調査は、例えばテレビを観るといった快楽を得る活動は、仕事のようにやりがいをもたらす活動とは異なるという考えを裏付けている。第3章では、幸福をもたらすものは何かを本当に理解するうえで最も効果的で、おそらく唯一と言っていい方法を紹介しよう。収入や吃音といったインプットは、幸福というアウトプットを直接もたらすものではない――幸福をもたらすのは、それぞれのインプットに向ける注意である。私はここで「幸福の製造プロセス」という概念を紹介しようと思う。それは経済学と心理学を私流に融合させた概念で、これによって幸福そのものやさらなる幸福を生み出す方法に対する考え方が変わってくれればいいと考えている。第４章では、「注意」という観点から、いまよりもっと幸せになろうとする決断を邪魔する３つの大きな障害について考えてみよう。

第1章　幸福とは何か？

幸福なとき、あなたの人生はうまくいっているはずだ。では、幸福とはいったい何なのだろう？　幸福が何によって決まるかではなく、まさしく幸福とは何なのかという問いかけだ。幸福の定義にはさまざまあるだろうが、それによって幸福度を高めるために私たちに何ができるかが変わってくる。だからこそ明確な定義が必要なのだが、幸福に関する本のなかでその点が重視されることはめったにない。20年にわたって経済学、心理学、哲学および政策の接点を研究してきた私は、幸福を次のように定義し、それをしっかりと論証するに適した立場にあると思う。**幸福とは、快楽とやりがいが持続することである。**これは斬新で整合性のある定義だ。そして、私の調査に協力してくれた人々、私が人生で関わった人々からも共感を得ている。みなさんの共感も得られることを願っている。さらに、この定義は測定することも可能だ。幸福について理解を深めるという意味では、これはとても重要なことだ。まずは、一歩退《ひ》いた視点から見てみよう。

映像には不満、写真には満足

一般に、これまで幸福は日々経験していることに基づいて測定されることはなかった。幸福の程度を測るには、むしろ、生活全般がどの程度うまくいっているかという評価が用いられてきた。この違いをよく表しているエピソードをひとつ紹介しよう。数週間ほど前、私は古くから親しくしている友人と食事に出かけた。彼女はマスコミ関係の一流企業に勤めているのだが、その夜は自分がいかに仕事で惨めな思いをしているかを延々と語っていた。上司や同僚への不満、通勤の辛さ……。そして食事が終わるころ、彼女はまったく皮肉とは取れない口調でこう言った。「もちろん私はこの会社が大好きよ」

ここになんら矛盾はない。彼女の場合、仕事で日々経験していることと、仕事全般に対する評価は、まったく別のことなのだ。[1]経験と評価の違いは、言ってみれば、映像と写真の違いだ。私の友人は、自分の仕事を日々撮り続けた〝映像〟については惨めだと言い、それとは対照的に仕事の全体像を写した〝スナップ写真〟には満足しているのだ。

本書を読み進めるうちにわかってくると思うが、これは幸福に関して誰もが犯してしまいがちなミスなのだ。私たちは一般に、実際に自分を幸せにしてくれるものではなく、幸せにしてくれるはずだと思っているものに注意を向けてしまう。私たちが幸福について、そして自分自身について思い込みにとらわれがちなのは、この事実とおおいに関係している。私の友人は仕事の面でけっして幸せではないのに、彼女の行動に大きく影響を与えているのは、彼女の実際の経験ではなく彼女の評価なのだ。友人はその会社で働いているという概念に満足していて、それが彼女の行動のベースになっている。その結果、本来ならもっと幸せになれるはずなのに、毎日毎日あまり幸せでない日々を送っているのだ。

仕事や健康、人間関係といった生活のなかのある側面に対する満足度が、その人の行動を左右するケースも多い――私の友人がマスコミ業界で働いているという事実を比較的高く評価しているために、そこから動き出せないでいるように。だが、満足度の測定は本人がどう感じているかの指標にはなり得ていない。[2] 私の友人は仕事においてとても惨めな思いをしており、私たちは彼女の幸福度を測る際に、そのことをきちんと考慮しなければいけないのだ。

幸福に関する調査では、かなり曖昧で抽象的な質問をしているものが多い。例えば、「全般的に、あなたは自分の生活にどの程度満足していますか？」といったように。また、生活のなかの特定の側面に対する満足度について尋ねたりもする。もちろん、ひとつの質問でも、多くの人を幸せもしくは不幸せにするものは何かという答えに近づくことはできるだろう。だが、こうした質問が抱える現実的な問題は、全般的な生活満足度なんて日常生活のなかで人はめったに考えたりしないということだ。おそらく、調査で訊かれたときにしか考えることはないだろう。[3] この「満足」という言葉もまた問題をはらんでいる。さまざまな解釈ができるからだ。これには幸福とはほど遠い「まあ充分だ」といった意味合いも含んでいる。こうした結果から、質問に答えているときに頭に何が浮かんでくるかはわかるが、日常的に幸福をどの程度味わっているかはわからない。しかも、それは文字どおり頭に〝浮かんだ〟だけにすぎない。けっこう認識力が要求されそうな質問だというのに、回答にかける時間は平均でわずか5秒なのだから。[4]

このことから、生活満足度を問う質問への回答が、明らかにあまり関係のない要素に影響されているように思われる理由が説明できるだろう。例えば、生活満足度を質問される前に政治観を尋ねられると、回答が大きく変わるという。その回答の差は、失業者になった場合とほぼ同じくらい大きい。[5]質問の順番もおおいに関係している。生活満足度を質問される前に結婚生活についての質問があった場合、その逆のケースにくらべて、生活満足度と結婚への満足度との相関関係が大きくなるという。つまり、夫婦関係について思い出してしまうことで、それが生活満足度を決める重要な要素になってしまうわけだ。[6]

写真を撮るとき、あなたにもお決まりのポーズがあるだろう。カメラに向かって、そのときの自分の感情とはかけ離れたポーズを取ることもあるはずだ。これがビデオカメラなら、あなたの幸せがずっと続いているかどうかをそのまま映し出してくれる。だから、全般的な生活満足度のスナップ写真的な捉え方はやめて、日々の感情にまっすぐ焦点を合わせるようにするべきなのだ。

快楽と苦痛

「幸せを感じている」とき、あなたの人生はうまくいっているはずだ。どの一日をとっても、豊かな感情にあふれた時間を経験している。そして生涯それを経験し続ける。心理学者は感情を分類する際、対照的なふたつの感情をセットにしたモデルをよく使う――例えば、「ポジティブとネガティブ」をひとつのカテゴリーとして、「高ぶりと鎮まり」をまた別のカテゴリーとして。[7]ポジティブと〝ネガティブ〟はすぐに理解できるだろう。ここで、ネガティブにのみ引用符を付けたのは、私たちがネガティブな感情と考えているものが、ときには良い結果につながる場合もあるからだ。高ぶりと鎮まりは「覚醒」と「睡眠」と捉えてもかまわない。そうすると、喜びはポジティブに高ぶった感情、充足はポジティブに鎮まった感情。不安はネガティブに高ぶった感情、悲しみはネガティブに鎮まった感情である。これを表にまとめてみた。

ポジティブとネガティブの違いが幸福に影響するのは予測がつくだろう。高ぶりと鎮まりの違いも同様だ。生活満足度に関するデータとは対照的に、ギャラップ世論調査（世界132カ国の成人を対象にした幸福に関する調査）のデータからは、どの国でも裕福な人々が必ずしも貧しい人々よりも幸せだと感じているとはかぎらないことがわかる。さらにアメリカでは年収7万5000ドルを超えると、それ以上稼いでもさらに幸福になれるわけではないことがわかる。[8]金持ちになることで自分は幸せだと思うかもしれないが、必ずしもより幸せを感じられるとはかぎらない。

あなたの感情は人生にとってとても重要なものであるという考えは、18世紀の哲学者であり、同性愛の合法化と女性の平等な権利を提唱した革新的な人物であるジェレミー・ベンサムの研究

感情	鎮まり	高ぶり
ポジティブ	充足、平静	喜び、興奮
“ネガティブ”	悲しみ、憂鬱	不安、怒り

に端を発している。ベンサムは神童と言われ、12歳でオックスフォード大学に入学し、その後、法律を学んだ。まもなく彼は当時の法律制度に幻滅し、のちの人生を改革のための運動に捧げた。彼はユニヴァーシティ・カレッジ・ロンドンを訪れる人々のあいだでは有名である。校舎の入り口に彼の自己標本が置かれているからだ。彼の遺言に従って、ベンサムの遺体は公開講義のなかで解剖され、その骨格と頭部はベンサムの衣服を着せて木製のキャビネットに保存されている。といっても、頭部はミイラ化される際に損傷を受け、少々奇妙な姿になったため、ロウ製の頭部に入れ替わっている。ただ、髪は本人のものである。[9]

ベンサムもまた、快楽は人にとって善である唯一のものであり、苦痛は人にとって悪であるという考えを示している。学者のなかには、快楽と苦痛という言葉は肉体的な快楽や苦痛と誤解されてしまう可能性があるので、代わりに、享楽と苦しみといった言葉を好んで使う人もいる。[10] 私の広義の解釈では、「快楽」と「苦痛」という言葉にはあらゆるポジティブな感情——喜び、興奮、楽しみ——とネガティブな感情——怒り、不安、ストレス、心配——が含まれている。そのため、本書のなかで私が「快楽」と「苦痛」という言葉を用いる際は、これらの感情をひっくるめて捉えていると理解してほしい。人は複雑に入り交じったさまざまな感情を同時に感じることも表現することもできると認識してのことである。[11]

あなたが何を感じるかは、あなたの身に起こった出来事によって決まるが、あなたがどんなタイプの人間かということにも左右される。私はほとんどどんなときでも、感情が高ぶった状態にあり、たいていは幸せを感じ、たまに不安を感じている。満足で安らいだり、悲しんだりすることはめったにない。そんな自分の性格がとても気に入っているが、妻のレスや友人たちも同感だと言ってくれる（そうでないなら、いままで一緒にいてくれなかったはずだ）。あなたは私と似たタイプかもしれないし、まったく違うタイプの落ち着いた人かもしれない。

総じて言うと、私たち一人ひとりはさまざまなタイプの感情のなかでどれが優勢であるかによって分類される。幸せな人は、ネガティブな感情よりもポジティブな感情を多く抱いている。ベンサムの言葉を借りるなら、幸せな人はおおむね快楽を感じていて、苦痛はあまり感じていない。つまり、快楽のさまざまな感情をより頻繁により強く感じていれば、より幸せでいられるということだ。とはいえ、快楽と苦痛のほかに、重要な働きをする別の種類の感情はないのだろうか？

快楽とやりがいの法則

もちろん、あなたに大きな影響を与えるもう一種類の感情はある。**やりがいがある**、もしくは**やりがいがない**という感情だ。私はこれらの言葉を幅広いポジティブな感情——達成感、意義がある——とネガティブな感情——退屈、くだらない——を簡略に表現する手段として用いている。

こうした感情はさまざまなかたちで、あなたが幸福かどうかに関わっている。それゆえ、きちんと解説しておく必要があるだろう。少し考えてみてほしい。仕事や勉強をしていて、これはやりがいがあると感じるときもあれば、やっても意味がないと感じるときもあるだろう。このようなよい感情と悪い感情が、あらゆる面で快楽や苦痛と同じくらいあなたに大きな影響を与えているのだ。

やりがいという感情

さて、「やりがい」をひとつの感情と呼ぶと、喜びや不安、怒りといったより広く認識されている感情と同じレベルのものとして捉えることになる。だが、私はもっと一般的な解釈をしている。つまり、私が感情と呼ぶのは、心情のことだ。なにも目に涙を浮かべるような感傷的な意味での心情ではない。いくつもの感情のつらなりという意味での心情だ。心情は、心理学者が一般に想像するような快楽と苦痛を含む感情を指すが、私はやりがいが感じられるかどうかを含めた感情であると定義している。やりがいがあるかないかといった感情を表す形容詞は、快楽を表すために用いられるものとは異なっている。やりがいはおおむね鎮まりの状態なので、快楽よりも構造的に単純だ。つまり、よい（やりがいがある）か悪い（やりがいがない）かのどちらかなのだ。

本を書くというのは、やりがいを感じる作業のよい例だ。私はこの本を書いているあいだ、ずっとやりがいを感じていた。それはちょうど、友人とビールを飲んでいるあいだずっと愉快でいられるように。別の例として、友人の引っ越しの手伝いをあげよう。一日中、家具や段ボール箱をもって1階から3階までを往復するのはけっして楽しくはないが、汗をかきながら階段を上り下りしているとき、けっこうやりがいを感じているものだ。あるいは、ドキュメンタリー映画を観ているとき、必ずしも楽しくはないかもしれないが、最初から最後まで映画に没頭してしまう。あなたにも、思い浮かぶ例がいくつもあるだろう。

これとは逆のことを感じるときもある——例えば、無駄だ、くだらない、やりがいがないといった感情だ。何も有益なものを生み出せないとわかっているような仕事を任されると、苦痛だと感じるし、やっても無駄だと思ってしまう。ゆうべ観たラブコメディはたしかに面白かったが、有意義だったとは思えない。[12] こうした例をあげようと思えば、いくらでも思いつくだろう。

幸福がこれまでこのようなかたちで考えられてこなかったことは私にとっては驚きだ。日常的な快楽の経験については、学術文献のなかでかなり議論されることもたしかだが、やりがいについては、このように経験に基づいて検討されることは通常ない。検討されていたとしても、それは概して人生に指針や意義、目的があるかどうかについて一般的な質問をする研究においてだ。[13]

生活満足度を問う質問と同じように、この種の質問はやりがいに対する総合的な評価を尋ねている。生活全般を捉えるものであり、やりがいを日々経験しているかどうかは捉えていない。人がどう感じているかに影響を与えるのはむしろ日々の経験であるにもかかわらず。ひとつの例として、父親になったばかりの男性は子どものいない男性よりも、人生にやりがいを感じていると報告されている。だが、こうした影響は母親になったばかりの女性にはあまり顕著に見られない。[14] この結果は興味深いが、これは評価をする時点でとくに注意が向いているものによって回答が左右されたと考えれば、説明がつく。父親になったばかりの男性は、母親になったばかりの女性よりも、子どもをもったという事実に多くの注意を向けているのだろう。それにくらべ、母親たちはやらなければいけない家事に気持ちが向いているのかもしれない（いまでも女性のほうが家事の負担は大きい）。より正確で有益な尺度で測るには、子どもをもったばかりの母親や父親が日々の生活で感じるやりがいのレベルに差があるかどうかを検討すべきだろう。

私はいまタイピングをしながら、とてもよい気分になっている。しかし、このよい気分の大半は執筆作業をしていることへの情緒的反応ではない。書いている言葉や、その意味を伝えようという試みがやりがいという感情を生んでいるのだ。あなたも日常生活を送るなかで同じような気分を味わっているはずだ。庭の手入れをしながら時間を過ごしているようなとき、バラの手入れに対する情緒的反応に加え――そしてそれとは別に――やりがいを感じているかもしれない。あるいは、充分に報われていると感じている仕事をもっているかもしれない。それが前の仕事ほど楽しくはなかったとしても、総合的にみると、いまの仕事のほうが幸せを感じさせてくれているのだ。

私は人生の意義を作りあげていくことよりも、生きている瞬間瞬間に意義があるかどうかに関心がある。あなたが行なうことや感じることのすべてに快楽（あるいは苦痛）とやりがい（あるいはやりがいのなさ）があるのだ。それらは、ひとつの経験から総合的な幸福を組み立てていく個々のパーツである。

幸福には快楽とやりがいの両方が含まれるというのは、一般の人々の言葉からもうかがえる。人々が自分の人生における幸福についてどう考えているのか、あるいは公共サービスにどう税金を投入すべきと考えているかを調査してきた学者は過去にほとんどいなかった。そこで、イギリス国家統計局（ＯＮＳ）の協力を得て、ロバート・メトカーフと私はオンライン調査を企画した。その際、回答の内容についてはある程度は疑ってかかる姿勢が必要だった。というのも、回答は質問の言い回しにかなりの影響を受けるからだ。だが、公共政策に役立てるという前提で人生における幸福について問うと、〝日常的な幸福と不幸〟を重視すると答えた回答者は、〝自分のやっていることに価値を感じるか〟を重視すると答えた回答者とほぼ同程度だった。[15] 言い換えれば、快楽とやりがいの両方が私たちにとって重要だという結果だ。

本当に幸せになるには、快楽とやりがいの両方を感じていなければいけない。あなたが私と同じくらい幸せ、もしくは不幸せであっても、快楽とやりがいの組み合わせ方はさまざまだろう。しかもその時々で、求める度合いも異なる。けれども、両方を感じる必要があるのは事実だ。私はこれを「**快楽とやりがいの法則**」――ＰＰＰ（Pleasure-Purpose Principle）と呼んでいる。

ＰＰＰによって、人が快楽とやりがいを求め、苦痛とやりがいのなさを避ける動機を説明できるだけでなく、一般的なネガティブな感情も、それが目的に適っていれば、ときにはむしろポジティブなものになる理由も説明できる。例えば怒りは、悪い状況を避け、よい状況を求めるために有効であるし、そのうえもめごとの解決を避けるよりも、解決を目指すことで、〝ポジティブな〟反応を引き出す可能性もあるからだ。[16] とくに怒りは、身勝手な行動を押しとどめ、協力的な振る舞いを助長する傾向があると示す研究もある。[17] だから、どんなときでもよい感情を味わいたいなどと思わなくていい。人生は不公平だし、人間はときに残酷だ。怒らないわけにはいかないこともあるだろう。ただし、私たちはちょっとしたやっかいごとでストレスを感じ、不必要に怒ることももちろんある。

ＰＰＰは、そもそも私がやりがいについて考えるきっかけとなった、とても重大な疑問にも答えを出してくれるかもしれない。その疑問とは、「なぜ人は子どもをもつことを選ぶのか？」である。子孫繁栄という生物学的義務からではなく、なぜ子どもをもつことを積極的に選ぶのか？大きな理由の一つは、「子どもをもてば幸せになれると予想されるから」だろう。だが、調査データによると、子どもがいてもいなくても、幸福度はあまり変わらない。[18]

それでも、子どものいる人たちの多くが、もし子どもがいなければいまほど幸せではなかったかもしれないというのも、子どものいない人たちの一部は子どもがいればもっと幸せになれたかもしれないというのも事実だろう。子どもが幸福に与える影響を正確に示そうと思えば、それぞれの人がいまとは状況が逆だった場合にどうなっていたかを知る必要がある。だが、それは不可能な話だ。子どもをもつかどうかという選択など、ある程度自分の意思で決めているような場合、それが本人の幸福に結びついているかどうかは非常に慎重に見きわめなくてはならない。

セックスをしたいという欲望をもつだけで、妊娠という結果に至ることもある。自分に似た赤ん坊に情緒的なつながりを感じ、それなりに大事にする。そういう場合、のちに幸せになったかどうかは、私たちの研究にとってたいして重要なことではない。

ならば、10年ほど前に私が初めて子どもをもつことを考えたとき、たいして幸せになれるわけではないという調査結果を知っていたら、子どもをもたないままでいただろうか？　ひょっとするとそうかもしれないが、調査結果といっても当時のものはおおむね生活満足度の評価に基づいたものであり、あとは快楽の度合いについて尋ねる質問がいくつかある程度だった。私の場合、親としての活動のなかには、例えば子どもが靴を履くのを手伝ってやったり、字の読み方を教えてやったりといったぐあいに、やりがいを感じるものもあるだろうという確信はあった。こうした活動は快楽をもたらすとは思っていなかったし、たしかに友人たちと夜の街に遊びに出るほうが楽しかったが、子どもたちに本を読んでやったり、子どもたちが本を読むのを聞いてやったりするのは、やりがいを感じるだろうと思っていた。

子どもをもてば、すでに快楽に満ちた私の生活にやりがいが加わって私はもっと幸せになれるはずだ――あるいは生活のなかの快楽とやりがいのバランスを変えることで少なくとも違った幸せが手に入るはずだ――という強い直観のもとに、私は思いきって子どもをもってみることにした。妻のレスと私には現在6歳の娘のポピーと5歳の息子のスタンリーがいる。子どもたちは私たち夫婦に少しばかりの快楽とたっぷりの苦痛ととてつもなく大きなやりがいをもたらしている。彼らはたしかに私の生活の快楽とやりがいのバランスを変え、違ったかたちの幸福を与えてくれていると言ってもいいだろう。全般的に見ても、彼らは私を幸せにしてくれているのかもしれない。快楽からやりがいへと比重が移っていくことが、年を重ねていく私にぴったり合っているからだ。次の第2章で、私がその後行なった調査についてお話しするが、その調査では、子どもと過ごす時間が快楽に与える影響は大きくも小さくもなかったのに対し、自分の時間の使い方としては最もやりがいのある活動のひとつにあがっている。

言っておくが、私は急いで子どもを作りなさいと勧めているわけではけっしてない。子どもが関係しなくても、あなたが行なうことでやりがいを感じられるものはたくさんある。私が言いたいのは、幸福な生活とは快楽とやりがいというポジティブな感情がたくさん詰まったものだということ。一方で不幸な生活とは、苦痛（怒り、不安、ストレス）ややりがいのなさ（退屈、無益感）というネガティブな感情が優勢にある生活のことだ。

PPPがほかの定義より優れているのは、日々経験するさまざまな感情を考慮している点だ。時々腹を立てることも、長時間働くことも、子どもをもつことも、けっしてやって悪いことではない。けれども、あなたが多くの快楽を、ほんの少しのやりがいのために犠牲にしているなら、つまり、快楽とやりがいのバランスが狂っているなら、話は別だ。

最適なバランス

いままで快楽とやりがいのバランスについて明確に考えたことはなかっただろう。ここで、あなたがいつも観ているテレビ番組（あまりテレビを観ないなら、読んでいる本でもいい）の種類について考えてみよう。たいていい観ているのは、観ていて楽しいものだろうか、それとも見応えのあるものだろうか？　ひょっとすると、そのバランスが取れたものを見ているかもしれない。快楽とやりがいのどちらに振れているかが想像できるように、図の振り子を見てみよう。

テレビ番組について考えてみたことでウォームアップは済んでいるので、今度はあなた自身のことを全般的に考えてみよう。あなたはやりがいよりも快楽を多く味わっている「快楽型」だろうか？　それとも快楽よりもやりがいを感じている「やりがい型」？　それがうまくミックスされた「バランス型」？　あなたはいま、振り子のどのあたりにいるだろうか？　その位置に満足しているのだろうか？

自分自身の幸福が快楽とやりがいのあいだをどう行き来するかは、あなたが決めることだ。観たいテレビ番組を自分で決めるように。あなたの関心を惹きつけるものが私にとって興味があるものとはかぎらないし、人によって好みも違うだろう。あなたは『Xファイル』を観て楽しんでいても、私は『Xファクター』のほうが好きかもしれない。さまざまなものがさまざまなかたちであなたに影響を与える。だからこそ、この世にあまたある幸福に関する〝万人向けの〟本では

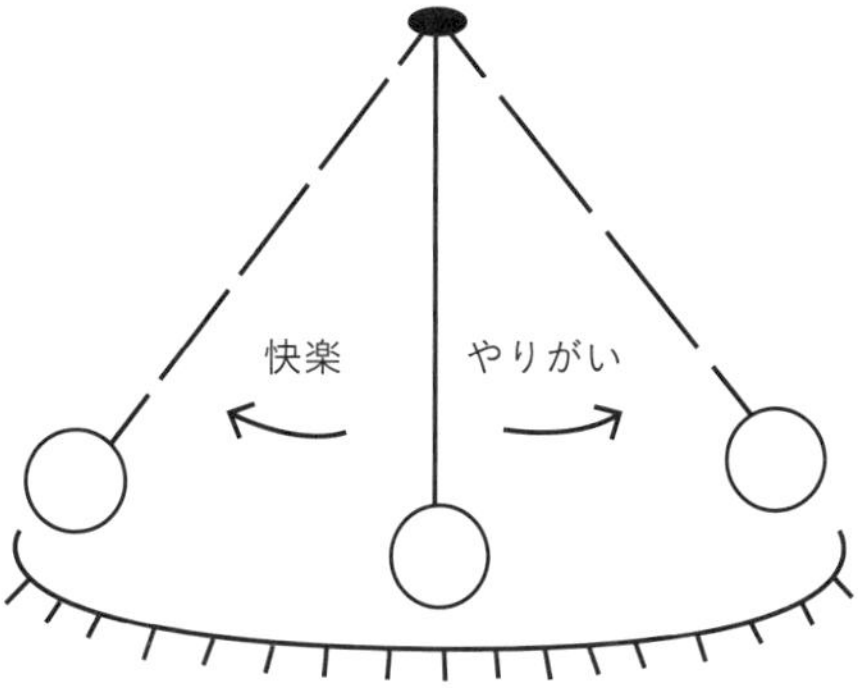

物足りないのだ。つまり、自分に適したものを見つけ出さなければいけない。

けれども、あなたの反応がどうであれ、最終的に重要なのはあなたが何らかの感情を抱く頻度とその感情の強さなのだ。自分にとって最適な快楽とやりがいのバランスが取れているとき、あなたは最も幸福だと言える。それぞれの割合はいつも同じとはかぎらないし、おそらく私の生活におけるバランスとも違っているだろう。そのうえ、同じ人間でも一日のさまざまな時間や、人生のさまざまな時期によって、快楽とやりがいの割合が違ってくる。

幸福は人それぞれだと言いつつ、一般化して言えることもある。生活のなかにやりがいよりも快楽のほうがかなり多ければ、もう少しやりがいのあることを増やしたほうがいい。快楽よりもやりがいのほうがかなり多ければ、楽しいことに関わる時間を増やせばいい。この説は**限界収穫逓減の法則**に基づいている。経済学者には非常になじみのある概念だ。

わかりやすく説明しよう。ここで何かふたつの品、例えばビールとピザを思い浮かべてほしい。あなたはこの両方が好きだとする。ビールの最初の1杯は喉ごしがとてもすっきりしていて、ピザの最初の1切れは非常においしい。ビールの2杯目もうまいが、1杯目ほどではない。ピザの次の1切れはおいしいが、最初の1切れほどではない。もしビールを4杯飲んだら、5杯目よりも、ピザの最初の1切れのほうを選ぶだろう。代わりにピザを4切れ食べたとしたら、5切れ目よりも、1杯目のビールのほうを選ぶだろう。

同じ論理がほかの品にもあてはまるし、生活のなかのさまざまな側面にもあてはまる。快楽とやりがいにもあてはまる。ここで、私の友人のミグとリーザを例に考えてみよう。ミグは私の親友でイビサ〔訳注　地中海西部のスペイン領の島〕に住んでいる。彼は仕事があるときだけ働き、パーティ好きでよく笑う。私はミグとともにイビサ島で人生最高の時間を過ごし、彼におおいに感謝している。私を〝幸せ教授〟と呼ぶ彼との時間は、私をとても幸せにしてくれる。一方、リーザは行動科学を使って人々の生活を向上させることに情熱をもっており、とても真剣に仕事に取り組んでいる。彼女は熱情家で、特別なときにしか笑みを見せない。ミグはたくさんの快楽を、リーザはたくさんのやりがいをもっている。

ミグはやりがいのある何かを見つければ（楽しみの一部と引き換えに）、もっと幸せになれるだろう。リーザはもう少し楽しいことを見つければ（やりがいを感じている時間の一部と引き換えに）、もっと幸せになれるだろう。ミグとリーザはどちらも私にこう打ち明けた――自分の生活のなかで快楽とやりがいを感じる割合が違っていたら、もっと幸せになれると思う、と。どちらもこのことに気づいていても、何もしようとしない。知っているということと、それを行動に移すことは別なのだ。そこで、私はこのあと本書のなかで、どうすれば行動によって変化を実現できるかをお話ししようと思う。

人は快楽とやりがいをどう天秤に掛けているかを少し詳しく説明するために、ターリ・シャーロットとイボ・ブラエブとともに行なったちょっとした調査を紹介しよう。20人の学生に、さまざまな日常の活動（友人の犬を散歩させる、仕事もしくは学校で必要な本を読む、テレビを観る、音楽を聴くなど）について、快楽とやりがいをどの程度感じるかを評価してもらった。その後、いつか数時間の自由時間が与えられたら、ふたつの活動のうちどちらを選ぶかという質問を40件出した。その結果、快楽とやりがいをどう評価しているかによって、自分の時間をどう使うかについての回答を予測できることがわかった。しかも、快楽をもたらすと回答した活動を選択しがちであるという結果が出た[19]。ひとつには、自由時間は達成感のあることよりも楽しめることに使われがちだからだろう。この件については追加調査を実施するつもりで、人々が快楽とやりがいを経験している際の脳の活動を見てみる予定だ。

バランスをずっと維持するには

一日一日、一瞬一瞬、あなたは快楽ややりがい、苦痛、やりがいのなさを感じている。ポジティブな感情を多く経験していれば、あなたは幸せである――長い時間それを経験していれば、より幸せだ。つまり幸福とは、快楽とやりがいのバランスが取れた状態が持続することなのだ。

時間はまさに乏しい資源である。お金なら請うことも、借りることも、盗むこともできるが、過ぎてしまった1分は永遠に戻らない。毎日、誰でも〝時間銀行〟の口座に1440分もっている。毎日、その口座は0に戻り、借り入れも貯蓄もできない。時間は容赦なく、かつ正確に流れていき、人は着実に死に近づいていく。幸福を時間の使い方という観点から考察している研究者は驚くほど少ない。だが、時間が乏しいものである以上、幸福をきちんと定義し測定しようと思えば、快楽とやりがいの強さだけでなく、それが持続しているかどうかを検討しなくてはいけないだろう。

突き詰めれば、とても大きな快楽とやりがいをできるだけ長く経験していられるような、時間の使い方を追究すればいい。過ぎ去った時間を取り戻せないように、失った幸福も取り戻せない。つまらない仕事や厄介な恋愛関係にとどまっているのは不幸を引き延ばしにしているだけで、たとえその後幸せになったとしても、この損失を完全に埋め合わせることなどできないだろう。失った幸福は永遠に失われたままなのだ。

ここでひとつ断っておくが、睡眠時間をたっぷり取ることは必ずしも時間の無駄ではない。私のある同僚は、ずっと幸福について考えてきた結果、起きている時間が長くなれば、それだけ幸せを感じている時間が増えるわけだから、それだけ幸福度も増すと結論づけた。だが、起きている時間が長くなれば、そのぶん疲れている時間や、辛い思いをしている時間も増えるだろう。幸福はその時間の長さだけの問題ではなく（それも重要だが）、質の問題でもある。あまり充分な睡眠時間が取れていない私からすると、自分が使える時間のうち、もしあと1時間多く睡眠に充てられたら、起きている時間の全般的な幸せは増すだろう。

つまり、よい感情を抱いているとき——そしてその時間が長ければ——人は幸せなのだ。もっと厳密に言うなら、よい感情を抱いている時間が長いと感じられれば、人は幸せなのだ。私たちの経験を支配しているのは、継続時間の認識だ。同じ時間を費やしていても、あっという間に過ぎると感じられる活動もあれば、そうでもない活動もあることは、あなたもきっと気づいているだろう。アインシュタインはこんなふうに言っている。「かわいい女の子と一緒にいると、1時間はたったの1分のように感じられる。だが、熱いストーブの上に1分間座っていたら——何時間にも感じるはずだ。それが相対性理論だ[20]！」苦痛を感じていると、時間が過ぎるのがとても遅く感じるだろう。やりがいがないと感じているときにも、同じことが言える。それがいつまでもずっと続くかのように感じられるはずだ。[21] 幸福を感じている時間を単純に足し合わせても、本当に経験していることを数値化できているわけではない。

将来に影響が出るような決断を下す際、人は一般に明日のことよりも今日のこと、そして明後日のことよりも明日のことを気にかける——一方で、1年という時間と、1年と1日という時間はほぼ同じと捉える。[22] つまり、私たちは現在を何より優先しがちで、そう考えれば、非常に衝動的に行動したり、ちょっとしたことも我慢できなかったりする人がいる（私も含めて）のも納得できる。

デビッド・ブラッドフォード、マテオ・ガリッツィと共同で行なった最近の調査で、騒音や熱、光に対する私たちの認識が歪曲するのと同様に、時間に対しても多くの場合その認識が〝歪曲〟してしまうことが立証された。[23] テレビの音量を50デシベルから100デシベルへと2倍にしても、人はたしかに音は大きくなったと感じるが、2倍も大きくなったとは思わない。つまり、違いが極端に大きくなればなるほど、その違いは小さく感じられる。同じように、今日から1週間後までの期間と今日から2週間後までの期間をどう感じたかを尋ねても、2倍の差があるとは感じないだろう。では、ここで試しにひとつやってみよう。

いまからちょうど1週間後の1日を想像してほしい。次の線の上端は「とても短い」を示し、下端は「とても長い」を示している。今日から1週間後までの期間をどう感じたか、線上のどこかの位置にマークを入れてほしい。

とても短い

とても長い

さらに、いまから4週間後の1日を想像してほしい。今日から4週間後までの期間をどう感じたか、次の線上のどこかの位置にマークを入れてほしい。

とても短い　とても長い

あなたも私たちの調査に参加してくれた人たちと同じなら、いまから1週間後までの間隔といまから4週間後までの間隔は、感じ方としてはほぼ同じになる。言い換えると、今日から見ると最初の1週間は、そこからさらに3週間後と同じくらい遠く感じるのだ。実際には明らかに3倍の長さがあるにもかかわらず。

あなたがどれくらい衝動的か、そしてあなたがどのように時間を認知しているかが、あなたの行動に大きく影響するのは疑いの余地もない。けれども、あなたが何を優先しようと、快楽とやりがいの感情はいつだってその瞬間に経験したものだ。幸福に大きく関わるのは、そのときに味わった感情全体であり、それがあなたの行動の判断に用いられるのだ。

たしかに、将来の大きな幸せのために、ちょっとした幸せな時間をあきらめることもあるだろう。例えば、不幸な結婚は離婚への第一歩だが、とりわけ片方が相手よりも著しく不幸を感じている場合には、たとえ結婚1年目でも離婚する可能性が高く、幸福度の差が時とともに広がっていくようならなおさらだ。[24]ただ、少なくともイギリスでは、夫婦の絆が壊れてしまっているなら、離婚したほうが、本人たちおよび成人した子ども（18歳から30歳）は幸せが強まることがわかっている。[25]また、タバコの量を減らすことによって、短期的には不幸になるかもしれないが、長期的にみれば、それによって健康などさまざまなメリットを手に入れて、より幸福になれるだろう。[26]

のちにメリットが得られるなら、いま不幸せでもかまわないかもしれない。大切なのは、幸福を時間の次元で考えることだ。私と家族は自宅を改修するために8週間の契約で2寝室の賃貸アパートに住むことになったのだが、いまこの文章を書いているのは、ちょうどその半分が過ぎた時期だ。狭苦しい環境で過ごす8週間というあまり幸せではない期間は、改修された家に少なくとも8年は住むことで補って余りあるだろうと思っている。こんな判断ができるのは、幸せを長期間で捉えているからだ。

経済学者やその他の研究者が「遅延満足」について語るとき、それは将来の快楽のために現在の快楽を犠牲にすることを意味している。幸福を快楽とやりがいの両方の経験として定義するなら、目的達成を追求するために幸福が犠牲になる状況は、思ったほど多くないかもしれない。だから、やっていてもあまり楽しくないことは、少なくともやりがいを感じていなくてはいけない。一流のアスリートがよい例だろう。彼らは早朝の辛いトレーニングに参加するために、多くの楽しみをあきらめている。これは喜びを先延ばしにしている（遅延満足）とも取れるが、それより彼らはトレーニングからやりがいという満足を経験しているのだと、私は考えている。筋肉に乳酸がたまって痛みがあっても、彼らはやりがいという感情を味わっている。私は自身の調査と経験から、人生においていまの幸福と将来の幸福をトレードオフすること（将来の幸福のためにいまの幸福を犠牲にする、あるいはその逆）は少なく、それよりも快楽とやりがいをさまざまなタイミング、さまざまな割合でトレードオフしているのだと考えている。

人生を通して幸福を持続させよう

ある行為を行なう価値があるかどうかは、快楽とやりがいの経験によって決まる。そこには、まだ起きていない出来事において予想されるよい感情と悪い感情、および過去の経験におけるよい記憶と悪い記憶も含まれる。いまこのとき以外には何も存在しない。あなたの予想と記憶はすべて、現在の感情の一部である。長期的な快楽とやりがいに注目すれば、ある決断が実質的な意味で合理的かどうか、あるいは合理的だったかどうかは、それが幸福度にもたらした総合的な影響によって判断できる。

これは、週末のあいだずっと家でＤＶＤを観て過ごすべきかどうかを検討している人たちにとってもおおいに関係があるし、ケンタッキーフライドチキンのバーレルを食べるかどうかという人々の選択に影響を与えてよいものかと考えている政策立案者にとっても新たな観点を与えている。ＤＶＤボックスやＫＦＣに関する選択の結果は、彼らが幸福を得られたかどうかの結果で評価するべきで、彼らの行動の善し悪しについての道徳的な判断などに基づいて評価されるべきではない。

夜ふかし（飲酒でもいいかもしれない）を例に取って考えてみよう。翌朝疲れが残っていて、後悔することも多いだろう。ときには、幸福を経験するかどうかという意味で、疲れという苦痛は前夜の快楽を上回っていると言うのが正しい場合もあるだろう。しかし、それが間違っている場合もあるだろう──ひょっとすると前夜の快楽が翌朝の苦痛を補って余りあるかもしれないからだ。重要なのは、未来の快楽として前夜の記憶が参照されるかもしれないということだ。どうすれば幸せになれるかを考えるとき、過去の記憶が現在の幸福につながっているということを頭に置いておくべきだ。幸福には、よい経験をしたというよい記憶も含まれるのだ。

あなたの現在の幸福と未来の幸福を誰よりも正確に評価できるのは、自分自身だ。この観点からすると、自分の行動が招く未来の結果すべてを充分に認識しながら、夜ふかしをしようと決めたのなら、それでよかったはずだ。この論理でいけば、自分の行動にだけ注目していればよいことになる。だから、あなたがケーキをいっぱい食べて太ったとしても、それは自分が望んだことであって、それを邪魔されたり、やめろと言われたりした場合よりもずっとよかったのだ。ただ、事前にあなたが優先したものだけが重要だと考えるのはいささか単純だろう。ときには自分の行動を後悔することもある。その際は、事後に優先順位が入れ替わってしまったのだ。私たちは誰だって人生に何度か「あんなことやらなければよかった」と口にすることがあるものだ。

経済学者の対極にいるのが、公共政策の専門家だ。彼らは、やったあとの後悔を何より重視するべきと考えている。だが、これもまた少し思慮が足りない。何らかの行動を取った結果が悪ければ、後悔することはいろいろあるだろうが、だからといって事前に別の行動を取ろうとするとはかぎらないだろう。ケーキを食べれば、快楽が生まれる。スカイダイビングにやりがいを感じることもあるだろう。そこには死や大けがといったリスクがあったとしても。

どんな場合でも、後悔はけっして単純なものではない。人はやってしまったことよりも、やらなかったことを後悔しがちだ。とくに、人生が大きく変わるようなチャンスを与えられていたのなら、なおさらだ[27]。しかも、後悔はそれを思い出すタイミングに左右されやすい。大学生が前回の冬休みについて感じた後悔と、卒業生が40年前の冬休みを振り返って感じた後悔を調査してみると、学生たちはちゃんと勉強しなかったことを後悔し（やりがいのある活動をしておけばよかった）、卒業生たちは40年前に思いっきり遊んでおかなかったことを後悔していた（快楽に満ちた活動をしておけばよかった[28]）。直近の後悔やはるか昔の後悔に気を病むよりも、いま快楽とやりがいのバランスの取れた時間を過ごすことを優先したほうがいい。快楽とやりがいのバランスが取れていれば、おまけとして後悔も少なくなりがちだ。

よって、夜ふかしをする、ケーキを食べる、スカイダイビングに挑戦する、あるいはほかのどんなことでも、未来を見越した優先事項や過去を振り返っての後悔によって判断すべきではなく、長期的に幸福を感じているかどうかに基づいて判断すべきなのだ。極端に言うと、生涯にわたって幸福が持続するかどうかだ。実際のところ、人生を通して経験する幸福のすべてが、あなたにとって大切なものなのだ（たとえ非常に短い時間枠の幸福に注意を向ける必要が生じたとしても）。

あなたの人生に起こることの結果は、原則的に、どんなことでも経験から評価することができる。あなたの幸福の経験は、一つひとつの行動が結果的によい決断だったか、悪い決断だったかを判断する根拠を与えてくれる。実際には、さまざまな決断がいずれ成功という結果をもたらすかどうかを判断するのはむずかしいが、だからといって、人生というスパンで幸福を考えることが間違っているとは言えない。ほかの経験と比較して、ある経験から得る快楽とやりがいがどの程度多いと感じるか、あるいは少ないと感じるかは、それ以外の場合にどう感じるか次第である。繰り返すが、一つひとつの活動から過去に得た、あるいは将来得られるメリットについていちいち考えることはできないが、そもそもひとつの行動を取るというのは、ほかのことをやって得られる幸福を失うことを意味するのだ。

人はいまわの際に自分の成功と失敗を振り返ってはじめて、自分の人生がどんなものであったか判定できると言う哲学者もいる[29]。バートランド・ラッセルの言葉を引用するなら、「人は死ぬ間際になってはじめて、何のために生きるべきだったかを見つけるものだろう」[30]。だが、どんな瞬間も特別扱いするべきではない。死ぬ間際だって特別扱いしてはいけない。いまわの際で自分は人生をどう振り返るんだろうと心配している人も多いだろうが、人生の価値は生涯にわたっての快楽とやりがいの経験で決まるもので、あるタイミングで判定するものではない。

幸福に関するこれまでの説明に100パーセント同意できなくてもかまわない。本書で主張していることは、私とは異なる定義の幸福にもあてはまる。生活満足度で測定する幸福にもあてははまることは多い。ただ、私の最大の関心は快楽とやりがいが持続することにあり、そうした関心は、時間の使い方などに関する主張や、幸福にまつわる調査研究にも影響している。次の第2章では、幸福に関するこうしたデータに注目して、解説していこう。

第2章 幸福について知っていること

理想を言えば、私はある瞬間に「あなたが何に注意を向けているか」を明らかにし、それとあなたがどの程度幸せだと感じているかを結びつけて考えてみたい。ところが、「あなたはいま何に注意を向けていますか？」と尋ねるのはけっこうむずかしい。だから、長期的な幸福の度合いは、「あなたはいま何をしていますか？」という問いかけによって測定されてきた。こうした調査では、幸福は何らかの活動（仕事をする、テレビを観る）から生まれるとみなされている。だが、上司の話を聞いたり『Xファクター』を観たりしつつ、頭の中ではまったく違うことを思い浮かべている可能性もある。ただ、充分に多くのサンプルを検証し平均してみると、活動に注目した幸福の測定でも、注意がどこに向けられているか、ある程度推測できる。

ここで幸福に関するデータの解釈について、ひと言ふた言注意をしておきたいと思う。幸福とその要因との相関関係についての研究は、ここ20年ほどで大きく進歩したものの、こうした要因が本当にどの程度幸福をもたらしているかについて、あまりよくわかっていない。私たちがこれらの相関関係を理解するにとどまり、因果関係を知るに至らないのには、それを妨げるふたつの大きな障害物があるからだ。つまり、「**選択効果**」と「**逆の因果関係**」だ。ボランティア活動の効果を例に取って説明してみよう。ボランティア活動とは人に与える行為だが、本人が一番恩恵を受けるという可能性も充分にあり得る。だから、それが幸せの要因かどうかなど、一般化して言うことはできないかもしれない。また、そもそもかなり幸せな人たちがボランティア活動をしている可能性もあり、この相関関係の一部は幸福からボランティア活動への逆の因果関係であるとも言える。幸福の調査において、ニワトリが先か卵が先かをはっきりさせるのは至難の業だ。

そうは言っても、ある活動についての幸福度の評価は結局のところそこに向けられた注意で決まると言えそうだ。たとえその活動を始める原動力が、ある程度もともと幸福だったことにあったとしても。雑用を片づけようと決心するのは、あなたがとてもいい気分のときかもしれないし、いやな気分のときかもしれない。けれど最終的に家の中がきれいになれば、それがあなたの感情にも影響を与えるだろう。いずれにせよ、どんな人が幸せを感じていて、彼らがどんな行動を取っているかを見れば、多くのことを学べるはずだ。

「いま、幸せですか？」という愚問

ならば、生活のなかでの快楽とやりがいについて、経験からわかることとは何だろう？　これまでいくつかの生活サンプリング調査が実施されている。これは一般的に、一日のうち任意のタイミングで対象者に電話をかけ、いまどう感じているかを報告してもらう調査だ。この手の調査は対象者の生活に立ち入るもので、たいていの人は何かに熱中している最中に携帯電話の呼び出し音を聞きたくないと思っている。そのうえ、いまどの程度幸せを感じているか考えてくれといった質問のしかたが、回答に影響をおよぼさないとも言いきれない。[1]また、生活サンプリング調査は、けっこうな費用と時間を必要とする。その結果、こうした調査はたいてい調査しやすい対象者《サンプル》（学生やiPhone利用者）に対して実施され、一般市民全体の意見を代表しているとは言えない。そのため、調査結果がほかの人にもあてはまるかどうかは疑問の余地がある。なかでも最も重大なのは、幸福に関するほとんどの調査に共通していることだが、「やりがい」がほとんど考慮されていないということだ。

テレビ鑑賞と仕事の幸福度

一日のあいだに、どのような感情が生まれ、それがどれくらい強く、どれだけ持続するかを明らかにする最も本格的な取り組みとして、ダニエル・カーネマンらが提唱した一日再構築法（DRM）がある。これは、対象者に前日の過ごし方を一連の出来事（通勤、昼食、テレビ鑑賞など）に分けてもらい、個々の出来事のあいだ何を感じていたか（喜び、悲しみ、不安など）を評価してもらうものだ。[2]

ＤＲＭは幸福の測定という分野に、大きな進展をもたらした。というのも、これは生活サンプリング法のように人の生活に立ち入ることもなく、さまざまな活動に従事した時間を捉えることができるからだ。ただし、この調査でも「やりがい」という感情は見落とされている。そこで、私は２００６年に私流のＤＲＭ型調査を実施した。そのなかで、個々の活動において、「どの程度楽しかったか」に加え、「どの程度やりがいがあったか」を尋ねた。[3]本家のＤＲＭと同様、快楽は、対象者に個々の出来事のあいだ次のような感情――幸せ、緊張／不安、悲しい／気分がめいる、満足／リラックス、イライラ、早く終わってほしい――をどの程度感じたかを示してもらうことによって測定された。さらに「やりがい」を評価するために、３つのフレーズ――集中している、没頭している、適性があると感じる――を追加するとともに、私はこの活動に対し「やりがいと意義を感じる」「ほかの人の役に立つと思う」「重要な目標を達成するのに役立つ」の３つの文章を添えた。すべての質問に対し、０（まったくそう思わない）から６（とても強くそう思う）までの７段階で回答してもらった。

　これがどのような調査なのか、その感覚をつかむために、簡略版をやってみよう。昨日の朝の出来事を振り返って、次の表にあげた質問――「何をやっていたか？」、「誰とやっていたか？」、「その活動がもたらした快楽とやりがいがどの程度だったか」（０から６の７段階で評価）――に答えてほしい。そして、昨日の夜の出来事についても回答してほしい。

　私はこの調査を、当時ドイツに拠点を置いていたマット・ホワイトと共同で行なった。そのた

出来事	何をやっていたか?	誰とやっていたか?	快楽 (0～6)	やりがい (0～6)
昨日の朝				
昨日の夜				

め、対象者はドイツのある大学が運営するインターネット・パネルを通じて募集した。625人の参加者のうち、61パーセントが女性、16歳から80歳までの年齢幅で平均年齢は36歳だった。次のグラフは、この調査に参加してくれたあるドイツ人の一日の生活を示したものだ。彼女は38歳で、夫とペットがいて、子どもはいない。彼女の世帯収入は8万ユーロから10万ユーロのあいだである。

快楽についての評価だけを示した最初のグラフを見てみよう。彼女はランチ休憩とテレビを観ている時間に最も幸せを感じている。第2のグラフには、やりがいの評価が加わっている。やりがいに注目すると、仕事の時間とテレビを観ている時間とで彼女の幸福度に大きな差はない。ランチ休憩の評価はあまり高くない。彼女にとって、ランチ休憩はほかのほとんどの活動にくらべてやりがいがないのだ。

では、この調査の参加者全員のおもな活動に付けられた快楽とやりがいの評価を見てみよう。毎日、参加者は平均して約7時間の睡眠を取り、3時間半働き（指定された日に働いていたのは調査対象者の半数だけだった）、テレビを2時間半観て、2時間子どもと過ごし、2時間を食事に使い、1時間で家事をし、30分通勤に要し、10分間ボランティア活動をして

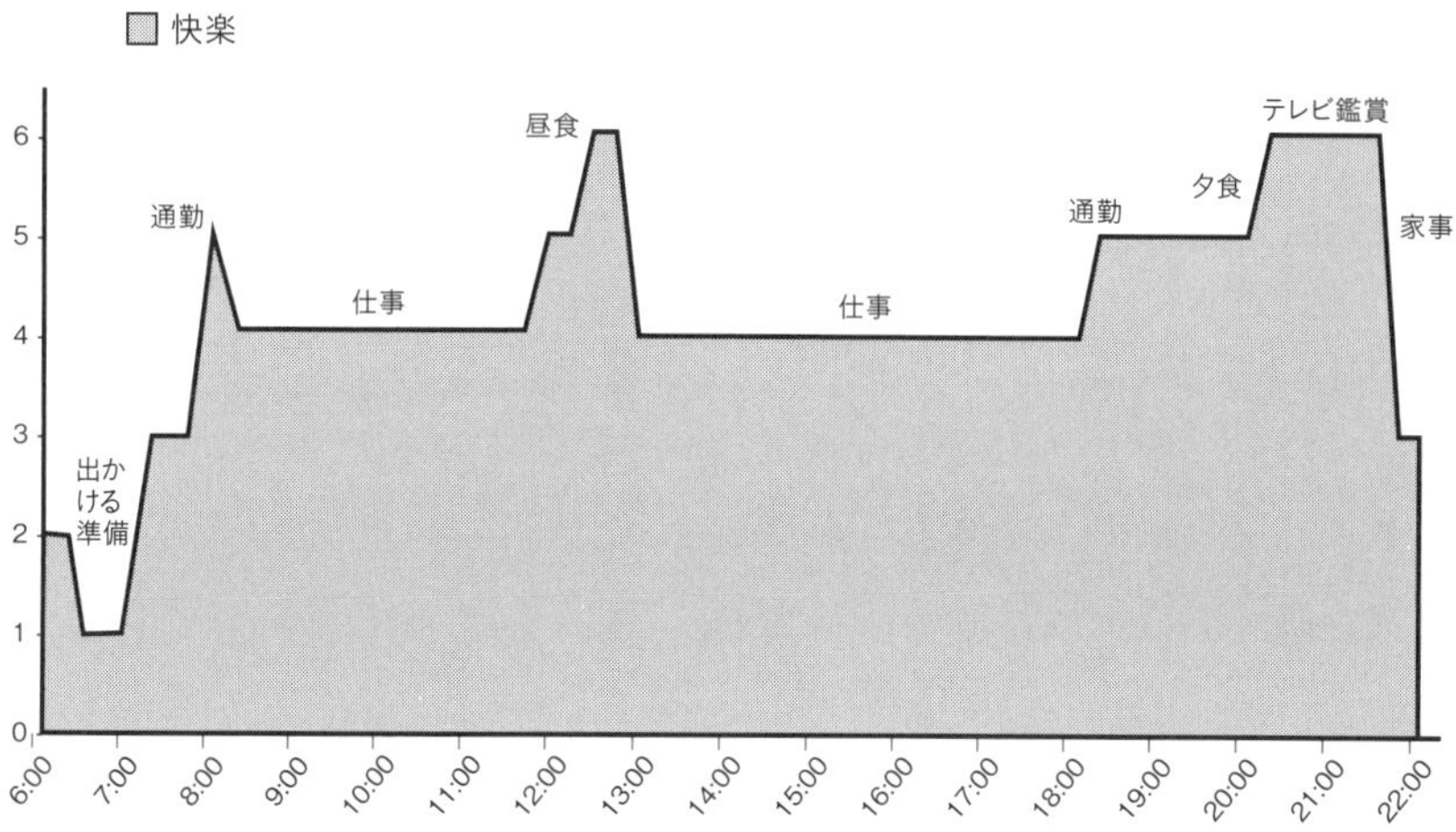
快楽
通勤
出かける準備
仕事
昼食
仕事
通勤
夕食
テレビ鑑賞
家事
0
1
2
3
4
5
6
6:00
7:00
8:00
9:00
10:00
11:00
12:00
13:00
14:00
15:00
16:00
17:00
18:00
19:00
20:00
21:00
22:00

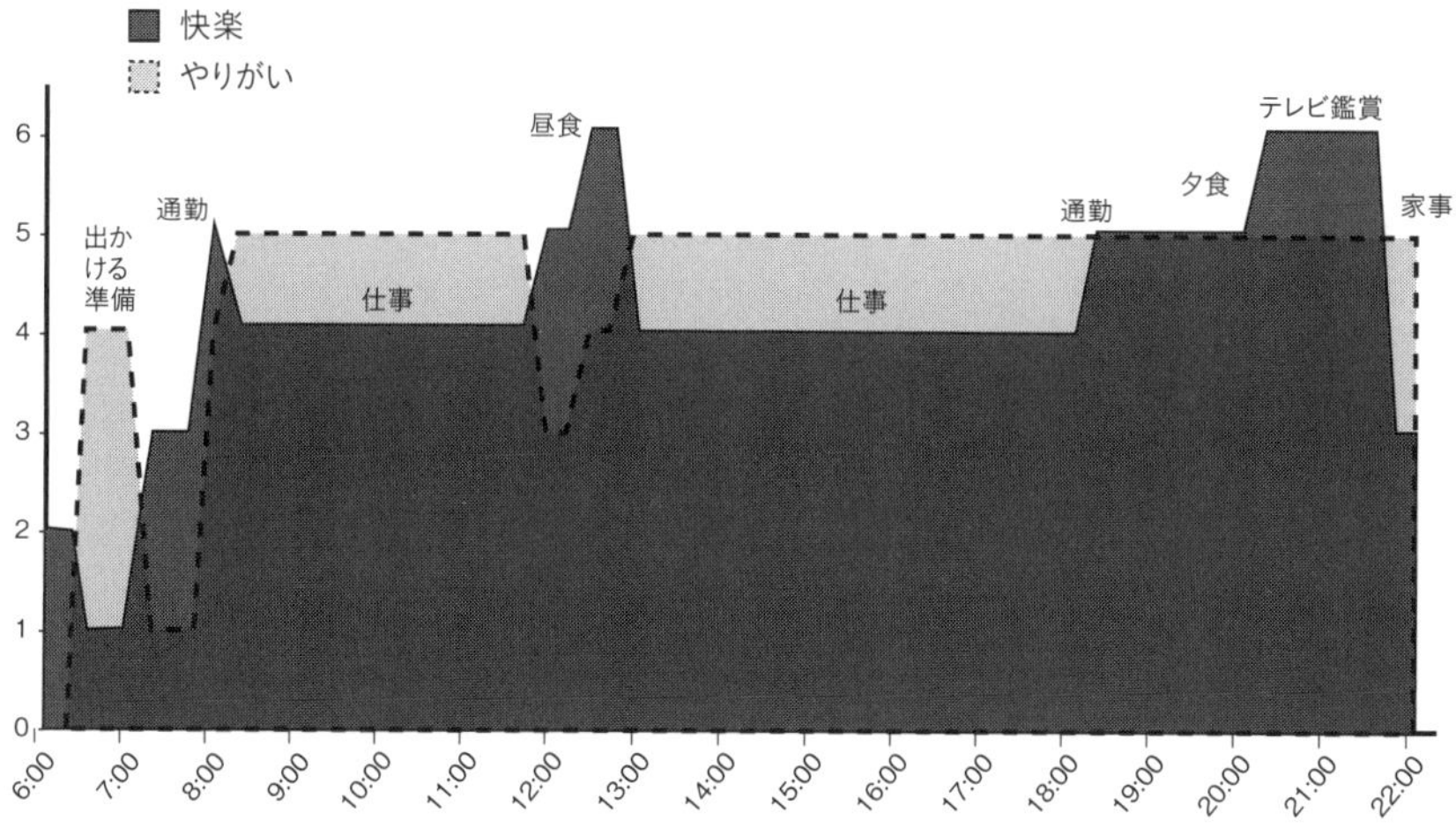
快楽
やりがい
出かける準備
通勤
仕事
昼食
仕事
通勤
夕食
テレビ鑑賞
家事
0
1
2
3
4
5
6
6:00
7:00
8:00
9:00
10:00
11:00
12:00
13:00
14:00
15:00
16:00
17:00
18:00
19:00
20:00
21:00
22:00

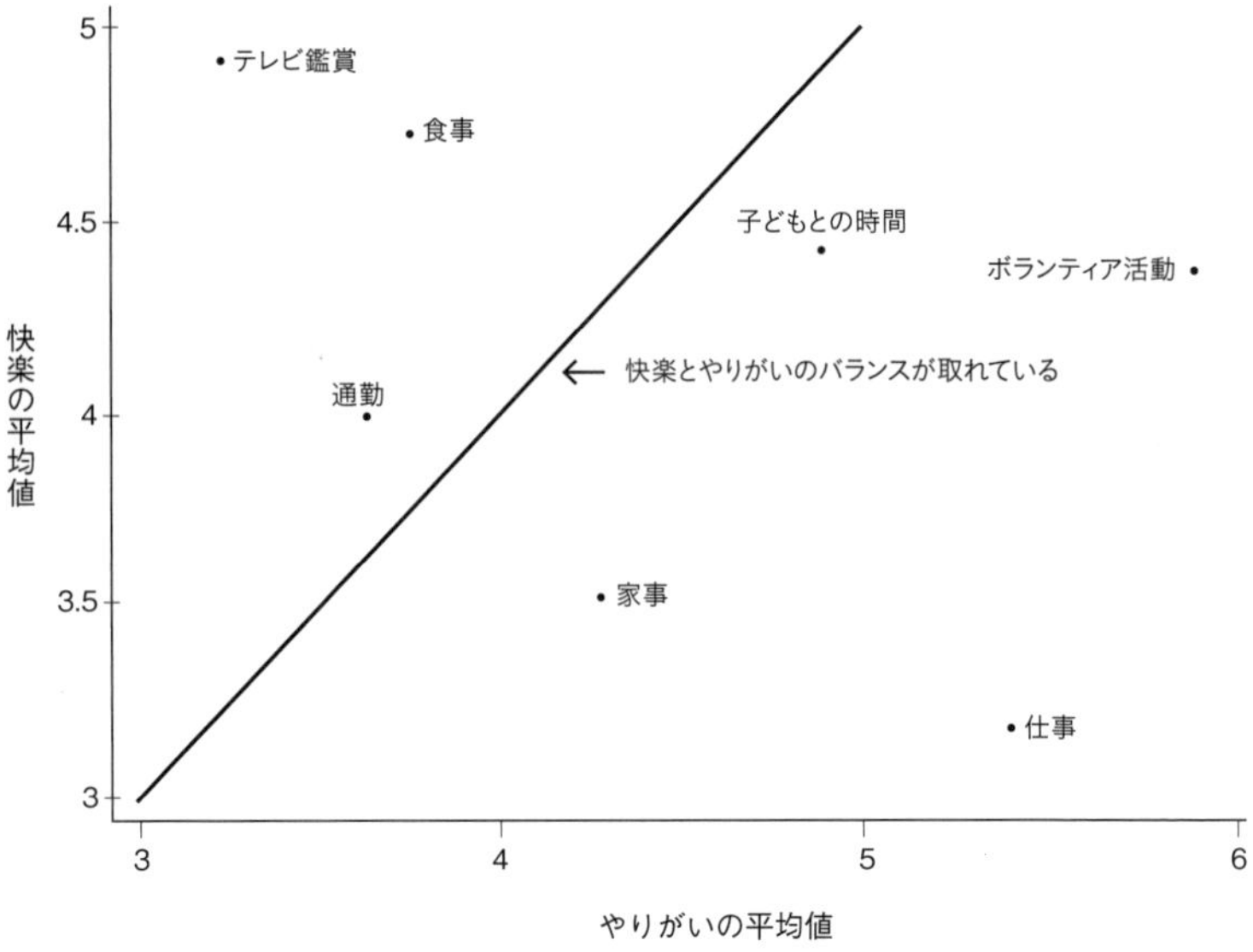

いた（ボランティア活動をしていた対象者はたった5パーセントだった）。残りの5時間ちょっとは、遊び、セックス、スポーツ、ショッピングといったほかの活動に充てられていた。

それぞれの活動によって、快楽とやりがいの比率はばらばらである。グラフに、それぞれの平均的な評価をまとめた。グラフの下から上に向かうほど、その活動はより楽しい（快楽度が高い）ことを示し、グラフの左から右に向かうほど、その活動はやりがい度が高いことを示している。もしすべての活動が同じ量の快楽とやりがいをもたらしていれば、これらは右上がりの斜線上に並ぶことになる。この斜線よりも左側にあれば、その活動はやりがいよりも快楽を多く含んでいることになり、右側にあれば、快楽よりもやりがいを多く含んでいることになる。テレビ鑑賞や食事、通勤は、やりがいよりも快楽の度合いが高い活動で、ボランティア活動や仕事、子どもとの時間、家事は快楽よりもやりがいの度合いが高い活動である。テレビ鑑賞は最も快楽が高く（楽しく）、やりがいが最も低い活動であり、仕事は（ボランティア活動に次いで）2番目にやりがいのある活動で、快楽は最も低い（最も楽しくない）。テレビ鑑賞と仕事が多くの時間を占めていることを考えると、参加者たちはある程度快楽とやりがいのバランスが取れていると言える。

ただし、ここが重要なのだが、もしそれぞれの活動をまず快楽によってランク付けし、そのあとやりがいによってランク付けした場合、違ったランキング結果が得られるのだ。

つまり、私たちは何が人を幸せにするかについて、違った推論をしてしまうことになる。快楽とやりがいを同時に考えた場合のみ、ある活動によってどれだけ幸せになれるかを本当に知ることができるのだ。

では、しばらく仕事とテレビ鑑賞だけに注目して話を進めよう。対象者の約20パーセントが調査の日に両方を行なっていた。よって、このふたつの活動のそれぞれから得られる快楽とやりがいを比較することができる。さらに、対象者のなかの快楽型とやりがい型についてもある程度の推論ができる。まず、それぞれの活動に対し各対象者がつけた快楽の評価からやりがいの評価を引いてみよう。答えが正の数であれば、対象者はその活動からやりがいよりも快楽を多く得ており、負の数であれば、快楽よりもやりがいを多く得ていることになる。ゼロであれば、快楽とや

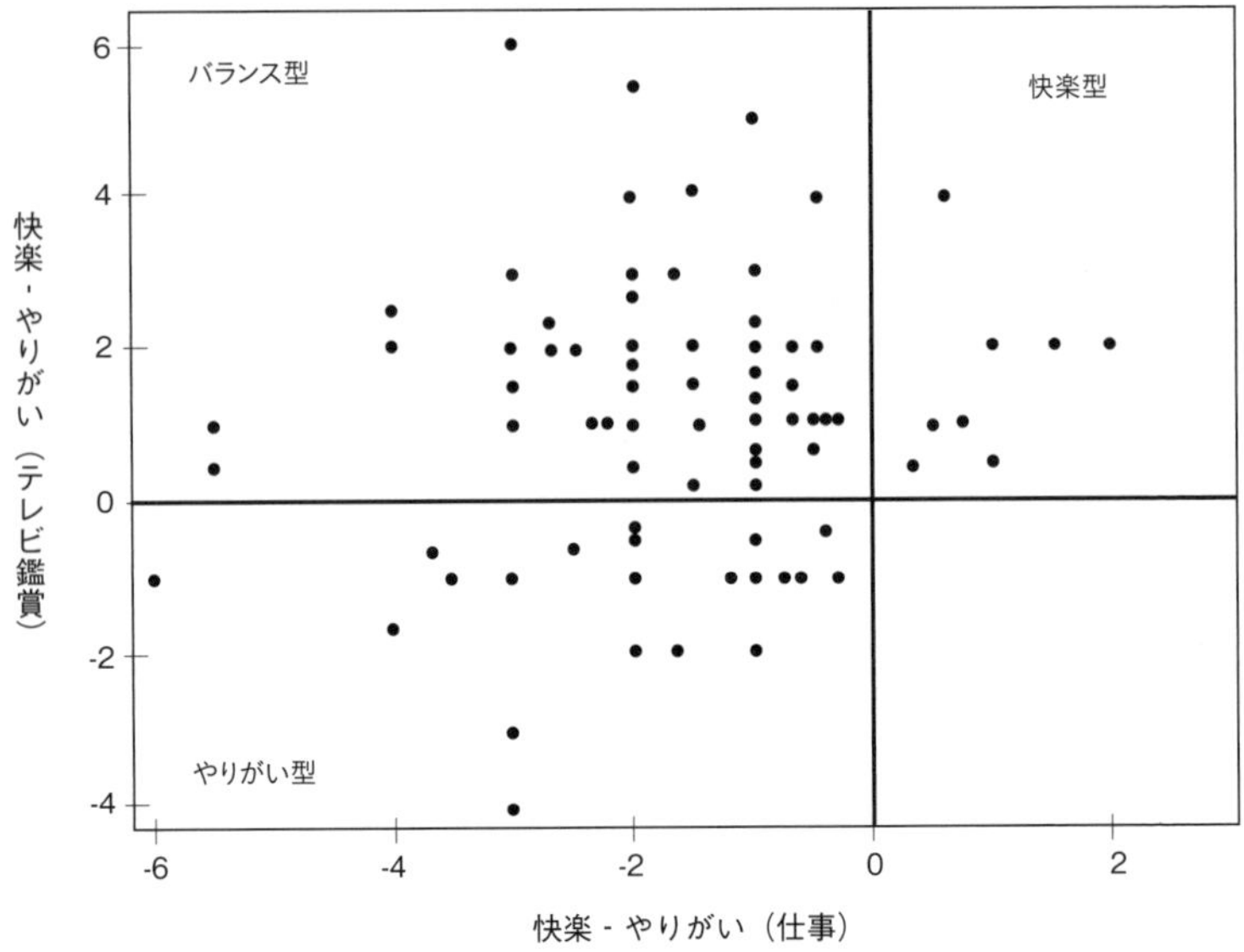

りがいが同じ量ということだ。
この結果をまとめたグラフを見ると、概して、ほとんどの人は仕事からより多くのやりがいを得て、テレビからより多くの快楽を得ていると予想できる。このタイプの人々はグラフの左上の象限に黒い点で示され、「バランス型」と名づけられている。対象者の約60パーセントはここに分類される。仕事からもテレビからもやりがいよりも快楽を多く得ている人たちは、グラフの右上の象限に配置され、「快楽型」と名づけられている。このタイプは対象者の約10パーセントを占めている。このタイプは仕事からもテレビからも快楽よりもやりがいを多く得ている人たちは、グラフの左下の象限に配置され、「やりがい型」と名づけられている。このタイプは対象者の約30パーセントを占めている。仕事からより多くの快楽を

得て、テレビからより多くのやりがいを得ている人はいなかった。この分析から、調査に協力してくれたほとんどの人たちは、多くの人たちが長い時間従事していたふたつの活動において、快楽とやりがいのバランスがある程度取れていると考えられる。

さらに、この調査によってひとつ明確になったことがある。それは、気の合う人と一緒に時間を過ごすことの効果だ。誰かと一緒にいると、たとえ仕事をしているときでも、よい気分でいられるということだ。[4] 食事やテレビを観るといった快楽の度合いが最も高い活動では、とりわけ人と一緒にいることで楽しさが増す。通勤や家事は、とりわけ人と一緒にいることでやりがいが増してくる。

ほかにも調査からこんなことがわかった。男性は一日にわたって大きな快楽を味わっているが、女性はやりがいが加味されたときに、より大きな幸せを経験している。快楽の観点からすると、病人や年老いた家族の世話をしている人たちはそうでない人たちにくらべて幸せ度が低く、６万ユーロから８万ユーロの収入がある人たちはそれ以上またはそれ以下の人たちとくらべて幸せ度が低く、あるいは結婚している人たちは独身の人たちほど幸せではない。だが、やりがいという観点が加わると、どの人も大きな幸せを経験している。

誰かと一緒なら幸せ

アメリカのタイム・ユーズ・サーベイ（生活時間調査、ATUS）は、さまざまな活動との関連から幸福を測定する大規模な調査である。この調査は過去10年にわたって実施されており、アナリストはこれを活用して、人々が労働およびそれ以外の活動——家事やボランティア活動、育児といった無報酬の活動——に従事している時間を推定している。国民の生産性を測る調査などでは無報酬の活動は対象とならないが、本来考慮されるべきものだろう。

2010年、1万3000人を対象にしたATUSが実施され、前日に行なった特定の活動中に感じた快楽とやりがいについて調査された。対象者の平均年齢は47歳、最年少は15歳、最高齢は85歳だった。女性の割合は全体の60パーセント。全員が任意の一日に行なった活動を日誌に記録し、翌日インタビュアーが日誌に書かれた活動についていくつかの質問をする。

例えばこんな質問をする。「0から6までの7段階で評価してください。この（活動をしている）とき、あなたはどの程度幸せを感じていましたか？」あるいは、こんな質問もする。「0から6の7段階で評価すると、あなたがやっていたことはどの程度有意義だったと思いますか？」最初の質問はもちろん、「快楽」について訊いているのであり、2番目の質問は「やりがい」に関するものだ。この区別を念頭に置き、私はローラ・クドゥルナの協力を得てATUSの結果を分析した。

毎日、対象者たちは平均8時間半の睡眠を取り、3時間働き（ここでも、調査の日に働いていたのは全体の60パーセント）、2時間半テレビを観て、家事を1時間やり、食事に1時間を使い、子どもとの時間に1時間、通勤に30分、ボランティア活動に10分、宿題に10分を充てていた。残りの6時間ちょっとはコンピュータの利用や読書、スポーツ、レクリエーション、お祈りなど宗教関連の習慣、ショッピング、ペットの世話、電話での会話、人付き合いなどさまざまな活動を行なっていた。

活動ごとにどれだけの時間を費やすかはグループ間で異なっている。男性は女性よりも労働時間が1時間長く、テレビを観ている時間も1時間長い。一方、女性は家事に費やす時間が男性よりも1時間長い。この男女間の違いは、この手の調査結果からわかる典型的な家事分担と一致している。[5]既婚者は、独身者や配偶者と死別した人および離婚した人よりも約45分長く働いている。さらに、結婚していない人たちは約30分睡眠時間が長い。時間の使い方には年齢差もある。労働年齢の人たちのなかでは、仕事に従事している平均時間はほとんど同じで、一日に約4時間だが、60代や70代になるとこれが一気に減少して、およそ1時間になる。家事に充てる時間は年齢とともに増加するが、これが家事における世代間の違いを反映した結果なのか、日常の仕事をするのに要する時間が年齢との関連で変化することを[6]反映した結果なのかを見きわめるのはむずかしい。テレビを観ている時間も年齢とともに増加し、20代では一日に約2時間のところが、50代・60代では一日にほぼ4時間になる。

その後、私たちはこれまでにあげたおもな活動について、平均的な快楽とやりがいの評価を見ていった。当然ながら、活動の種類によって快楽とやりがいの割合は異なる。グラフに、ATU

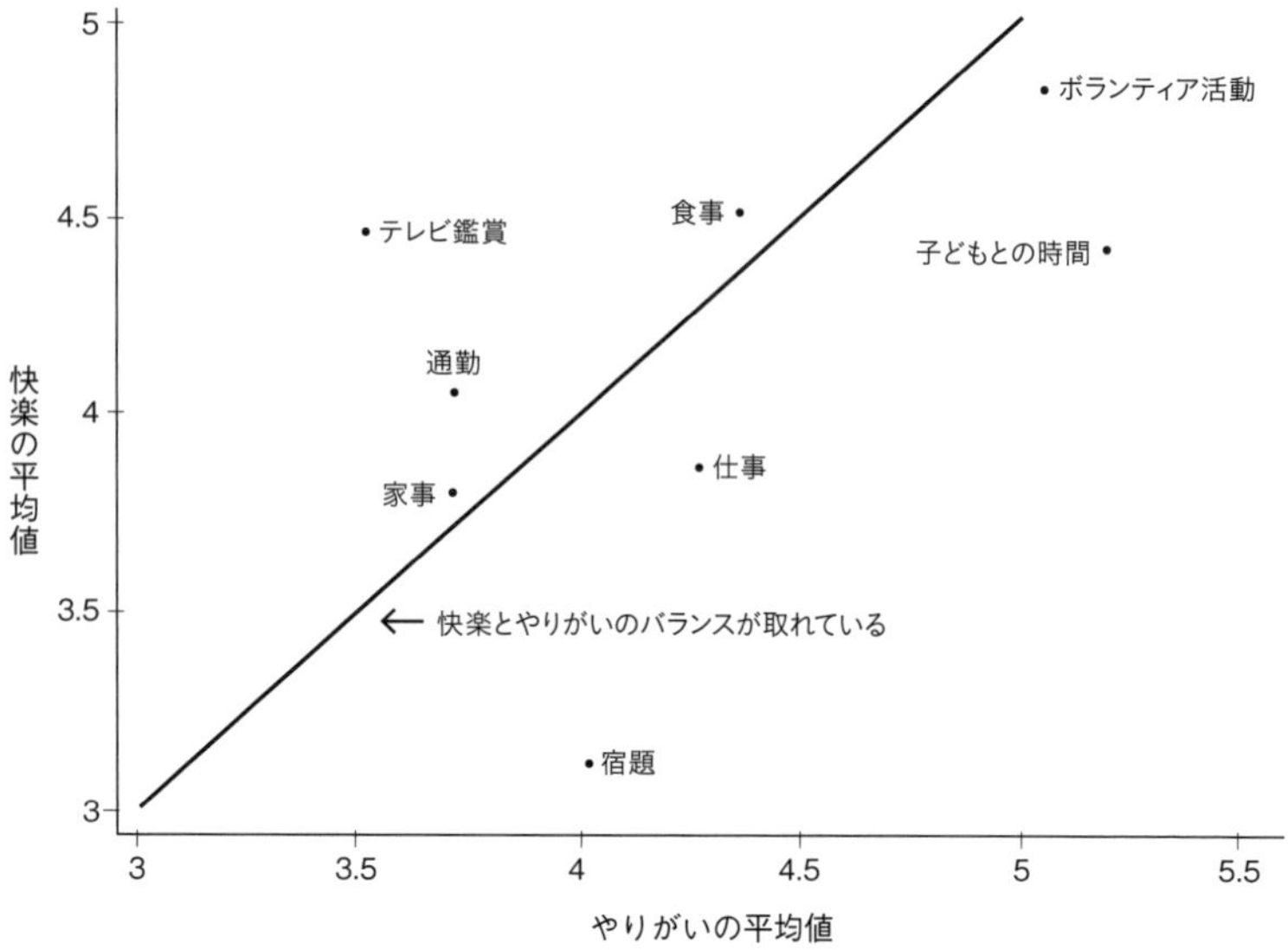

Sデータにおける快楽とやりがいの評価の平均をまとめた。この結果は、ドイツ人を対象にしたDRMデータの結果と非常に近いことがわかるだろう。すなわち、テレビ鑑賞や食事、通勤は、やりがいよりも快楽の度合いが高く、子どもとの時間やボランティア活動、仕事、宿題は快楽よりもやりがいの度合いが高い。家事については、ドイツ人を対象としたDRMデータでは快楽よりもやりがいの度合いが高くなっているが、ここでは快楽とやりがいの度合いがほぼ同じである。ここでも、これらの活動をまず快楽によってランク付けし、そのあとやりがいによってランク付けすると、人々を幸福にするものは何かという問題に異なった推論を出してしまうことになるので、このふたつは同時に検討する必要がある。

活動	誰かと一緒にやっていた場合の違い	
	快楽	やりがい
ボランティア活動	+0.67	+1.49
食事	+0.06	0.00
家事	+0.02	+0.53
仕事	-0.05	+0.06
通勤	-0.13	+0.50
テレビ鑑賞	+0.22	+0.12
宿題	+0.02	-1.55

また、このデータからも、人は誰かと一緒に活動すると、一般により高い快楽とやりがいを得られることがわかっている。ＡＴＵＳの結果から、人との交流によって快楽はおよそ０・４ポイント上昇し、やりがいはおよそ０・６ポイント上昇することがわかる。この表は、誰かと一緒に活動することでどれだけ楽しさが増すかを示している。とはいえ、いくつか面白い例外もある。つまり、誰かと一緒に活動することによって、幸福度が減少すると思われるものもあるのだ。通勤は人と一緒だと快楽の度合いが低下する――おそらく、余計な口出しをする同乗者がいるよりも、ラジオを聴いているほうが、楽しい気分で運転ができるのだろう。宿題はほかの誰かと一緒にやっていると、かなりやりがいの度合いが落ちる。ひとりのほうが宿題がはかどるのだとすれば、筋は通っている。けれどもこの表を見るときは、「ニワトリが先か卵が先か」の問題に注意しなければいけない。つまり、対象者がある特定の気分のときにひとりでいることを選

びがちである可能性もあるからだ。

次は、私たちが日常的な活動を行なっているときに、どんなタイプの人が私たちに快楽ややりがいをもたらしてくれるのかを検討してみた。子どもと過ごす時間は、家族や親戚と一緒だとやりがいが増す。ボランティア活動はだいたいどんな人と一緒にやっても、快楽とやりがいの両方が高まる。食事は家族や親戚と一緒だとより楽しくなり、通勤は同僚と一緒だとやりがいが増す。家事は子どもたちと一緒にやれば、やりがいが増す。仕事は家族や友人と一緒だと楽しさが増す。テレビは他人の子どもと一緒に観ると、楽しさもやりがいも高まる。宿題はきょうだいと一緒にやると、やりがいを感じられなくなる。つらつらと並べて申し訳ないが、こうした結果はすべて直観的にはうなずけるので、それゆえデータの信頼性は高いと言える。

こうしたデータは、グループ別の評価における興味深い違いにも目を向けさせてくれる。次のグラフでは、全体的に見ると年齢別の快楽あるいはやりがいの評価にそれほど大きな差はないが、15歳から23歳までのやりがいの評価を見ると、ほかの年齢層にくらべて著しく低く、また同じ年齢層の快楽の評価とくらべても極端に低い。快楽だけに目を向けていたなら、これらのデータに年齢による違いはないと結論づけていただろう。だが、やりがいを考慮することによって、違ったストーリーが見えてくる。

ある活動における対象者のタイプ別の違いに目を向けると、いくつか面白いパターンが浮かび上がってくる。男性は子どもと過ごす時間から多くの快楽を得ているのに対し、女性は多くのや

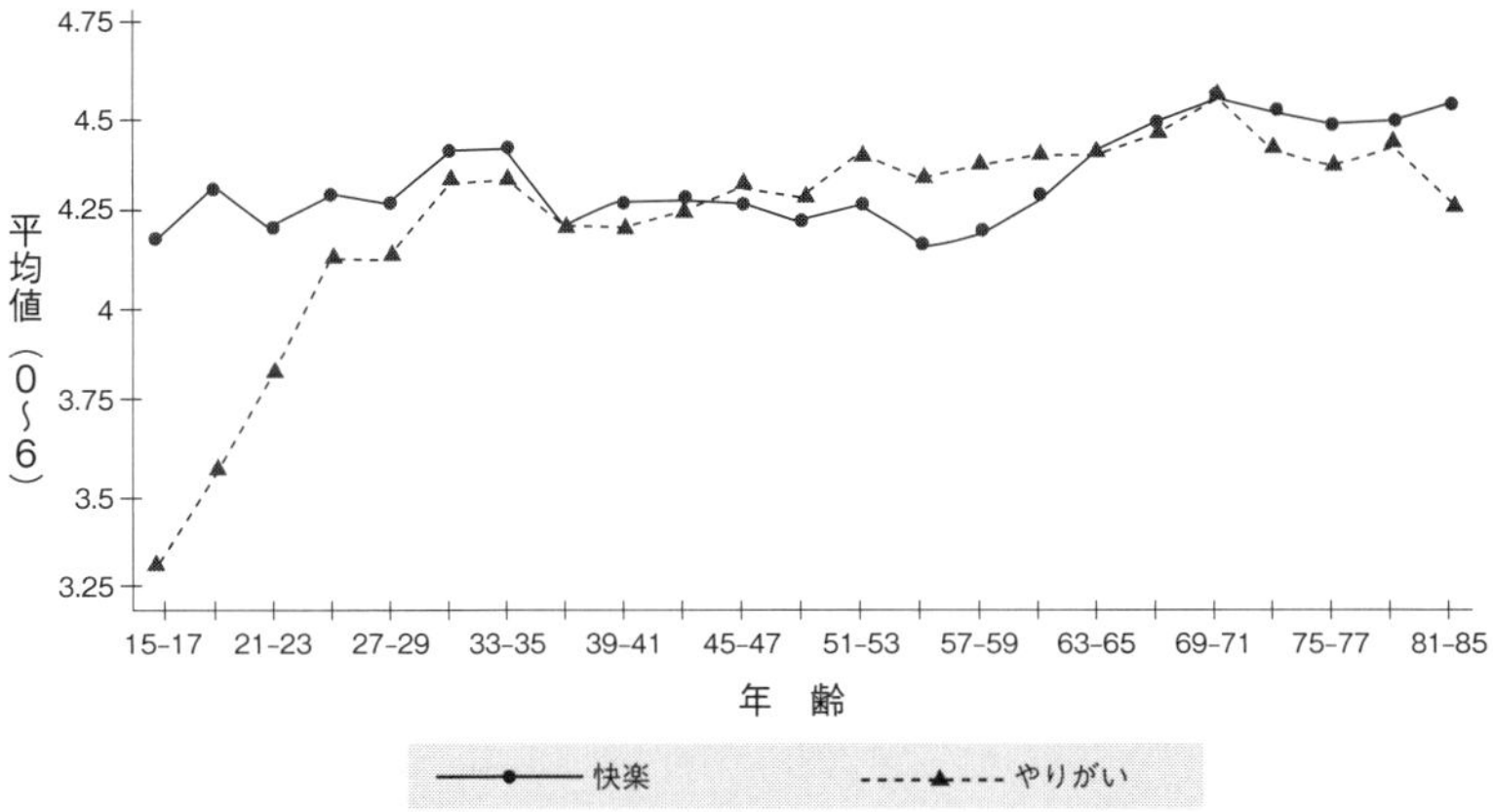

りがいを感じている。おそらく男性のほうが子どもと過ごす時間が短いので、それを楽しいと感じ、その一方で女性はやりがいがあると感じているのだろう。収入に着目すると、収入の高い人ほど家事にやりがいを感じられないようだ。家事は時間を食うものと捉えれば、この結果はのちほど説明する裕福になればなるほど時間を貴重に感じることを示す調査結果と一致することになる。[7]

このように、さまざまな活動ごとの快楽とやりがいについて貴重なデータを得ることができた。このふたつの違いは大きい。やりがいを考慮せず、快楽だけに目を向けていたら、仕事も幸せをもたらしてくれるものだとは気づかないだろう。さらに、一般に人は誰かと一緒に活動していると、より幸福を感じるものだということも示すことができ、快楽とやりがいを個別に見ることで、調査結果に微妙な差異が生まれることがわかる（例えば、誰かと一緒に通勤するのは楽しくはないが、やりがいは増す）。

生活満足度調査が教えてくれること

あなたの満足度は何点？

幸福の測定という意味では、抽象的な評価を訊くほうが、具体的な感情や活動について尋ねるよりも、ずんぶんコストが抑えられるし、容易に実施できる。私はこうした質問に対する懸念をずいぶん口にしてきたが、幸福のスナップ写真にすぎなくても幸福の記録がまったくないよりはましだし、ほかの測定結果にくらべ情報が多いのもたしかである。よって、生活満足度から得られた結果もざっと検討する価値はある。

ではここで、あなたも調査に参加していると想像してほしい。0（まったく満足していない）から10（完全に満足している）で評価した場合、全般的に見て、現在あなたは自分の生活にどの程度満足しているだろうか？

10点中〔　　〕点

生活満足度に関する世界のデータのなかで、最も優れているのはおそらくイギリスとドイツの研究から得たものだろう。どちらのデータも、過去20年にわたって、1万人程度を対象に、彼ら自身やその生活に関する多くの質問とともに生活満足度が調査されてきた。こうして集められたデータは、同じ人たちを対象に長年にわたって多方面からの観察がされているため、「縦断的データ」と呼ばれている。私のような経済学者は一般に縦断的データを好む傾向がある。それは、人生におけるよい出来事あるいは悪い出来事によって個人の幸福がどう変化したかが読み取れるからだ。数年前、私はテッサ・ピースグッドとマット・ホワイトとともに、生活満足度に関する数々の調査の文献を分析した。

私たちの出した結論では、生活満足度の評価が高いのは以下のような条件の人たちだ。

a．裕福（ほかの条件が同じ人たちとくらべて）
b．若者もしくは高齢者（40代、50代の人たちは生活満足度が低い）
c．健康
d．社交的
e．結婚している（あるいは同棲している）
f．ある程度高学歴の人（大卒程度、ただし最高の生活満足度を得たいなら、おそらく博士号は取らないほうがいいだろう）
g．宗教をもっている（どの宗教かは問わない）
h．仕事をもっている

i．通勤距離が短い[8]

この分析を行なってから、いくつか付け加えたことがある。例えば、お金は対象者が貧困層なら重要だが、収入の増加が生活満足度に与える影響は収入が増えるにつれ小さくなる。ただ、日々の気分に与える影響はゼロになり得るものの、生活満足度に与える影響はゼロにはならない。[9]収入が生活満足度に直接影響しないといっても、注意しなければいけないことはある。収入は、生活満足度に影響を与えるほかの要素に影響することで、間接的に幸福にも影響している。裕福な人たちは概して友人が多く、結婚しており、健康状態がよいなどの傾向がある。すべて生活満足度を高める要素だ。よって、収入を単独で考えないで——経済学者がやりがちなことだが——ほかのすべての要素にその影響を分散させて考えるべきだ。このように影響を分散化すると、間接的な影響も考慮に入れるため、収入が生活満足度に与える影響は私たちが分析した文献の結果よりもはるかに大きなものになる。[10]

生活満足度と年齢の関係を示すグラフはU型曲線を描く（幸福度は中年層で最も低くなる）が、これは「期待」が関係しているのかもしれない。若者は、年を取れば自分たちの生活に満足するようになると期待するが、実際には期待したほどでもない。やがて彼らが50代になると、この先はあまり生活に満足できないだろうと予測するものの、実際にはもう少しましな余生を送ることになる。[11]子どもがいるとU型ラインを下降し始めるのが20年ほど遅くなるが、これは子どもがいるかいないかよりも、収入や教育の差に起因する。[12] 幸運にも75歳まで長生きすると、生活満足度はもう一度わずかに下降するようだ。[13] 生活満足度の頂点にいる、つまり「10点中10点」と答えた人たちは、「10点中9点だ」と答えた人たちよりも年齢が高い（ならびに貧しい、健康でない、低学歴）傾向があるという。[14] こうした結果から、私たちはさらに「満足」という言葉が何を意味しているのかという疑問に行き着く。

文脈もまた重要なカギを握っている。ひとつ例をあげよう。43のヨーロッパおよびアングロ・サクソン系の国の人々を対象にした調査データを分析した結果、宗教が盛んな国であれば、信仰心の強い人ほど生活満足度が高いことがわかっている。つまり、宗教から得られる幸福感の大部分は、集団に属していることの恩恵に起因すると考えられる。[15]

私たちの生活満足度の評価は、性格や遺伝子といった〝内的〟属性にも影響を受けている。社交的な人（外向性が高い人）は自分の生活に満足しやすい傾向があり、心配性の人（神経症的傾向の強い人）は自分の生活に満足しにくい傾向がある。[16] ここで重要なのは、性格は完全に固定されたものではなく、徐々に変化していく可能性があるということだ。[17] とりわけ遺伝子の影響については、こんなふうに考える人もいる。私たちはそれぞれもともとの幸福度が決まっていて、多少は変化しても必ずそこに戻ってくると。しかし、この考えを裏付けるような根拠はない。それは、失業や障害のせいで生活満足度が恒久的に下がってしまう可能性もあるからだ。[18] 一方で結婚によって、長期にわたり幸福度が上がったままの人たちもいる。[19] 第3章では、私たちが慣れてしまうものは何か、いつまでたっても慣れないものは何かを詳細に見ていこう。

4つの質問

さらにここへきて、さまざまな測定方法がどう関連しているかを説明してくれる、とても刺激的な新しいデータが登場している。経済成長やそれ以外の側面から見た国民の生活状況についての幅広いデータを集めているイギリスの国家統計局（ONS）が、目下さまざまなかたちで国民の幸福度を観察しようとしているのだ。

リチャード・レイヤードと私は、ONSからどんな質問がふさわしいか助言してほしいと依頼され、ロバート・メトカーフの支援もあって、それに協力することになった。[20] 質問は、収入や仕事、教育、健康などについて尋ねる既存の調査に追加されるものであったため、即答できるようなものでなければならなかった。そのため、時間の経過による幸福の変化を問うような詳細な質問を追加することはできなかったが、ONSは最終的に幸福に関する4つの「主質問《メイン・クエスチョン》」を含めることに同意してくれた。もう少し「評価」よりも「経験」を問う質問にしたかったが、ともかく快楽とやりがいを広くカバーする一般的な質問が可能になったのだ。

その結果、ONSの調査は現在、4つの主質問《メイン・クエスチョン》を用いて、イギリス中で1年間におよそ20万人もの人々に幸福について尋ねている。

1. 全般的に、現在あなたは自分の生活にどの程度満足していますか？
2. 全般的に、あなたが生活のなかで行なっている活動に対し、どの程度やりがいを感じていますか？
3. 全般的に、あなたは昨日どの程度幸せを感じていましたか？
4. 全般的に、あなたは昨日どの程度不安を感じていましたか？

回答はすべて0から10で評価してもらい、0は「まったく〜していない」、10は「完全に〜している（いた）」を示している。みなさんはすでに最初の質問に答えているので、ここで残りの質問に答えてみてほしい。

やりがい　＝〔　　〕
昨日の幸福度　＝〔　　〕
昨日の不安度　＝〔　　〕

ケイト・ラファンによる分析をもとに、あなたの結果をイギリスの一般的な国民と比較してみよう。彼らの平均的な評価は以下のとおりである。

1. 生活満足度 ＝ 7・4
2. やりがい ＝ 7・7
3. 昨日の幸福度 ＝ 7・3
4. 昨日の不安度 ＝ 3・1

一見それほどには感じないかもしれないが、この平均値の差はけっこう大きい。例えば生活満足度とやりがいの差である0・3ポイントは、配偶者と死別した場合に起きる生活満足度の変化よりも若干大きい。[21] こうした差を検討することで、幸福度に関する調査では複数の質問が必要であることが証明される。

年齢がこの4つの質問への回答にどう影響するかという点では、あるパターンが見られる。これらすべての質問について、概して〝中年の危機〟が確認されるのだ。45歳から49歳の回答を見ると、生活満足度もやりがいも、昨日の幸福度も最も低く、50歳から54歳はどの年齢層よりも昨日の不安度が高い。

また、さまざまなグループ別の回答の違いにも興味深い点が見られる。女性は3つのポジティブ質問（生活満足度、やりがい、昨日の幸福度）からは幸福だと判断できるが、不安度についても高いと回答している。この結果は、男女差に注目したほかの調査結果ともほぼ一致している。ただし、生活満足度の男女差はここ数年で縮小してきたようだ。[22] 幸福度はイギリス内でも人種によって異なっている。黒人、アラブ系、バングラデシュ人、パキスタン人、インド人は、白人グループにくらべ、すべての質問に著しく低い点数を付けている。総合的に見ると、白人の男性は平均的に、エスニック・マイノリティ（民族的少数派）の女性よりも若干幸福度が高い。

結婚状況に着目すると、いくつか興味深い相関性が浮かび上がってくる（ただし、因果関係があるとはかぎらないので注意が必要）。既婚者もしくは市民パートナーシップ〔訳注　男女の夫婦とほぼ同等の権利を認められている同性カップルの関係〕の人たち（後者は調査時点ではイギリス内の同性カップルに限定されていた）は、離婚・死別などでパートナーを失った人たちにくらべ、3つのポジティブ質問すべてでより幸せだという回答が得られた。市民パートナーシップは男女の結婚よりも、ポジティブ質問に対する影響度は大きいが、不安度についてはまったく影響がない。既婚者や市民パートナーシップの人たちは、同棲をしている人たちよりも幸せだという結果が出ている。つまり、ビヨンセの歌にもあるように、指輪をはめることには、何かしら幸せをもたらす特別な要因があるようだ。だが面白いことに、市民パートナーシップはロンドンではすべての質問において高い点数に結びついているのに、北アイルランドではまったく影響がない。おそらく一般にロンドンの人は北アイルランドの人よりも、同性愛者のカップルに寛容なのだろう。

前にも少し触れたが、失業は生活満足度に与えるネガティブな影響がとても大きい。この対極にある長時間労働も、自分の生活に対する評価にあまりよい影響は与えない。1週間に48時間以上働いている人たちはあまり幸せだと感じていない。欧州連合（EU）法には、雇用者は被雇用者に1週間あたり48時間以上の労働を強いることはできないと明記されているが、多くの被雇用者がそれ以上の労働を〝選択〟しているのだ。本当に彼らが心からそれを望んでいて、長時間労働が労働者をより幸せにしているのなら、まったく問題はないし、けっこうなことだろう。因果関係を示すデータがないので私たちには判断のしようがないが、経済協力開発機構（ＯＥＣＤ）が発表した２０１１年の幸福度白書の結果はこれとは別のことを示唆している。この調査で、ヨーロッパ諸国に居住する人々の4分の3が自身のワーク・ライフ・バランスに満足しておらず、〝仕事《ワーク》〟が長すぎて、プライベートな〝生活《ライフ》〟が充分でないと考えていることがわかった。[23]

先に進む前に、さまざまな調査結果の比較について――ときには同じ調査における結果の比較についても――ひと言注意をしておきたい。２０１２年にはじめてＯＮＳのデータが発表されたとき、私とジョージ・カベツォスはあることに気がついた。質問がすべて対面式のインタビューか電話によるインタビューによって行なわれていたのだ。そのため、私たちは運営側の態度・振る舞いによって、幸福度についての回答に違いが生じていないか調べてみた。違いはたしかにあった――だが、いったいどちらの方向に？　もしあなたが私と似たようなタイプなら、誰かと対面しているときには幸せに見せようとするだろう。よって対面式のインタビューを受けた参加者は、電話でインタビューされた参加者よりも、より幸せだと答えていると考えてしまう。ところが、結果はまったく逆だった。電話でインタビューされた人たちのほうが幸福度は高かったのだ。[24]なぜこんなことが起きるのか、明確な科学的解釈はできないが、私たちが出した結果についてダニエル・カーネマンと議論した際、人は誰かと向き合っていると嘘はつけないが、電話だと実際よりも幸福度を高めに答えることができるのだろうと、彼は考察した。これにはさらなる調査が必要だが、私たちは幸福度調査でどんな質問がされたかだけでなく、参加者がどういう状況で質問を受けたかも知っておく必要がある。

幸福の測定基準には注意しよう

私たちは現在も順調に幸福に関するデータを収集しながら、つねに知識を得ている。とりわけさまざまな活動に関連した快楽とやりがいについては、いろいろと学ぶところがある。それでも依然として、人々が自分たちの生活をどう評価しているかにくらべると、実際に日々の経験をどう感じているかについては、まだまだわからないことも多い。幸福と結びつく要因のいくつかは、評価にも経験にも同じような影響を与えている。例えば身長の高い人たちは、生活に対する評価も高いし、よりポジティブな感情を経験している。身長の高い人たちは高学歴で収入も高い傾向にあることが、ひとつの理由だろう。身長の高い人たちは子どものころに充分な栄養と世話を受けて育っているため、大人になって知的・肉体的能力が高い水準に達すると示す調査結果がある。[25]また、身長の高い人たちは、身長の低い人たちよりも、頭の回転がよく、肉体的にも強いと認識されており、それが人生を通して連鎖的に影響している可能性もある——ちょうど、魅力的な人は就職の面接に受かることが多いのと同じように。[26]

けれども、全体的にみれば、生活における環境的要因（収入、結婚状況、年齢など）のほうが自身の評価に与える影響はずっと大きいし、どういう行動を取るかがどんな感情を経験するかに大きく影響している。失業を例に取って考えてみよう。私たちは、失業している人が仕事をもっている人よりも満足度が低いことは理解している。また、失業している人は、仕事をもっている人にくらべ、同じ活動をしていても――例えばショッピング、旅行、人付き合い――あまり喜びを感じていないことも理解している。それなのに、仕事を失うことがＤＲＭの回答にはあまり影響しないのは、仕事をしている時間がとくに楽しいものではないからだ。[27] ただし、私たちがドイツ人を対象に実施したＤＲＭの調査結果は、仕事にはやりがいがあることを示している。

結婚状況についても考えてみよう。私たちが分析した文献からは、結婚が生活満足度にポジティブな影響を与えることがわかっている。だが、対象者の時間の使い方に注目してみると、既婚女性は独身女性よりも幸せではない。既婚女性は愛する人と親密に過ごす時間から幸せという恩恵を得ているようにも見える。妻のレスは私とテレビを観るのが好きだが、大部分は番組の内容について私と語り合う時間を楽しんでいるのだ。しかし、独身者は自由な時間がたっぷりあって、それをかなりうまく活用しているように思える。もちろんこれはすべて一般論だが、それでも、とても幸福なカップルは一緒に過ごす時間と同じくらい別々に過ごす時間もたっぷりあって、一緒に過ごす時間と自由時間の両方から恩恵を得ているという私の見解と一致している。こういうカップルは相手をイライラさせる時間が少ないのだ。

概して、研究者が幸福に影響を与えるものについて論じる場合、幸福度とその要因との関連性が幸福の測定法に大きく左右される点を明確にしていないことが多い。幸福は中年の危機によって損なわれると言われてきたが、40代や50代で生活満足度が一気に落ちる、人生における幸福のU型曲線を思い出せば、これには正当な理由があるとわかるだろうし、この現象はドイツ人を対象にしたDRMの調査結果にも現れている。それだけではなく、とても面白い最近の研究結果がある。幸福はゴリラ、チンパンジー、オランウータンなどの大型類人猿でも年齢のU型曲線を描くというのだ。[28]

だが、結論を急いではいけない。ATUSのデータを見ると、日々の快楽についての評価は年齢によってあまり変化しておらず、ドイツ人を対象としたDRMのデータを見ると、やりがいは生活満足度が落ち込む時期（40代後半）にピークに達する、逆U型曲線を描くケースが多い。ほかの調査では、感情移入もまた年齢の変化に対し逆U型曲線を描くことがわかっている（おそらく、私たちは周囲の子どもたちにもっと親身にならないといけないのだろう）。[29] ストレスや心配、怒りは、年齢とともに減少するようだ。[30] 退屈、恥ずかしさ、罪悪感といった他のネガティブな感情は、だいたい60歳ぐらいまでは減少を続けるが、そこで降下線はストップし、それ以上は減少しない。[31] 私とローラ・クドゥルナはATUSデータのなかで、面白いことに日々の活動で疲れを報告する頻度が年齢とともに低下することを見つけた。[32]

けれども、ＡＴＵＳにおける幸福度の測定項目——疲れ、苦痛、ストレス、幸せ、悲しみ、やりがい——をすべて合算すると、生活満足度調査で見られたU型曲線が現れる。ただし、多少の違いも見られる。10代からだいたい30歳までは、よい感情を経験することが増え続け、そこからU型の下降曲線に沿って落ち始める。けれども、ＯＮＳのデータでは、10代から30代のあいだに増加はなく、全体的に通常のU型曲線をたどる。前日の幸福や不安の経験を思い出そうと最大の努力をしているものの、結局は過去のことなので、生活満足度調査と似たような結果になるのも驚くことではない。ということは、私たちは経験に基づいた幸福を直接測定するために、もっとほかの方法を探らなくてはならない。ひとつは、測定日の任意の時間にどう感じているかを尋ねるサンプリング検査が考えられる。あるいはＤＲＭやＡＴＵＳのような調査において、測定日の特定の時間に何をやっていたかを思い出してもらう。こうして、対象者が全般的な評価に基づく回答をしないようにしていかなければいけない。

何度も繰り返すが、幸福に関連する要因について私たちが得る結論は、ほとんどの学者たちが説明してきたよりもはるかに複雑で、測定方法に大きく依存しているのだ。10代から30歳にかけては、生活満足度のレベルは低下するものの、感情は向上しているように思われる。彼らは30歳に近づきながら、どんどんよい感情を抱くようになるのかもしれない。そして自分が30歳になったことに気づいたとき、それが止まる。つまり、たいていのことは私たちが注意を向けているものに依存しているのだ——実際のところ、これから私たちが見ていくように、重要なのは、私たちが何に注意を向けているかなのだ。

第3章 幸福をもたらすものは何か？

これまでにも幸福をもたらす要因を明らかにする試みはたくさんあったし、最大限幸せになれない理由も数多く示されてきた。序章で触れたように、こうした解釈はすべてインプット（幸福の決定要因、例えば収入や健康状態など）とアウトプット（特定の方法で測定された幸福度、例えば生活満足度など）を直接関連づけようとするものだった。調査や政策決定のための質問は「健康は幸福にどんな影響を与えるか？」といった言葉で組み立てられている。こうした問いかけは不完全で、かなり断片的なものだと私は常々感じていた。なんとかしてもっと完璧で無駄に複雑化していない解釈はできないものか、私のなかの研究好きな経済学者の部分がそう求め続けてきた[1]。そしてようやく私はそれを見つけたと思う。

幸福を製造する

アウトプットを最大にできないというのは、経済学者から見れば、生産に充てられた資源を最大限に活用していないということになる。ある装置の生産量が最大に達していない場合、「製造プロセス」の効率をもっと上げられたら、もっと生産できるはずだ。つまり、その装置の製造に用いられている人材と機械がもっとうまく配置されていれば、ということだ。製造プロセスでは、インプットがアウトプットに変換されるという点に注目してほしい。インプットが同じでも、製造プロセスによってアウトプットはいくらでも変わり得る。人材や機械がもっとあれば、さらに多くの装置を製造できるはずだが、非効率的に使用されたら、アウトプットは増えないかもしれない。装置の製造は、製造プロセスの効率性にかかっているのだ。

同じように、収入や健康状態といったインプットを幸福に変換してアウトプットする製造プロセスがある。では、幸福の製造プロセスとはいったいどのようなものだろう？　幸福を長期的に見た快楽とやりがいの量と捉えた場合、この問いの答えは時間の使い方に関係しているとすぐに思い至るだろう。あなたは収入や健康状態といったインプットを取り入れ、あなたの時間をさまざまな活動に振り分けることで、これらのインプットを幸福に変換する。だが、時間は何かをやることにだけ使われるのではない——考えることにも使われる。実際のところあなたの時間の大部分は、一見あなたが取り組んでいることとはほとんど関係のない刺激に注意が向けられている。例えば、私はこの厄介な一節を書くあいだ、何度もほかのことに気を取られている。自分で気づいているだけでもかなりの回数、コーヒーをもう1杯飲もうかどうしようかと考えていた。おそらく、あなたもこれを読んでいるあいだ、何度かほかのことに気を取られていることだろう。

つまり、幸福の製造プロセスとは、**あなたの注意を割り振る**（配分する）作業のこと。幸福を生み出すためのインプットは、あなたの注意を奪い合う非常に多くの刺激だ。これらの刺激は、あなたがその刺激に向けた注意によって幸福に変わる。刺激がどう幸福に変わるか、そのカギを握るのが「注意」だ。同じ出来事や環境でも、それがあなたの幸福にいつも同じように影響するとはかぎらない。それが大きく影響するか、ほとんど影響しないかは、あなたがその出来事や環境にどの程度の注意を向けているかで決まる。すべての条件が同じふたりの人間が、同じように幸せになるとはかぎらない。それは、インプットを幸福というアウトプットに変換する方法が違っているからだ。

そこで、どんな方法で、何に注意を向ければよいかを上手に選択する方法を考えてみる必要がある。本書を読んでいるあいだも、あなたの注意を奪おうとするものがいくつもあるだろう。外で遊ぶ子どもの声や隣の部屋のテレビの音が聞こえてくるかもしれない。携帯に新しいメッセージが届いていないかチェックしたくなるかもしれない。紅茶を淹れて、一息つこうかと思うかもしれない。こうした刺激はすべて、何らかのかたちで処理しないといけない。

インプット	↓	製造プロセス	↓	アウトプット
さまざまな刺激*	↓	注意の配分	↓	幸福

*例えば、本書、子ども、銀行残高、健康状態など

ありがたいことに（ほとんどの人にとってそうだろう）、これは製造プロセスの例と同じくらいうまく型にはまっている。ここで大事なのは、すっきりしたモデルを見せることではない。幸福をもたらす要因は何か、幸福になるためにできることは何かが直観的に理解できるように、製造プロセスを説明したいと思っている。

モノを製造する企業なら、さまざまなインプットを最も効率のよい方法で組み合わせようとするだろう。それと同じように、あなたの注意を奪い合うすべての刺激を、できるだけ多くの幸せがもたらされるように処理する方法を追究するわけだ。装置を製造する場合と同じように、多くのインプットがあれば、それだけ多くの幸せを生み出せるのだが、注意を効率よく配分しないかぎり、それは望めない。こうした洞察が、経済学における製造プロセスの理論と心理学における注意の理論とを結びつけた。面白いことに（少なくとも研究好きな経済学者には）、注意という概念はどんな経済学の教科書にも出てこない。

注意の配分

生活のなかのあらゆるものと同じように、あなたの注意は乏しい資源だ。だから上手に配分しなければいけない。定義上、ひとつのことに向けられた注意は、ほかのことには向けられないのだから。ひとつのことに注意を向けると、ほかのことに注意を向けられなくなる。「乏しい」という概念はまさに経済学の核である——だから、トーマス・カーライルはこの学問を「陰気な科学」と呼び、それが多くの人の賛同を得ている。注意という資源の乏しさは、幸福に関する私の研究の核である。

幸福になるためのカギは、自分を幸福にしてくれるものに多くの注意を払い、そうでないものにはそれほど注意を向けないことだ。これは、幸福そのものに注意を向けることとは違う。モノを製造する企業がその製造プロセスを再設計しようと思えば、アウトプットを観察するだろう。だが、いったん効率のよいプロセスを見つけたら、外的環境（例えば、インプットの相対価格など）が変わらないかぎりそのプロセスを変更することはない。何かを変える動機がない場合、その製造プロセスは**均衡状態**にあると言う。あなたも均衡状態を見つけ出せば、自分や自分の周囲の世界が変化しないかぎり、自身の幸福を直接観察し続ける必要はない。

経済学者たちはいま、「注意」を用いて経済的意思決定を説明しようとし始めている。[2] ひとつよい例をあげよう。買い物客が商品やサービスに支払う価格に充分な注意を向けていれば、次のようなことに気づくだろう。4ドルのCDがeBay《イーベイ》で商品代0・01ドルに送料3・99ドルと出ている場合もあれば、商品代が4ドルで送料無料と出ている場合もあり、どちらも売上は同じだと。けれども実際には、買い物客は販売価格にばかり注意を向け、送料にはあまり注意を向けない。その結果、出品者は前者のかたちで売りに出し、売上を伸ばす。[3] 注意の乏しさはビジネス界でも注目を集め始めている。これは注意の経済《アテンション・エコノミー》と呼ばれ、つねに情報とテクノロジーの集中砲火を受けている顧客や従業員の注意を獲得することが、ビジネスで成功するための重要な要素だと言われている。[4]

最適な注意の配分を意識するのと同時に、あなたの注意エネルギーをどうすれば効率よく活用できるかも検討する必要がある。モノを製造する企業が人材や機械をその機能がダメになるまで働かせないのと同様に、あなたも注意が尽き果てるまで自分自身を働かせたりしてはいけない。[5]いったん自分が均衡状態にあると感じたら、しばらく注意エネルギーを休ませたってかまわない。

本書を書き上げるまでこの本に自分の注意を集中させ、なおかつ注意が尽き果てないようにするために、私はメールアカウントの自動返信を設定し、このような返事を送るようにした。「こんにちは。私は7月と8月のあいだ、私の大作に優先的に取り組んでいるため、緊急の案件にしか対応できません。どうぞご理解ください。ではまた。ポール」。このメッセージのおかげで、この期間に私の注意がどこに向いているかをほかの人たちが予想できるようになった。

何かに注意を向けると、文字どおりあなたの脳を変化させることができる。ロンドンの黒塗り《ブラック》タクシー《キャブ》の運転手は、2万5000本もの道路をすべて覚えて、目的地に着けるようにするという、非常にむずかしい試験に合格しなければならない。タクシードライバーを志願してこの試験を受ける人たちの半分しか合格しない。試験に合格した人たちは、試験に落ちた人たちよりも、海馬――空間処理をする脳の部分――が大きい。タクシードライバーたちはなにも最初から空間処理能力に長けていたわけではない。彼らは試験対策をしているうちに、勉強すればするほど海馬が大きくなっていったのだ。[6]

脳は何十億ものニューロンと何兆ものシナプス結合をもつ非常に複雑で精巧な処理システムで、ある刺激に多くの注意を注ぐことも習得できる。けれども、人はつねにかぎられた量の情報しか一度に処理できない。注意エネルギーの乏しさを示すよい例をあげよう。これから『ブリテンズ・ブライテスト』というクイズ番組が始まると想像してほしい。このクイズは、出場者に少しひねった雑学的質問をいくつか出すのが最大の見せ場だ。出場者は40秒間でできるだけ多く回答しなければならない。さらに手のこんだことに、出場者は40秒経ったと思う時点を自分で判断し、時計を止める。時計はいつでも止められるが、40秒を過ぎると、その分だけポイントを失う。結果はどうかというと、多くの回答者が時間をオーバーしてしまう。じっくり考えて出した回答によって獲得したポイントよりも、時間超過により多くのポイントを失うことになる。この結果を招いた理由は単純で、回答者は質問への回答と時間の経過の両方に充分な注意を向けることができないのだ。前者に焦点を合わせると、後者は頭の中から消えてしまう。

見逃してしまったゴリラ

ハーバード大学のダニエル・シモンズとクリストファー・チャブリスは、〝見えないゴリラ〟を使って、注意力に関するとても有名な実験を行なった。彼らは、学生たちがふたつのチームに分かれ、それぞれ黒と白のTシャツを着て、同じチームのメンバー間で動きながらバスケットボールをパスし合うビデオを制作した。その後、構内にいる学生たちに、このビデオを見て、白いTシャツを着たメンバーが何回ボールをパスするかを数えてもらった。ビデオを見終わったあと、被験者たちに、ビデオのなかに何か見慣れないものや奇妙なものを見なかったか、あるいはボールをパスし合っているメンバー以外の誰かを見なかったかと尋ねた。被験者の半数以上は、ボールをパスするメンバーのあいだをまっすぐすり抜けていく大きなゴリラ（の着ぐるみを着た人）に気づいていなかった。再度ビデオを見直した被験者たちは、これほど目立つものに気づかなかったことにショックを受けた。これは、被験者たちが白シャツメンバーによるボールパスの回数にばかり注意を向けていて、ゴリラにはまったく注意を払っていなかったからである。[7] 私はこの結果を知る前にプリンストン大学で同じ実験を受けたのだが、私もゴリラには気がつかず、ハーバード大学の学生たちと同じように、自分がこんなに目立つものを完全に見逃していたことにショックを受けた。

同じような実験で、癌性腫瘍を見つける訓練を受けた放射線科医たちは、肺のCTスキャン画像の上方隅に小さなゴリラが合成されていることに気づかなかった。異常を見つける訓練を受けたこうした専門家でも、桁外れに異常な物体は見逃してしまうのだ。それでも、彼らは専門家でない人たちよりはましだった。同じ実験に参加した一般の人たちがひとりもこれを見つけられなかったのに対して、放射線科医の20パーセントがスキャン画像のなかにゴリラがいたと回答した。[8]

さて、ゴリラがあなたの前を横切ることはめったにないかもしれないが、ここで言うゴリラとは、見慣れたもののなかに紛れ込んでいて、本来なら多くの人が気づくべきなのに見落としてしまうものを象徴している。人が周囲の環境のなかのある側面に注意を向けていると、ほかのものには注意が向かないということを、これらの実験は明確に示している。これが、いわば盲目的な状態を引き起こす。周囲の環境のある側面に注意を集中させているために、全体像が見えなくなってしまうわけだ。これについて最もよく議論されるのは航空や医療の分野で、パイロットや外科医が周囲の状況からきわめて重大な情報を見落としてしまう原因を説明するために用いられる。[9]

2005年、イレイン・ブロミリーはあるイギリスの病院でありふれた鼻腔手術を受けていた。その際、彼女に異常事態が発生し、呼吸ができなくなってしまった。彼女の処置を担当していた医者たちは、気管挿管に過剰なまでに注意を集中し、気管切開の緊急手術を行なわなかった。それを行なっていたら命は助かっていただろうに。手術室にはしかるべき専門医と設備がそろっていた状況で、このミスは起こった。[10] イレインの夫で民間航空機のパイロットであるマーティンは、妻の死の詳細を調査し、航空業界で導入されている緊急事態に対応するための手順が、人為ミス《ヒューマン・エラー》を減らすために医療の現場にも適用できると提言した。

パイロットは昔から、自分たちの「状況認識」向上のために、チェックリストに頼ってきた。このチェックリストには非常にシンプルな情報が載っているだけだが、客室乗務員が航空機の安全に関係する要因の全体像をつかむためにも役立っている。マーティン・ブロミリーの努力と、医療現場におけるチェックリストが文字どおり命を救うことを証明する非常に説得力と確実性に富んだいくつかの調査のおかげで、現在では世界中の病院でチェックリストがますます利用されるようになってきた。そこには、例えば患者の氏名を確認するといった、あたりまえのことなのに、ときに見落とされてしまう項目が列挙されている。

状況認識はどんな環境においても大事な問題であり、それは手術室やコックピットのなかだけにかぎった話ではない。調査によると、前の車のスピードに応じて自分の車のスピードを調整する車間距離制御システム（ＡＣＣ）を利用しているドライバーは、状況認識に欠ける傾向があると報告されている。それによって、路上で不測の出来事が起こった場合に事故を引き起こしやすくなる。[11] そう考えると、私たちはみな幸福をもたらす要因を理解するうえで、明白なものが見えなくなっている可能性がある。ただ、何ごともそれほど明白ではない。

意識下と無意識下

これまでの説明でもわかるように、人は無意識のうちにある刺激に多くの注意を払い、それ以外にはあまり注意を向けていないのかもしれない。人の認知・記憶・行動の多くが意識的な思考や意志がなくても起こることは、１５０年前から知られていた。[12] それゆえ、私たちはふたつのタイプの注意を区別する必要がある。何かに注意を向けていることにともかく気づいている**意識的注意**と、何かに注意を向けていることに気づいていない**無意識的注意**である。無意識的注意には、意識的注意がよそへ向いているあいだに起こる思考プロセスも含まれる。[13] あなたができるだけ長いあいだ幸せでいようとするなら、そして最終的には、幸福になろうとする努力に疲れてしまうことなく、その状態を維持したいなら、ふたつの注意の違いを理解しておくことはとても大事なことだ。ときには自分が注意を向けている対象に気づいている場合もあるが、たいていは気づいていないものだ。

注意の製造プロセスを直観的に理解したように、ここでも少し想像力を働かせてほしい。私たちが実際に無意識的注意を有意義なかたちで配分することなどない――それは、何に注意を向けるかを私たちが選択しなくても、ちゃんと配分されている。だが、いずれわかるように、あなたの無意識的注意が入り込んでいく環境を、意識的に選択することは可能だ。あなたの犬がどんなふうに野原を駆け回るかは、あなたが意識的に指図することはできないが、犬をどの公園に連れていくかは決めることができる。私たちは犬と同じように状況トリガーに反応するのだ。

システム1とシステム2

意識的注意と無意識的注意の違いをもっとよく知るためには、少し過去に遡る必要がある。進化の観点から見て、人類の第一段階はアルディピテクス・ラミダス（ラミダス猿人）と考えられている。およそ450万年前に生息していた猿人で、身長が120センチほどで、樹上生活をしていたとされている。もちろんはるか昔に絶滅しているが、その脳はある程度私たちのなかで生き続けている。いわば、脳に組み込まれているのだ。現代人の脳の機能の多くは、祖先から多大な恩恵を受けている。

行動科学においては、最近になって次のようなコンセンサスが生まれつつある。人の脳には、生来的に組み込まれて自動的な処理を担当する〝システム1〟と、論理的で熟考型推論を担当する〝システム2〟がそなわっており、人の行動はシステム2よりもシステム1によるところがはるかに大きいというのだ。〝システム〟という言葉は、ここではふたつの処理システムを同時に指している。[14] 私の分類では、無意識的注意はすべてシステム1である。ただし、脳のなかにふたつの処理システムが別々に存在しているわけではない。実際はもっと複雑で、脳の各領域のあいだでかなりオーバーラップしている。とはいえ、このように区別することは、文脈や認知のさまざまな影響を説明するうえで有効である。

私たちはみな、ほとんど同じように組み込まれた自動処理のシステム1をそなえている。その進化のしかたは、イーストエンドの少年だろうとウエストエンドの少女だろうと変わらない。熟慮型のシステム2は、あなたと私とではかなり違っているかもしれない。こちらは、人を形成する文化やその他の要因によって違いが生じ、その結果、人によってまったく違う行動を取ることがあるのだ。しかし、そんなときでも、システム1は同じように反応する。そのうえ、すでに学んだように、たいていは文脈が行動を左右するので、あなたがイーストエンドの少年と同じような行動を取ることもよくあることだ。

システム1はどんなときも活発で、つねに私たちが気づかないうちに刺激を受けている。これについて書かれた文献はどんどん増えている。ファストフードを例に取ってみよう。これは「時間効率」と「すぐに得られる満足感」の象徴となっている。[15] 実験によると、私たちはファストフードのことを考えただけで、待ちきれない気分になり、性急な行動を取ってしまう。例えば、マクドナルドやケンタッキーフライドチキンの店の写真を、見たことにすら気づかないほどすばやく見せられたとしよう。そして、トロントの街について書かれた文章を読み、それに要した時間を測る。すると、対照グループとして空白の四角をただ見ていた（写真を見せられなかった）人たちよりも、平均で15秒速く読んでしまう。また、ファストフードのロゴのデザインについて意見を求められると、ただの安いレストランのロゴについて尋ねられた場合にくらべ、いますぐ報酬がほしいと思う傾向が強くなるという。いますぐ3ドルもらうのと、1週間待って少し多い金額（3・05ドルから7ドル）をもらうのと、どちらを選ぶかと尋ねられると、いますぐもらえる3ドルを選びがちになるのだ。[16]

2004年のオリンピックの試合（ボクシング、テコンドー、グレコローマン・レスリング、フリースタイル・レスリング）で、選手たちは無作為に青と赤の試合着を割り当てられた。もし試合着の色が選手の成績や審判の判定に無関係なら、青と赤で勝者の数は同じ程度になっていたはずだ。ところが、青の試合着を着た選手が約3分の1の試合で勝ち、赤の選手は約3分の2の試合で勝った。[17] つまり、最初に赤を割り当てられていたら、試合に勝つ確率が2倍になっていたのだ。赤は攻撃的でセクシーな色で、青はクリエイティブな色であり、赤は青にくらべ、選手の成績のみならず、審判の判定においても有利に働くというわけだ。

また、ある実験によると、ワインを購入しに来た客がフランスとドイツのワインが並べられた棚の前を通ったとき、店のなかでフランスの曲のアコーディオン演奏が流れていると、ついついフランスワインのボトルを手に取ってしまうという。ドイツのビアホール風の音楽が流れていると、ドイツワインを選ぶ率が高くなる。実際のところ、実験を行なった店で売れたワインの70パーセントが店で流れていた音楽を反映していた。しかし、購入客に尋ねたところ、聞こえてきた曲がどのワインを買うかに影響したと答えたのはわずか14パーセントだった。[18]

一連の研究により無意識のプロセスに対する理解が急激に高まったことで、このテーマに関する本がたくさん登場し、いくつもの新たな可能性が開かれた。[19] 私が面白いと思ったのは、パスワードを無意識のなかに埋め込み、意識的な思考ではアクセスできなくする暗号化技術だ。[20] 研究によって得られた証拠から、意識的な思考はそもそも行動に何らかの影響を与えているのかという疑問も湧いてくる。[21] これは大げさかもしれないが、意識的な思考の因果的役割はたしかに誇張されてきたと言える。[22]

たしかなことがひとつある。人間の脳は怠け者で、注意エネルギーを少しでも節約しようとする。つまり、行動をなるべく自動化しようとし、システム2で始まった多くの意思決定が結局システム1で処理されることになる。自分のオフィスへ行くことに慣れているがために、自分のオフィス以外でのミーティングに行く途中で道を間違えたことはないだろうか？　あるいは、意識しないまま鍵をかけたにもかかわらず、鍵をちゃんとかけたかどうかを確認しに家に戻ったことはないだろうか？　私は先週1週間のうちに、このふたつを両方やっていた。これらは、私の脳が習慣を作ってエネルギーを節約したいと思った結果、起こったことだ。習慣とは、以前に何度も繰り返し行なわれてきた行動に基づいて、自動的に（無意識のうちに）設定された行動パターンのことである。[23] オフィスに行くことも、家の鍵をかけることも、無意識のうちに毎日同じようにできるのに、わざわざ毎回そのやり方を考えることで注意エネルギーを無駄遣いする必要はないはずだ。

一流のスポーツ選手は、当面の課題だけに集中して取り組むために、自分の注意を逸らせるさまざまな要因を完全にシャットアウトすることができる。彼らは自分自身を俗に言う〝ゾーンに入った〟状態（超集中状態）に追い込まなくてはならない。そうやってはじめて、無意識のうちに入り込めるようになる。同じように、美術史家は自分の豊かな知識と知恵をシステム2からシステム1へ移行させると、偽の芸術品を即座に見分けられるようになるという。[24] 理論的には、幸福を高めるために最初は相当集中してやらなければならないことも、やがてはほとんどが無意識のうちにできるようになる。

このように〝遅い思考〟から〝速い思考〟に移行できた人にとって、最も避けたいのはふたたび意識的に考え始めてしまうことだ。重量挙げやゴルフ、ビリヤードといった競技の一流選手にとっては、課題について意識的に考えるようになってしまうと、その場のプレッシャーによって身体が思うように動かなくなり、失敗する。重量挙げの試合で、１回目の試技が終わった時点で1位になっているよりも、10位にいるほうが次の試技で成功する可能性が高くなる。[25] 1位になった選手は目標にされ、本人もそれを知っていて、しばしばプレッシャーに屈してしまう。意思決定はシステム2からシステム１へ移行し、やがて元に戻ることもあるのだ。

ストループ課題に挑戦

ここで一番伝えたいのは、世界は複雑な場所だが、あなたの脳は世界をもっと易しいものにしようとしてくれるということだ。あなたの手に負えるように、ものごとを簡素化することによって。その効果を〝ストループ課題〟で見てみよう。[26] これはよく知られた心理学演習で、１９３５年にテネシー州のジョン・リドリー・ストループが博士論文の一部として開発したものである。さまざまな色と文字どう組み合わせるかが、色や文字の意味を答える際の反応時間に影響を与える――当時、このテーマに取り組んでいた研究者たちはほかにもいたが、ストループはこれをはじめて実証した研究者のひとりである。[27] 本書ではモノクロになっているが、効果は同じである。

ステップ1　各ボックスの色名（黒、白、グレー）をできるだけ速く答えなさい。

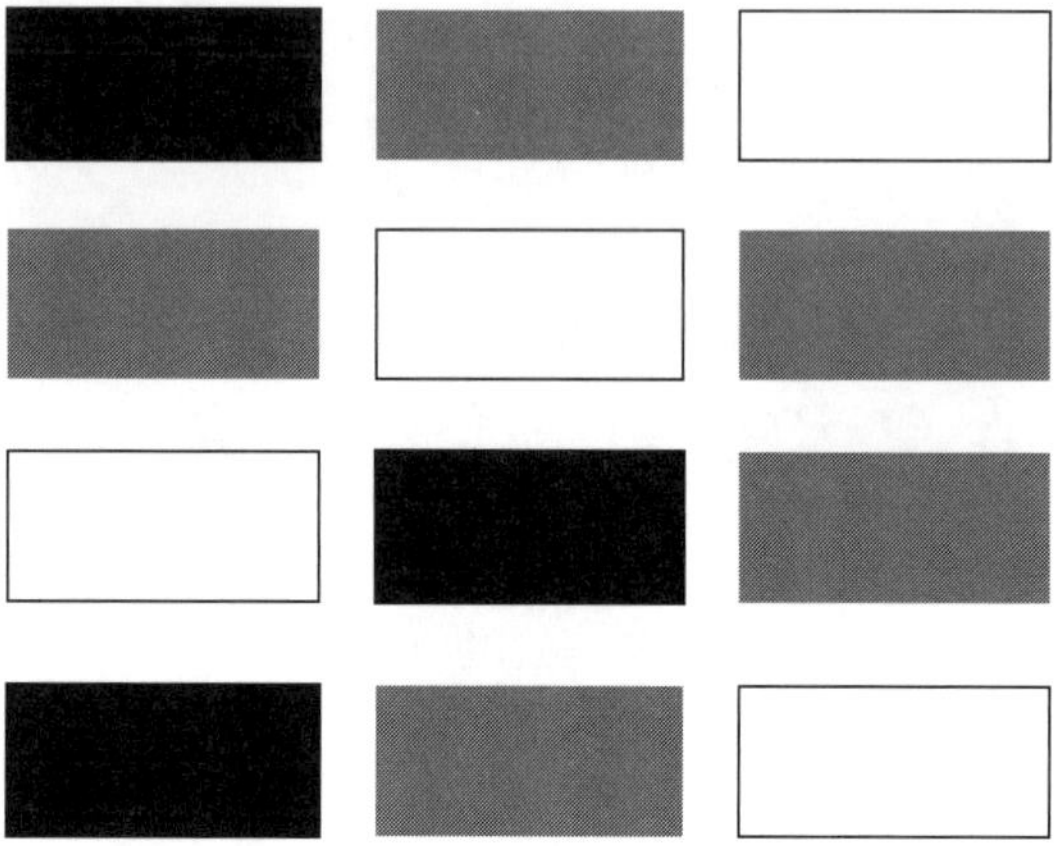

ステップ２　各文字の書かれている色をできるだけ速く答えなさい。

BLACK　GRAY　WHITE

GRAY　WHITE　GRAY

WHITE　BLACK　GRAY

BLACK　GRAY　WHITE

たいていの人は、ステップ1よりもステップ2のほうが色名を答えるのに時間がかかる。ステップ1では、あなたはシステム1にだけ頼って、表示された色名を自動的に答えればよい。ステップ2では、あなたのシステム1は色名ではなく書かれた文字を自動的に読もうとし、この自動的傾向をシステム2が無効にするために少し余計な時間がかかる。ところで、この演習のステップ2を正確にやり遂げるまでにかかる時間は、膀胱が尿で充満していると短縮されるという。トイレに行きたい衝動があなたのシステム1を部分的に無効にするからだ。[28] これは、文脈の重要性を示すよい例だろう。

行動の思わぬ波及効果

ここまで、それぞれの行動や注意プロセス、およびそれが幸福に与える影響を別々に検討してきた。だが、どんな行為や思考もほかから孤立して存在することはあり得ない。たいてい、ある文脈から別の文脈への著しい「**波及効果**」がある。そこで、あなたがいまやっていること、感じていることだけでなく、それが次にやること、感じることに与える影響も検討する必要がある。こうした波及効果は、意識的注意と無意識的注意の配分によってもたらされる。

リンゴを食べたご褒美にケーキ？

私が波及効果についてはじめて考えたのは、イギリス政府に協力して行動変容政策について検討していたときだった。私は、スーパーマーケットのカートの正面の仕切り部分を広げたことで、果物や野菜の売上が増加したことを示すいくつかの証拠を提示された。それを私に示した政策担当者は、うきうきしていた。私は売上の増加が果物や野菜の消費の増加につながったのかどうかを知りたくて、うずうずしていた。「どういう意味ですか？」と彼は尋ねた。マーズバーなら冷蔵庫に入れておいても腐らないだろうが、生鮮食品はすぐ腐る。つまり、果物や野菜が余計に売れても、それはただゴミを増やすだけかもしれないのだ。

いいだろう、ともかく買われたものの一部は食されたとしよう。私の次の質問はこうだ。「果物や野菜の消費が増えたとして、それが健康的な生活をもたらしているのか？　それともマーズバーをもっと食べていいという気にさせているんじゃないのか？」意外にも、私たちにはこの質問の答えがわからない。だが、この先を読めばきっと、果物や野菜の消費が増えると最近は、少なくともイギリスでは、たいていそれが人々の体重増加につながり、減量にはつながらないことがわかるだろう。人々は（無意識のうちに）リンゴを食べたご褒美にケーキを食べるようになるのだ。研究や政策、あるいは私たちの選択に役立つ情報を得るためには、理想を言うなら、行動変容介入という小石を池に投げ込んだときに起こる行動のさざ波をすべて把握しておかなくてはいけないのだ。

促進、許可、浄化

　こうした基本的な質問に関する証拠が不足していることに触発されて、マテオ・ガリッツィと私は、広い範囲の波及効果を系統だって説明できる概念的枠組みを生み出した。まず、ふたつの異なる行動が連続的に起こり、そのふたつの行動が意識レベルと無意識レベルで、何らかの潜在的な動機――例えば、減量したいとか（究極的には、減量することで幸せになりたい）――によってつながっていると仮定するところから始めよう。最初の行動（第1の行動）が続いて起こる次の行動（第2の行動）につながるのだが、動機については、この第2の行動は第1の行動と同じ方向に働く場合もあれば、反対の方向に働く場合もある。ひとつの例として、減量のためにエクササイズを始めたとしよう。その行動が同じように減量を目指す別の行動――例えば、健康的な食事をする――につながる場合もある。これを**促進する波及作用**と呼んでいる。この作用を表のボックス1に示す。

　逆に減量のためのエクササイズという行動が、体重を増やす――例えば、食べる量を増やす――という別の行動につながることもある。これは、私たちが何か〝よいこと〟をした直後に、そのご褒美としてちょっと〝いけないこと〟をやってしまうケースである。これを**許可する波及作用**と呼んでいる。この作用を表のボックス2に示す。そして、第3の波及作用が**浄化する波及作用**である。これは、第2の行動が、第1の行動がもたらしたダメージを取り消したいという願望によって動機付けされた場合である。つまり、表のボックス3に示すように、エクササイズをし

		第2の行動	
		健康的な食事をする	健康に悪い食事をする
第1の行動	仕事のあとのエクササイズ	1. 促進 ジムで一生懸命汗を流したのだから、がんばってこの状態を維持しよう。	2. 許可 ジムで一生懸命汗を流したのだから、ケーキを食べてもいいだろう。
	仕事のあとはソファでのんびり	3. 浄化 今日は怠けてしまったから、今夜はあまり食べ過ぎないほうがいいだろう。	4. 促進 今日は怠けてしまったから、もうどうでもいいや、ケーキを食べよう。

なかったので、そのダメージを取り消すために健康的な食事をする、といったケースだ。最後に、ボックス４に示されているのは、最初にエクササイズができなかったことで、「もうどうでもいいや」という気分になり、それが健康に悪い食事をするという行動を促進するケースだ。

エクササイズが食事におよぼす影響の対照テストを行なうために、マテオと私はロンドン・スクール・オブ・エコノミクスの学生たちに木製の箱を使った昇降運動を２分間行なうよう依頼した。私たちは無作為に学生たちを次の４つのグループに分けた。（１）１回ごとに10ペンスもらえる、（２）１回ごとに２ペンスもらえる、（３）２分間のうち15秒ごとに調査員から「がんばれ」と励ましてもらう、（４）対照群として何らインセンティブがない状態で昇降運動をする、の４つである。現金がもらえるグループは昇降運動の回数が多かった。グループ１とグループ２はおよそ１０５回、それに対してグループ３とグループ４は90回だった。10ペンスもらえるグループと励ましを受けていたグループは、自分たちのエクササイズに満足していた。10段階で評価してもらうと、ほかの人より1ポイントも高かった。この作業におけるカロリーの燃焼量の推定は、すべてのグループで驚くほど正確だった。20カロリーから30カロリーだ。

ここからがポイントだ。その後、私たちは被験者一人ひとりにサンドイッチとスナックを揃えたビュッフェ式のランチを提供した。被験者には気づかれないように、私たちは彼らが何を食べるかを見ていた。より正確に言うと、各被験者が席を離れたあと、マテオが(しゃれたイタリアンスーツを着て)ゴミ箱の中をかき回し、残っていたサンドイッチの箱と、チョコレートの包み、ポテトチップスの袋をチェックした。エクササイズをよくがんばったと自己評価していた学生たちは(つまり、10ペンスもらえたグループと励ましを受けていたグループ)は、平均しておよそ320カロリーを食べていたのに対し、あまりがんばらなかったと評価した学生たち(2ペンスもらえたグループと対照群)は240カロリーを食べていた。[29]

この調査から私たちが導き出した結論はこうだ。〝カロリー燃焼〟のエクササイズをよくがんばったと満足していればいるほど、ご褒美として〝カロリー摂取〟のランチをたくさん食べていいと感じている。減量を目的としてちょっとしたエクササイズを行なっても、燃やすカロリーよりも口から入れるカロリーが多ければ、かえって体重の増加につながる。これはまさに多くの人々に起こっていることで、エクササイズだけに頼った減量プログラムにあまり効果がないのはこのためだ。

実際のところ、一度にたくさんエクササイズをすればするほど、そのあと多くの休憩を取ることになる。３つの学校の２００人の子どもたちを対象にした調査で、被験者に加速度計を身につけてもらい、学校ごとに異なる健康増進プログラムが子どもたちの活動量に影響を与えているかどうかを検査した。その結果、学校で活発に活動していた子どもたちは家では活動しておらず、学校で活発でなかった子どもたちは家で活発に活動していることがわかった。[30] 徒歩での通学と車での通学の影響の違いを調べた別の調査でも、同じような結果が得られた。[31] 私たちの祖先が生きていたころにくらべて、いまは食料がとても豊富であるにもかかわらず、体内にエネルギーを蓄えておかなくてはいけなかった時代に身につけた習性は抜けきっていないようだ。

モラルの預金口座

私たちの調査から得られたような結果は、許可する波及作用の強力な裏付けになっている。これは心理学で**モラル・ライセンシング**と呼ばれる概念とも一致する。あなたはいま、モラルの預金口座をもっていると想像してほしい。口座にプラスの残高があるとき、預金の一部を使うことが許される。モラル・ライセンシングは、もともと差別行為との関連で実証されたものだ。被験者はまず、明らかに優秀な黒人と明らかに劣っている白人のどちらを雇用するかと問われる。そこで黒人を選び、ひとまず人種差別主義者ではないと証明した被験者は、その後、能力が拮抗している黒人と白人のどちらを雇用するかと問われると、白人を選びがちになる。[32] 同じように、２

008年のアメリカ大統領選挙で、ジョン・マケインではなくバラク・オバマを支持したと答えた被験者は、その後行なった採用実験では偏見に満ちた選択をしたり、貧困撲滅チャリティでアフリカ系アメリカ人よりも白人により多くのお金を配分したりしがちなのだ。[33]

逆にモラル口座の残高がマイナスの場合は、モラル・クレンジングによって、預金を増やそうとする。これを裏付ける証拠がある。ある巧妙な実験で、被験者たちは自分が過去に行なった倫理的な行為もしくは非倫理的な行為を詳細に思い出し、そのときの自分の感情を述べるよう求められた。その後、彼らはさまざまな製品――ジュースやチョコレートバーといった中立的なアイテムとシャワーソープや消毒剤のようなクレンジング製品を含む――の魅力度を評価するよう求められた。非倫理的な行為を思い出した被験者は、洗浄製品を選ぶ率が非常に高かった。[34]悪い行為を思い出すことによって、文字どおり自分を浄《クレンジング》化する必要を感じてしまうのだ――しかもおおむね無意識のうちに。

幸福も不幸もすぐに薄れる

以上の説明では、あなたの行動、ひいてはあなたの幸福が移り変わりやすいことに注目した。さらに、幸福は生活におけるさまざまな変化からも影響を受ける。さてここからは、生活における変化の影響をどう調整するかを説明しながら、注意の重要性を見ていこう。

体重が増えても不幸にならない

幸福の研究によって明らかになった重要な教訓がある。それは、生活におけるたくさんの変化がもたらす影響はあっという間に消え失せてしまうということだ。そこには数々の「適応」が見られる——つまり、変化に慣れるということだ。適応とは、あるインプットが幸福におよぼす影響が薄らぐにつれ、インプットから注意が逸れていくことだと解釈できる。[35] 新たな刺激の目新しさにあなたの注意は引きつけられるが、それに慣れてしまうと、あなたはそこに注意を集中させるのをやめてしまう。そうなると、あなたの注意は解放されて新たな刺激を見つけ、そこに引き寄せられていく。

多くの出来事は予測不能で、それが幸福にどんな影響を与えるのかは見当がつかない。それは、発生前と発生後の幸福度を比較できるデータがなかなかないからだが、ときには運よくデータがすぐそこにある場合もある。９・11同時多発テロは、第2章で説明したイギリスの大規模な縦断的調査のインタビューの大半が行なわれたのと、たまたま同じ月に起きた。この調査は毎年約１万人を対象に実施され、生活満足度（残念ながら、２００1年の分は抜けている）に加えて、精神面の健康《メンタルヘルス》についても標準化された評価尺度を用いて尋ねている。９・11テロの前にメンタルヘルスについて質問された人もいれば、そのあとに質問された人もいたので、事件前後のさまざまなタイミングでの人々のメンタルヘルスを調べることによって、この事件がどんな変化を引き起こしたかを確認することができた。このようにして、イギリスのメンタルヘルスに対する9・11テロのネガティブな影響もやがて消えていったのかどうかも知ることができる。[36]

結果として2001年の9月には著しい影響があったが、それもその後2カ月ほどのあいだに徐々に減少し、12月には完全に消滅していたことが判明している。当初大きな注目を集めた現象もそれほど長くは続かないのだ。ここで大事なのは、私たちは9・11の影響を受けたかどうかと尋ねてはいないことだ。もしそうしていたなら、まったく別の結果が得られていただろう。9・11テロについてどう思うかと直接尋ねられれば、どんなに時間が経っていても、とても重大な出来事だったと感じるはずだ。**焦点効果**とは、そこに注意を向けられているがゆえに重要であるように感じることを指す。[37]焦点効果を避けるには、最初にいまどの程度幸せかを尋ねて、そのあとそれに影響する要因を見つければいい（例えば、今回の場合ならインタビューされたタイミング）。次の第4章では、焦点効果があなたの幸福や行動にどう影響するかを詳細に説明する。

ありがたいことに、生活のなかで起こる変化はテロ攻撃にくらべればさほど劇的なものではない。例えば体重が増えるとどんなことが起こるだろう？　それを知るために、私はデビッド・ブラッドフォードとともに既存の生活満足度データをあたってみた。体重の増加によって、人々はあまり幸せを感じなくなる？　いやいや、そんなことはない。生活満足度は体重の増加にほとんど左右されない。私たちの理論モデルでは、体重が増えても幸福を維持できるよう、人はふたつの行動のうちひとつを選ぶと仮定する。ひとつは減量のためにより一層の努力をする。もうひとつは体重の増加を重視しなくなる。私たちの分析からは、後者を選ぶ人が多いことがわかっている。人は体重が増えると、体重と関連する生活の部分、例えば健康状態などから注意を逸らし、体重が増えようが減ろうが大して重要でない一面、例えば仕事などに注意を向けるようになる。[38]

だからこそ、体重が増えることはあっても、減ることはあまりないのだろう。減量よりも、自身の健康状態から仕事へと注意を移行するほうがずっと楽なのだろう。

肥満は小さいながら重大な影響を生活満足度におよぼすが、生活における他の問題ほどの影響を与えるわけではないことを、いくつかの調査が示している。イギリスの生活満足度の評価に基づいてデータを分析することがはたしてベストなのかという問題はあるものの、生活満足度に離婚と同じくらいネガティブな影響を与えようと思えば、あなたのＢＭＩ（体格指数）が少なくとも30ＢＭＩポイント（ＢＭＩが30であれば肥満と定義されているので、非常に極端な数字と言えるだろう）増加しないといけない。[39]例えば糖尿病のような、肥満の長期化がもたらす結果はもちろん幸福にも大きな影響を与えるだろうが、離婚（もしくは恋人との別離）のほうがより大きな影響をすぐさまもたらすことを考えると、多くの人が食べ物との関係よりも人間関係を気にかけているのも説明がつく。もちろん、一晩で肥満になるわけではないから、だんだんと体重増加に適応していくとも言えるだろう。

体重の増加によって必ずしも幸福度が落ちるわけではないことを示す遺伝学的証拠もある。肥満体質と関係するＦＴＯ遺伝子をもつ人は、実は鬱病のリスクが低いとされている。[40]ただ、それは、文化規範や社会経済学的要因にも左右されるのかもしれない。[41] ロシアのような一部の国では、太ることは豊かさの表れなので、実際のところ生活満足度にもよい影響を与えている。アメリカでは、地位の高い仕事に就いている人にとって太りすぎは最も悪影響をおよぼす。おそらく、仲間うちでは、肥満には不名誉の烙印が押されているのだろう。[42]

人はある出来事に対して最初はそれぞれまったく違った反応を示すかもしれないが、幸せを損なうものを見つけ出し、また帳消しにする能力を誰もが生まれつきもっているのだ。これは人間の**心理的免疫システム**と呼ばれている。[43] 熱湯に浸かっても、人間の身体がそれに適応するように、心も変化に適応するのだ。刺激の変化に対する心理的反応は、気温の変化に対する生理的反応に似ている。人間には、例えば近くにいる人が咳やくしゃみをするといった脅威に直面すると作動する身体的な免疫システムがそなわっているが、[44] 心理的免疫システムの機能もこれと多少似たところがある。これによって、多くの適応プロセスが無意識のうちに起こっているという事実がよく理解できるだろう。つまり私たちは、そうしたいかどうかなんて考えることもなく、変化にただ慣れていくのだ。

この分野で最も興味深い研究を紹介しよう。学生たちに、不採用の通知を受けたらどの程度気分が落ち込むかを予想してほしいと要請する。学生たちは、10段階評価で、いまの気分より平均2ポイント落ち込むと推定した。これとは対照的に、実際に不採用通知を受けた場合の影響は、同じ10段階評価でわずか0・4ポイントの低下だった。こうした影響も、すぐに消えてしまう。

通知を受けた10分後には、被験者の幸福度レベルは通常の状態に戻っていた。ちなみに、実際には求人自体がなかった——心理学者はしばしば学生の気持ちを犠牲にし、こうやって楽しんでいる。

もし恋人に振られても、数カ月後に相手のことを思い出すときには、たいてい相手が自分にふさわしくなかったのだと考えるものだ。そのころにはおそらく、別れた相手よりも自分を幸せにしてくれる誰かと出会っているのだろう。けっして、失恋の痛みなど本物でないと言っているのではない。失恋の痛みが長く続かないと知ることで、多少の慰めを受けられるということだ。もっとすばらしい何かに向かって前進できるよう、その恋愛と別れに何らかの意義をいずれ見つけられると考えれば、それも慰めになるだろう。人生の出来事の多くは前進するための糧だと、うまく理解できるのだ。私の（独身の）同僚が言うように、誰かを愛して振られたとしても、サイコパスと一生を過ごすよりはずっといい。どんな困難も乗り越えてしまえば強くなれる——そして、最後にはたいていいまより幸せになれる。

その一方で、心理的免疫システムは多くのよい出来事の影響も帳消しにするようで、そのため昇給や結婚、就職などの幸福にとってポジティブな影響も、多くの人にとってそれほど長くは続かないようだ[45]。第2部で詳しく見ていくが、これは注意の配分・再配分が非常に重要になってくるところだ。これから、快楽とやりがいを長引かせ、苦痛ややりがいのなさの芽を摘んでしまえる方法を検討しよう。

失業した痛みは消えない

変化のなかには、私たちがすばやく適応するものとそうでないものがあるのは明らかだ。例えば、昇給の効果は結婚よりも早く薄れる。さらに、幸福を生み出すためのインプットの影響のなかには、しだいに弱まっていかないものもある。すでに述べたように、失業のネガティブな影響は長く続く(あまり幸せでない人たちは、そもそも職を失う可能性が高いという事実を考慮したとしても)。これはそれほど驚くようなことではない。だって、初対面の人はたいてい最初にこんな質問をするだろうから。「ご職業は何ですか?」

たとえ失業のように人の注意を引きがちな出来事についてでも、注意がいかに重要であるかを示すために、私たちは失業が生活満足度におよぼす影響を、ふたつのタイプの人たちを対象に比較してみた。一方は、調査の回答のなかで失業を人生の大きな出来事と捉えていた人たち、もう一方は失業を重要な出来事とは捉えていなかった人たちだ。後者にくらべ、前者にとっての失業のダメージは2倍大きかった。[46]

また、変化のなかには、どんどん敏感になっていくというものもあるだろう。つまり、時が経つにつれて、一部の刺激に向ける注意が少なくなるどころか、多くなるのだ。悲しいことに、たいていこの一部の刺激とは、例えば騒音のような悪いもので、とりわけ騒音が起こるタイミングが予測できない場合に、その傾向は強くなる。概して、私たちは車の騒音から注意を逸らすことがない。それは車が一定の間隔で通りすぎていくわけではないからだ。[47]これについてがっかりするような調査結果をあげると、都会の騒々しいアパートの低層階に住む子どもたちは、車の騒音が同程度には届かない、静かな高層階に住む子どもたちにくらべて、読解力の点数が低かった。[48]このアパートはどの階も家賃が同じで、比較的貧しい家の子どもたちが低層階に住んでいたわけではない。この結果は、子どもたちの両親の教育レベルとは関係ないこともわかっている。

嗅覚を失うことは、それが利点になるケースもあるかもしれないが、普通はきわめて不利な出来事だ。それによって、味覚も失うことになる。食生活の質が悪くなり、身体的な免疫システムの機能も落ちてしまう。[49]匂いがわからなくなることへの適応はほとんど見られないのだが、多くの人はそれにもすぐに慣れると思っているのではないだろうか。次の第４章を読めばわかるが、私たちは何が私たちの注意を捉えるのか、どのくらいのあいだ捉えているのかについて、多くの勘違いをしている。

昇給してもすぐに忘れる

ＡＲＥＡモデルと呼ばれる、適応について直観的に理解するためのモデルがある。人生に起こる出来事は、まずはともかく注意を引きつける。あなたはそれに反応し、その出来事について説明できる場合は、注意を逸らせてその出来事に適応する。[50]このプロセスのほとんどは、意識的な努力を必要とせず自動的に起こっている。たいていの出来事は説明がつき、適応が可能なので、その刺激の影響は消え失せる。一般に、昇給はすぐに説明のつく出来事だ——あなたが優秀で仕事に忠実なのだろう。そして、昇給という出来事に注意を向けなくなる。さらに、もっと昇給してもいいんじゃないかと思い始める。

それでもときには、きわめて重要な説明が欠けているせいで、反応が続くこともある。すでに説明したとおり、身体の痛みに説明がつく場合、例えば脚の痛みがスポーツをやった際のけがならば、あなたは痛みから注意を逸らし、それに適応するだろう。けれども、説明がつかないままなら、注意は痛みに向けられたままになる。序章での話を思い出してほしいが、吃音は説明がむずかしい。そのため吃音自体にも、人前で話す際にどんな影響が出てしまうかということにも、注意が向いてしまう。

もし、ある状況をめぐる不確かさを解決できれば、そのあとに続く結果をもっとうまく説明できるだろう。わかりきったことのように聞こえるが、実はそうでもない。がん患者は、症状が落ち着いているときは生活満足度が低いと回答している。[51] 私はこれをこう解釈している。死の〝確実さ〟によって、人は身の回りを整理しようという気になる。だが症状が落ち着いてくると、〝不確かさ〟がやる気に影を落とす。

遺伝子検査の場でも似たような話が聞かれる。ハンチントン病——筋肉の協調運動ができなくなり、一般的に精神疾患や早期死亡につながる遺伝性疾患——の検査に注目した調査で、この病気のリスクが減少したと医師に言われた人たちは、リスクに変化はないと言われた人たちよりも、検査の翌年にかけて良好なメンタルヘルスが保たれていた。[52] ここまでは、わかりやすい。だが、リスクが高まったと言われた人たちも、リスクに変化なしと言われた人たちより、メンタルヘルスが好調だと回答しているのだ。リスクに変化なしのグループはこれまでと同様の不確かさと向き合っていかなければならず、一方でほかのふたつのグループは不確かさが減少したことによる――たとえそれが〝悪い〟かたちであっても――恩恵を受けていた。

こうした実例が示すように、人生の悪い出来事に関する不確かさを解決することは、ひょっとするとあなたの幸せに役立つかもしれない。あなたの注意は、起こるかもしれないし起こらないかもしれないことへの不安（さらには、それに伴うあらゆるストレスや緊張）から逸れて、きちんと計画・管理され得る未来へと向かっていく。こう理解すれば、別離が迫ってくるにつれ生活満足度は著しく落ち込むものの、離婚したとたんにまた跳ね上がる理由が説明できるだろう。[53] ふたりの関係が元の鞘に収まるのかどうかという不確かさが、離婚によって解決され、幕が引かれる――そのうえ、経済的な問題にも片が付く。離婚のような、ある状況をめぐる不確かさを解決すれば、ものごとに説明がつくようになり、幸福の製造プロセスに入るインプットの影響が薄れるわけだ。

とはいえ、苦痛にはあてはまることが快楽にはあてはまらないかもしれない。ひょっとすると、消費という快楽とともに期待という快楽を享受するために、あなたはワインを何年も寝かせてきたかもしれないし、休暇の計画をじっくり立ててきたかもしれない。[54] もし大好きな映画スターにキスしてもらえるなら、いますぐそれを受けるよりも、数日待つことを選ぶかもしれない。[55] あるいは、イギリスのサッカーファンのように、どっちが勝つかわからないような実力が拮抗した試合を見たいと思うかもしれない。[56] 私たちはしばしば不確かさから得られる快楽を求めることもあるのだ。

やりがいは消えない

残念ながら、やりがいという経験については、その変化の影響があまりよくわかっていない。そこで、あるサンプルと実例をここで使ってみたい――私と私のウエイトトレーニングの話だ。13年前、私がはじめてジムに通い始めたころ、私の体重は145ポンド（66キロ）、ウエストは29インチ（74センチ）だった。現在、私の体重は215ポンド（98キロ）、ウエストは32インチ（81センチ）だ。はじめてダンベルを持ち上げたときから、ウエイトトレーニングは私にとってとても楽しい活動だった。やがて、それに加えてやりがいを感じるようになり、私は自分のダイエットとエクササイズのプログラムをひとつのプロジェクトとして扱い始めた。トレーニング内容を変え、炭水化物、脂肪、タンパク質の組み合わせを調整した食事をするなかで、身体のサイズや筋力がどう変わるかを見ていくのは、とても面白い。私は体格が大きくなったことにとても満足している。私はもともと痩せすぎで、体重を増やすことが信じられないほど大変なのだ（典型的な痩せ型体質だ）。あなたも生活のなかに、読書やガーデニングなど、しだいに快楽とやりがいの両方を増やしてくれる、よく似たプロジェクトをもっているかもしれない。

　自分が続けている活動やプロジェクトの多くは、やがて快楽とやりがいの両方を与えてくれるようになるだろう――たとえ、それを始めたきっかけが快楽かやりがいのどちらか一方であったり、快楽とやりがいの比重が変わり続けたりしたとしても。快楽とやりがいは、たとえいっときどちらか一方のために他方をあきらめるようなことがあったとしても、やがてはたいてい同一歩調を取るようになるものだ。経済用語で言うなら、快楽とやりがいは、たとえいっときは代替関係にあったとしても、やがては補完関係になる。私のウエイトトレーニングは、もともとは快楽が勝っていて、それがしだいにやりがいが勝ってくるようになった（ふたつの感情はその時々で代替関係にあった）のだが、いまや快楽とやりがいの両方を感じられるものになっている。

　やりがいに適応してしまうと、退屈や無益感という結果になるため、活動をやめてしまうケースが多い。だが一般に、やりがいのあるインプットの影響はたいてい消え失せることがない。あなたが続けている多くの活動は、やがてやりがいが増してくるからだ。これについては文脈も大きく関わってくるので、どんなときでもそうなるとは言えない。だが、快楽とやりがいは別々のものではあるけれど、相互に関係し合う幸福の要素であると知っておくことは大切だ。

幸福に注意を向けよう

注意が私たちの生活をつないでいる――本書もそうだ。注意が刺激を幸福に変え、私たちの行動の原動力となる。多くの場合、私たちは注意が幸福や行動におよぼす影響に気づいていない。ちょうど、店に流れるBGMによって選ぶワインが変わってくることに、ほとんどの人が気づかないように。それでも、不足しがちで貴重なこの資源は、私たちの行動や感じ方のすべてに関わっている。注意について理解すれば、私たちがなぜ体重の増加には適応するのに、騒音や吃音には適応しないのかも説明がつく。そして、私たちがなぜ最大限幸せになれないかもわかってくる。

第4章 なぜもっと幸せでないのか？

これまでのところで、私たちの脳、とりわけ自動的な処理を担うシステム1が、複雑な世界のなかで私たちを助けてくれていることを理解してきた。だが、ものごとを単純化しようとするのは、より幸せになるための選択という意味では、必ずしも賢い戦略ではない。

脳はもちろん実にすばらしい働きをするのだが、脳がどこでミスを犯すのかを調べるほうが、少なくとも私にとってははるかに興味深い。人間は進化をするなかで異性を惹きつけ、生き残ってきたわけだが、人間のもついくつかの側面は単なる進化の過ちであるかもしれない――そして、とりわけ社会が急速に発達してきたため、過ちなのかどうかを見分けるのはほとんど不可能なのだ。樹上生活をしていた祖先が暮らしていた世界にくらべ、いまの世界がいかに複雑であるかを考えれば、現代人がこれほどうまく機能している事実は驚くべきことだ。一方で、残念ながら、人間は注意の配分を誤りがちである。人間が注意の配分を誤るのは意識的なミスと無意識的なしくじりによるもので、そのせいで最大限幸せになれないのだ。

将来自分を幸せに導いてくれると思うものに注意を向けているとき、それは幸せの製造プロセスがどんなものになるかを予想しているのだ。つまり、どんな方法で、どのくらいの期間、何に注意を向けるかだ。もっと幸せになれる方法を考えるなら、幸せになることを邪魔する注意の障害物を理解しておく必要がある。第4章では、私が3つのおもな注意の障害と分類しているもの――**誤った願望、誤った予測、誤った思い込み**――を解説していく。ではこれから、一つひとつ順番に見ていこう。

誤った願望

普通に考えれば、人は自分を幸福にしてくれるものを望むはずだ。ならば、人が望んでいるものは最高の幸福をもたらすものと一致しているのだろうか。それを探ろうと、ある調査が実施された。さまざまなグループ――デンバーにある病院の待合室にいる患者、電話アンケートに応じてくれた人、コーネル大学の学生――のおよそ3000人の人たちに、ふたつのシナリオのうち、どちらが最高の幸せをもたらしてくれると思うか、そして自分ならどちらを選ぶかを尋ねてみた。83パーセントの人は、幸福をもたらすと思うほうを選び、残りの17パーセントは、幸福をもたらすと思わないほうを選んだ。例えば、報酬の高い仕事よりも睡眠時間の増加が幸福をもたらすと答えていながら、報酬は高いが睡眠時間が減る仕事を選んだ人もいたのである。[1]

そんな例を出すと、幸福がつねに最優先というわけではないという声が出るかもしれないが、

17パーセントの人の選択は、長期的な幸福を前提にして考えれば説明がつくのではないかと思う（例えば、高給の仕事を選べば短期的には辛いが、将来のための蓄えができるとか）。さらに分析していくと、やりがいを予測することが人々の選択の重要な決め手であり、そのため先の調査で一見して矛盾した結果が出たのは、もともと幸福の概念にやりがいを含めていなかったせいかもしれないことがわかってきた。[2]

それにもかかわらず、例えば「何かを達成する」といった何らかの目標に注意を向けていると、それ自体が幸福をもたらすと信じている学者や、「真正性」といった幸福に勝る目的が存在すると主張する学者はたくさんいる。私はこれらを「誤った願望」だと考える。その理由はこのあと説明しよう。

その目標はふさわしいのか？

私たちは何かを達成したいという願望をもっており、それ自体が幸福をもたらすと主張する人もいる。目標を達成するというのは、「評価する自己」を幸福にするものであり、それ自体とても気分のよいものだ。テレビゲームに夢中になる人たちは、目標を達成すると、快楽を生み出す脳内の神経伝達物質であるドーパミンが放出される。[3] けれども、たとえ目標が達成できても、それはつかの間のことにすぎず、そこにたどり着こうとするプロセスが快楽ややりがいをもたらすものであるべきだ。

何かを達成したいという願望がのちに幸福をもたらす可能性があるのも事実だ——だがそれは、実際に達成した人にだけもたらされる。例えば、学生時代に口にしていた願望と、それから20年後の達成度との違いに注目した壮大な調査がある。学生時代に金を稼ぎたいという願望をもっていた人たちは、実際に金持ちになれたかどうかが生活満足度に大きく影響していた。金持ちになれた場合は、自分の生活に満足しているが、多くの人は自分たちが望んでいたほど金を稼げず、それほど自分の生活に満足していなかった。この調査からこんなメッセージが受け取れる。お金に強い執着心があるなら、お金が確実に手に入るようにしたほうがいい。もし金持ちになれなかったら、そのときは金を稼ぎたいという願望をもっていたことが、当然ながら失望へとつながってしまう。[4]

ここで、「漁師とビジネスマン」という話を紹介しよう。これは、何かを達成したいという激しい衝動に見られるパラドックスに注目したストーリーだ。

昔、ブラジルの小さな村で、ひとりのビジネスマンが浜辺に腰を下ろしていた。すると、ひとりのブラジル人漁師が小さな船に乗り、かなりの量の魚を捕って岸に戻ってくるのが見えた。ビジネスマンは感心して、「これだけの魚を捕るにはどれだけの時間がかかるんだい?」と漁師に尋ねた。「ほんのちょっとだよ」と漁師が答えると、ビジネスマンは驚いてこう返した。「ならば、どうしてもっと長く海にいて、もっとたくさん捕ってこないんだい？」「うちの家族を養うにはこれで充分だからさ」と漁師は言った。ビジネスマンはさらに尋ねた。「それなら、残りの時間は何をしてるんだい？」その問いに、漁師は答えた。「そうだな、朝の早いうちに起きて、海に出ていき、魚を捕る。海から戻ったら、子どもと遊ぶ。午後になったら妻と昼寝をして、夕方になれば、村の連中と酒を酌み交わす——夜通しギターを弾いて、歌って踊るんだ」

ビジネスマンはそれを聞いて、漁師にアドバイスを始めた。「私は経営管理の博士号をもってるんだ。私なら君がもっと成功できるよう手助けができるよ。明日からは、もっと長い時間海にいて、できるだけたくさんの魚を捕ってくるんだ。それで充分な金が貯まったら、いまより大きな船が買えるよ。そうすればもっと多くの魚が捕れる。そのうち、もっと多くの船が買えるようになる。そしたら、会社を起ち上げて缶詰工場を作り、販売ルートを開拓することもできる。そのころにはこんな小さな村から出てサンパウロに移り、そこに本部を置いて、支店を管理してるだろう」

漁師が続きを問うた。「それで、そのあとは？」ビジネスマンはその言葉に、腹を抱えて笑った。「そのあとは……王様みたいな暮らしができるよ。頃合いを見て株式を上場すれば、証券取引所で売り買いされる。君はもう大金持ちだ」。漁師がさらに尋ねた。「それで、そのあとは？」ビジネスマンは答えた。「そのあとは……引退して漁村に移り住めばいい。朝の早いうちに起きて、少し魚を捕って、家に戻ったら子どもと遊ぶ。気持ちのよい午後には奥さんと昼寝をして、夕方になれば村の連中と酒を酌み交わし、夜通しギターを弾いて、歌って踊るんだ！」漁師は不思議そうな顔をした。「それ、私がいまやってることと何が違うんです？」[5]

漁師が目標にしなさいと言われたことは、ほとんど彼がすでにもっているものだ。しかも、ビジネスマンの言うとおりの結末になった場合、ただ元通りの生活に戻るだけの話ではないかもしれない。成功の階段を昇るあいだに、仲間はみんな去っていくといったぐあいに。漁師は、自分らしさも見失っていくかもしれない。家が貧乏で奨学金をもらって学問を為した学生の多くが、裕福な家で育ち同じように高い目標を達成した仲間ほど幸せを感じない理由のひとつがこれだ。[6]自分らしいという感覚（あるいは、それを失っていく感覚）は、労働者階級で育ちアッパーミドルクラスの職を得た私にはよくわかる。どちらにも属していないことをひどく喜んでいる私がいる一方で、自分がどこに属しているのかわからないことが嫌でたまらない私もいる。

何かを達成したいという願望は特定の目標を達成する意味では役立つだろうが、それは同時に幸福というもっと重要な目標を犠牲にしているという事実をけっして忘れてはならない。仕事で成功したいという意欲をもつのはよいことだが、そのために健康や人間関係を犠牲にしたのでは意味がない。ときには、その対象に熱中するあまり、目標を達成することだけが重要になってしまう。何かを成し遂げるために極端な犠牲を払う人だっている――エベレスト登頂という思いに取り憑かれ、山頂で命を落とした多くの登山家のように。こうしたケースでは、目標達成のために幸福という大きすぎる代償を払ったことになる。[7]

ときには、客観的には高い目標を達成したように見えても、主観的にはけっして満足していない場合もある。銀メダルを取るのと銅メダルを取るのではどちらが幸せかと尋ねられたら、あなたなら何と答えるだろうか？　ときには、銅メダルを取るほうが幸せな場合もあるかもしれない。１９９２年のバルセロナ夏季オリンピック大会で、メダルを取った直後の選手たちの反応を観察し、苦悩を1、歓喜を10とした10段階で評価するという調査が行なわれた。その結果を見ると、銀メダリストより銅メダリストのほうが幸せであることがうかがわれた。銀メダリストが金メダルを逃したことに落胆している一方で、銅メダリストは純粋に表彰台に上れたことを喜んでいたのだ。[8]もちろん、銅メダリストが銀メダリストよりも長期にわたって幸福であるかどうかは、いまだ答えが出ていない。残念なことに、私たちにはその答えを教えてくれるような何カ月にもわたるデータがないからだ。

デビッド・ブラッドフォードは私にこんな話をしてくれた。それが示しているのは、準優勝がかなり長期にわたって人に痛みを与え得るということだ――そして、総じて成功していたという感覚をもっていても、その痛みがずっとつきまとうことも。１９９０年代の8年間、彼の親戚がNFLのバッファロー・ビルズでプレーしていた。そのポジションではNFL全体で見ても最高レベルの選手で、４年間連続してプロボウル（オールスターゲーム）にも登場していた。彼がビルズに在籍しているあいだ、チームは大きな成功を収めていた——ある意味では。チームはほぼ毎年プレーオフに勝ち上がっていたし、実際に地区優勝戦も勝ち抜き、4年連続でスーパーボウルにも進出している。だが、4年連続で出場したスーパーボウルは、すべての試合で敗退している（フィールドゴールキックをわずか数フィートはずして負けたこともあった）。デビッドの親戚は、AFCの地区優勝記念チャンピオンリング（これはNFL版銀メダルとも言える）を4つ持っている。彼はそのリングを見るのを嫌がっていた。スーパーボウルでチームが負けたこと——1チームを除いたすべてのチームに勝っていたことではなく——を思い出すからだ。彼はそのリングを家のクローゼットの奥にしまい込み、何度頼まれても誰にも見せようとしなかった。注意という観点から見て興味深いのは、彼は無理やりスーパーボウルに注意を向けられないかぎり、NFLでのキャリアについてとてもうれしそうに語るのだ。つまり、達成したことが何であれ、よかったことだけに注意を向けるようにすればいい。

目標を追求すること（タバコ、アルコール、チョコレート、ポルノ、あるいはフェイスブックを控えることも）は、短期的にはある種の挑戦にもなるので、しばらくはあまり幸福を味わえないかもしれない。それでも長期的に見ると幸福につながると考えるため、目標にこだわるのだ。ときには結果的に得たものが苦労に見合わないこともあるのに、それはきっとはじめのうちだけだと思ってしまう。全般的に見れば確実に不幸になるとわかっている決断をするのは、単なるマゾヒズムだ。よって、夢を実現することでどれだけ恩恵が得られるかを考えるとともに、そのために何を犠牲にするのかにも目を光らせないといけない。未来の幸福で現在の不幸を埋め合わせることは本当の意味ではできないと、心しておこう。失った幸福は永遠に失われたままなのだ。よって、夢や目標を実現するためにあなたがいま犠牲にしているものは、長期的に見てもそれだけの価値があるのだと確信していなければいけない。

ほかの分野と同じように、私たちには、違った選択をし別の人生を歩んだ場合の最大の犠牲と恩恵について、もっと調査する必要がある。人は仕事にまつわるさまざまな側面――上司、報酬、日常の業務など――に満足していれば、長期的に自分の生活に幸せを感じることを私たちはよく知っている。つまり、仕事自体がどんなタイプのものであるかよりも、本人にぴったり合った仕事であることが最も重要だということだ[9]。そう考えれば、イギリスで最も幸せな職業が花屋で、最も幸せでない職業が銀行員（詳細は表を見てほしい）である理由も説明がつくだろう[10]。もちろん、その仕事に就く前から、もともと花屋が銀行員よりも幸せだった可能性もあるだろう。彼らの幸福度が仕事によってどう変化したのかを知るには、長期的なデータが必要だ。

確たる証拠はないが、私は銀行員よりも研究職のほうが幸せだと――けっして銀行員ほど儲からないが――自信をもって言える。私は建設作業員になっていたとしても銀行員よりは幸せだったと思うが、とにかく不器用なのでお客さんを幸せにすることはできなかっただろう。きっと私の子どもも銀行員になるより建設作業員になるほうが幸せだと思う。自分たちの働きがはっきりと目に見えるかたちで実を結ぶのが好きだからだ。そんなわけで、私の子どもはＤＩＹ的なこと

職業	幸福だと答えたパーセンテージ
花屋、庭師	87
理容師、美容師	79
配管工、水道修理工	76
マーケティング、広報担当者	75
科学者、研究者	69
レジャー、旅行会社社員	67
建設作業員	66
医師、歯科医	65
弁護士	64
看護師	62
建築家	62
保育士、若者支援事業者	60
教師	59
会計士	58
自動車修理工、機械工	57
電気技師	55
仕出し屋	55
人事スタッフ	54
IT関連、通信会社社員	48
銀行員	44

が何もできない私の遺伝子を受け継いでいるにもかかわらず、銀行員よりも建設作業員になってくれればいいと思っている。

いずれにしても、私は幸運にもいくばくかの快楽と多くのやりがいを与えてくれ、おまけに報酬もすこぶるよく、自分の手を汚したり死の危険にさらされたりすることのない仕事に就くことができたと、子どもたちに知ってもらいたい。そして、人生で何を達成しようと、何よりすばらしいのは幸福を達成することだということも。

うわべではそう見えなくても、きっとほかの親たちも本心では私と同じ気持ちではないかと思っている。いま住んでいるブライトンで私が出会った中流階級の親たちの多くは、一見すると、子どもの学校の成績のことで頭がいっぱいのようだ。考えられる理由はたくさんあるが、よい成績をとるというきわめて狭い意味での達成にばかり目を向けている一番の理由は、それが幸福に近づく手段《ルート》だと考えているからだろう。子どもが学校で優秀な成績を取っていれば、やがて一流の大学に進み、高収入が見込める職に就ける。こうしたことがすべて自分の子どもを幸福にするものだと彼らは考えているのだ。これは「誤った願望」かもしれないが、サディストでないかぎり、自分の子どもを不幸にすると確信しているものを求めようとはしないだろう。

偽りの幸せと厳しい真実

以上のことをふまえても、自分がさほど幸福を感じられるわけでもないとわかっている願望をもつのは合理的なことだと思うかもしれない。モラルや自由、真実、知識、美学、美、そして鳥や動物の種の保存などありとあらゆることに対する〝高次の〟願望をもっているのかもしれない。ただそれは、自分（さらに重要なこととして、自分にとって大事な人たち）に幸福をもたらす願望とはかぎらないだろう。だが、快楽ややりがいなどポジティブな感情がけ、っ、し、て、生、ま、れ、な、い、ものを望むことは、私にはいくぶん奇妙に思える。

ここで、哲学者が好んで用いるひとつの例を取りあげよう。あなたのパートナーが浮気をしているとしよう。話を簡単にするために、ほかの人は誰もそのことを知らないと仮定する。あなただったら、きちんとその事実を知っておきたいと思うのではないだろうか——それによって自分が辛い思いをすることになっても。というのも、〝偽りの幸福〟よりも真実のほうが大切だとされているからだ。おそらく、真実を知ることによって最終的にはいまより幸せになれるとあなたは思うのだろう——この件で自分がどんな行動を取ろうと決意したとしても、暗雲が消え去れば、もっと大きな幸せをつかめるはずだ、と。大事なのは、真実そのものではなく、真実が幸福にもたらす結果なのだ。

次に、幸福にまつわるおそらく最も有名な議論について考えてみよう。これは、１９７０年代にその名が知られるようになった哲学者、ロバート・ノージックが主張したことだ。あなたがいま、彼が〝経験機械〟と呼ぶものとつながっていると想像してみてほしい。自分の脳内のありとあらゆる神経伝達物質が、幸福な生活をシミュレーションしてくれるシステムとつながっている。

あなたは、すばらしいキャリアとこの上なくかわいい子ども、それにりっぱなパートナーを何ひとつ辛さや苦しさを味わうことなく、手に入れているだろう。ここで、あなたならどちらを選ぶか、二者択一をしてほしい。すべてに辛さや苦しさが伴う〝現実の生活〟と、経験機械によって創り出されたより大きな幸福を経験できる〝人工的な生活〟。ノージックは、ほとんどの人が前者を選ぶのではないかと言う。[11] あなたを裏切ったパートナーと同じで、現実の生活の真正性はたんによい気分でいられることよりも、ずっと価値があるように思えるのだ。

だが私は、一部の例外を除いて、ほとんどの哲学者は短絡的に考えすぎていると思っている。先にあげたふたつの例では、あなたはもうひとつの（選ばなかったほうの）シナリオがどんなものかを知っている。パートナーに裏切られた例でいうと、相手が浮気しているとすでに知ってしまっているので、それについて知らない状況を想定することはできない。あなたは自分が知っていることを、知らないことにはできないのだ。だから、あなたが思考実験をする時点で、もうすでに秘密は明かされてしまっているのだ。私も、それがバーチャルリアリティであることに気づいていれば、おそらくバーチャルリアリティより現実を選ぶだろう。しかし、思考実験を本当の意味で実行するなら、こっそりあなたを経験機械につなぐしかない。あなたはそれを知り得ないのだから、最高の幸福を味わえる人生を生きることを選ぶだろう。

哲学者によって導かれる結論の多くは、厳しく吟味すればボロが出そうな思考実験に基づいている。妻が浮気をしていると言われて、その事実を知らない状態を実際に想像できるだろうか。

あるいは自分が〝現実の〟人間であるとわかっているのに、バーチャルリアリティのなかにいると想像できるだろうか？

私が行なった調査では、被験者にもっと幸せになれる薬があるとしたら、あなたはそれを飲みますか、と尋ねた。飲むと答えたのは、被験者のわずか4分の1だった。残りの4分の3は幸福を不自然に高めることや、一時的な即効薬で気分を上げることに抵抗感を示した。[12] これは興味深い反応だ。とりわけ、鬱病の薬が広く使用され、容認されていることを考えると。おそらく、辛い状態を取り除くことは容認できても、幸福度を高めることはあまり容認できないのだろう。そこで、快楽とやりがいが人々にとって大事なものだと示す調査のなかで、私とロバート・メトカーフは、政府の政策は（a）幸福度を高めることと（b）窮状を改善することのどちらを目指すべきかと尋ねてみた。多くの支持を受けたのは、（b）のほうだった。この結果をふまえると、大衆紙や政府関係者は、幸福（および鬱病や窮状）について議論する際の言い回しを変えたほうがいいのかもしれない。[13] 幸福尺度の利用を促進しようとしている政策立案者なら、「不幸尺度」という言葉を使ったほうがいいということになる。このような実証的研究は興味深いが、人生において究極的に何が大事なのかは、自分で考えて選択するしかない。

読書という趣味は望ましいか？

多くの経済学者や哲学者は、人生において望むものをより多く手に入れることに真の価値があるという説を支持するだろう。経済学者が収入についての議論に時間をかけるのはそういう理由からだ。ほかの条件がすべて同じなら、お金が増えれば、それだけ欲しいものが多く買えるということになる。だが、暮らし向きをよくするのは収入自体ではなく、むしろ、欲望を満たしてくれる選択肢の増加だ。[14] より多くのモノを買うという選択もできるし、仕事を減らす決断もできる。その両方を選択することもできる。

結果的により幸せになることが想像できなければ（正確に想像できるかどうかは別として）、所持品を増やしたり余暇を増やしたりしようと思わないだろう。自分自身や自分にとって大事な人たち（ときには見知らぬ人も含む）の幸福が高まらなければ、その価値が見いだせないだろう。

ここでひとつ解説のための例をあげよう（そのついでに、私の秘密をひとつ打ち明けよう）。私は読書が好きで、お察しのとおり、さまざまな学術論文やノンフィクションを読むのが好きだ。だが長年にわたって、多くの人から小説を読むべきだと言われてきた。私はこれまで小説を読んだことがない（ただし、学校で読んだ『ハツカネズミと人間』以外――『キャスターブリッジの市長』も宿題に出されたが、長すぎて私には無理だった）。こうした人々の意見を聞き入れ、私が文学を好きになり、物語を読むことに時間を割くようになったとしよう。新たに好きなものができて、それに満足すれば、経済学者や哲学者は私の人生が豊かになったと言うだろう。とりわけ小説を読むというのは、価値のある趣味だと思われているから。

だが、小説を読むことで私の幸福度がまったく変わらなかったらどうだろう？　満足するような新しい趣味をもつことは、それ自体大事なことではない。私自身や私の大事な人たちが、私が小説を読み始める前にくらべて幸せになってはじめて、私の人生が豊かになったと言えるのだ。私はどんなことでも——仕事、配偶者、家、『キャスターブリッジの市長』——幸福をもたらすかどうかで重要性を判断する。幸福になれるかどうか以外の判断基準には、何かしら正当性を示す根拠が必要だ。それに対して、幸福が重要なのは明らかだ。[15]

もちろん、目標達成や真正性といった他の考慮材料もたしかに重要だ。ただし、これらが重要なのはそれに「道具的価値（手段的価値）」があるからで、つまり、幸福度を高める意味においてのみ重要なのだ。目標達成や真正性は概して幸福度を高めるが、私たちがその奴隷になってはならない。私が自分自身にもまわりの人たちにも不幸しか生み出さないと確実にわかっていながら、何かについて真実をバラすというのは、マゾヒズムでありサディズムである。病的虚言症というのを耳にしたことがあるだろう。こうした状況で真実を語るのは、病的な正直者のいい例だ。私たちは一つひとつの行動を、一般的なルールからはずれていないかどうかではなく、それが幸福をもたらすかどうかに基づいて選択しなければいけない。

幸福が、行動を選択する際の究極的な判断基準になるといったん受け入れたなら、あやふやな道徳的基準で判断することがなくなる。そして、快楽とやりがいにどう影響するかという実証的な基準に基づいて、自分自身やまわりの人たち（政策立案者も含む）の行動を評価し、社会はどうあるべきかについて意見を形成することができる。[16]

結局のところ、大切なのは快楽とやりがいの経験だけなのだ。快楽主義とは、とどのつまり快楽が唯一重要なものだという考え方だ。快楽にやりがいという心情を加えた考え方ということで、私は自分の立場を「心情的快楽主義」と定義している。私は心情的快楽主義者であり、元来、人はみなそうなのだと私は思う。

幸福以外の望みもけっして「誤った願望」ではないと思うかもしれないが、それでも幸福に関心をもつべきだ。幸福こそがそれらの望みを実現する最高の方法だからだ。因果関係的アプローチを用いた多くの調査が、よい感情を経験している人たちには数々の恩恵があることを示している。例えば、長生きができる、健康状態が優れている、ウイルス感染からの回復が早い、（仕事の）休みを取ることが少ない、仕事で成功を収めている、一般に生産性が高い、幸せな結婚生活を送っている、などである。[17] きょうだいに関する調査によると、陽気な性質の子どもは学位を取る、就職ができる、昇給するといった傾向が強いことがわかっている。[18] よい感情は独創的な考え方を助長したり、もめごとを解決する能力を向上したりする働きもある。[19] さらに、いつも上機嫌だと思われている人は、他人の目に魅力的に映る。ひいては、学校でよい評価を得られたり、仕事で高い報酬を得られたりする。[20]

快楽についてはこのへんにしておこう。では、やりがいの影響はどうだろうか。快楽にくらべると調査の数が少ないが、その影響は同じように重要である。有意義でやりがいのある活動に携わっていると、健康状態がよく、社会に溶け込んでいて、能力が高いと調査結果が示している。[21]

ゴルフやエクササイズは、誰もがやりがいがあると考えていて、健全な年の取り方《サクセスフル・エイジング》につながる活動の一例である。[22] さらに、仕事にやりがいが感じられないと、当然のことながら生産性が低下し、常習的な欠勤が増加する。[23] 自由な時間を退屈に過ごす学生は、高校の卒業前に中途退学する傾向が強い。[24] 家庭の問題に目を向けると、いま結婚生活に退屈を感じている夫婦は、9年後以降、結婚生活に満足していない率が高い。[25] あなたがそれをどう考えようと、幸福は実に重要なものなのだ。

誤った予測

私たちは幸福が重要だと確信していても、何がどれだけ自分を幸せにしてくれるのかについて、しばしば間違った予測をしてしまう。（a）変化の影響、（b）ふたつの選択肢の違い、（c）現在の感情、（d）過去の経験を正確に写しているわけではないスナップ写真に過剰な注意を向けていると、未来の幸福についてつい間違いを犯してしまうのだ。

天気がよければ幸せ？

大金を手に入れたらあなたはどのくらい幸せになれるだろうか？　ものすごく幸せ、だろうか。実のところ、ものすごく幸せになれるのは、大金を手にして幸せになったことについてずっと思いをめぐらす人だ。別の例で言うと、あなたがアメリカ中西部の人たちとカリフォルニア州の人たちに、一番幸せなのは誰かと尋ねたら、どちらもカリフォルニアの人たちだと答えるだろう。天候のよさを考えれば彼らが幸せでないはずはないだろう、というわけだ。実のところ、よい天候によって幸せになれるのは、天候について考えたときだけだ。ところが、私たちは天候のことにばかり思いをめぐらせているわけではない。実際のところ、中西部の人たちだってカリフォルニアの人たちと同じくらい幸せなのだが、どちらのグループも一番幸せなのは誰かを考えた場合、天候の影響に過剰な注意を向けてしまうのだ。[26]

人が何かの影響――よいものであれ悪いものであれ――が重要であるかどうか考えるとき、そもそもそれに注意を向けている状態なので、非常に重要だと考えてしまうのだ。そして一般的に、自分の生活のなかで実際にそれを経験したときより、重要だと考える傾向がある。実際に経験しているとき、注意はそこに集中しているというより、自由に飛び回っているからだ。これが、**焦点効果**だ。ここから、次のような教訓が得られる。「何ごとも、頭から離れてしまえば、思ったほど重要ではない[27]」

ここで、あなたにふたつの質問がある（あなたが車をもっていればの話だ。もっていない人には申し訳ない）。まず、0から10で評価した場合、車の運転からどの程度の快楽を得ているだろうか？　次に、同じように0から10で、一番最近のドライブをどの程度楽しんだだろうか？　ある調査で、ミシガン大学ロス・スクール・オブ・ビジネスで博士号やＭＢＡを取得した学生にこのふたつの質問をした。さらに、車の市場価値を推測するために、車そのものについての質問もした。すると、第1の質問への回答と市場価値とのあいだには高い相関関係がみられた。額面どおりに受け取ると、乗っている車の値段が高いと、より大きな快楽をもたらすと解釈できる。だが、第2の質問と市場価値とのあいだに相関関係はまったく認められなかった。よって、乗っている車の値段が高くても、最近のドライブの楽しさにはまったく影響を与えないが、想定のうえでは車を運転することで高いレベルの快楽が得られるというわけだ。[28]

この違いは注意によって説明できる。車の運転からどの程度快楽が得られるかと尋ねられたとき、あなたは車の運転から得られる快楽がどの程度かをまず考え始める。あなたは車そのものについて考える――そして、車が高価なもの（気に入ったもの）であればあるほど、それを運転すると考えることによって得られる快楽も大きい。だが、車の運転を実際に経験した場合はかなり違っている。車を運転しているとき、あなたは車そのもののことなどほとんど考えていない――むしろ、車の前に飛び出してくるものに集中していたり、夫（あるいは妻）と口げんかをしていたりするもので、あなたが考えているのはすべて、運転している車とは無関係のことばかりだ。

私が研究の道を歩み始めたころ、医療経済学の分野に大きな影響を残したヨーク大学アラン・ウィリアムズ教授とともに、さまざまな健康状態が生活に与える影響について、人々が推測に基づきどう考えているかを調査した。イギリスの政策立案者が最も効果的な治療や措置についてより適切な判断をするために、１９９０年代前半に実施された調査の一環として、イギリスの一般人３０００人を対象に、さまざまな健康状態を想像してもらったうえで、その相対的な深刻度について尋ねた。調査の対象者には、例えば歩行に重大な問題を抱えるなど劣悪な健康状態にあると想像してもらい、それが完治した状態になれるなら何年ぐらい寿命が縮まってもいいかを考えてもらった。これを、「時間得失法」という。[29] 犠牲にしてもよいと人々が考える年月が長いほど、その状態は深刻だとみなされる。例えば、私が健康上のトラブルを解消するために残りの人生の半分をあきらめるとしたら、そのトラブルは相当に深刻だということになる。考えられるありとあらゆる健康状態について質問することで、人々が最も気にかけているのはどんな症状かを知ることができる。

この調査に基づいて書いた論文は、私の学術論文のなかで最も引用回数が多く、イギリスの国民保健サービスが新しい薬品や治療法から得られるメリットを評価する方法に非常に大きな影響を与えた。[30] 基本的にこれは、さまざまな治療や介入にかかるコストとともに、調査で得られた数値を考慮し、最高の費用対効果を発揮するのはどれかを評価するものである。[31] イギリス内務省は私の研究に基づき、同様のアプローチを利用して、犯罪被害者になった場合の影響も評価している。[32]

この研究が私のキャリアを発展させてくれたものの、正直なところ、ここまで政策に影響してほしくなかったと思っている。なぜなら、いまになって、将来の状態を想像してほしいと言っても正確に予測することはむずかしいとわかったからだ。プリンストン大学でダニエル・カーネマンとともに研究を行なったことで、この懸念が具体的なものとなった。[33] 私たちは本来、さまざまな状況が自分におよぼす影響を見きわめるのが得意ではない。日々の経験のなかで、その状況に注意が向いたりそこから注意が逸れたりするからだ。同様の調査でアメリカの人々は、歩行困難を解消するためなら残りの人生の15パーセント程度、中等度の不安や鬱状態の解消にも同じくらいの年月をあきらめてもいいという結果が出ている。[34] けれども、私の最近の調査では、幸福に対して鬱病は歩行困難にくらべほぼ10倍もの影響を与えていることがわかっている。[35]

とはいえ、実際にその健康上の問題を経験した人に尋ねてみたところで、調査の精度が上がるわけではない。歩行障害を抱えた人たちが自分の症状が緩和することを想像してほしいと言われると、必然的に自由に歩きまわる姿に多くの注意を向け、最終的にはそれがあたりまえのことのように思ってしまう。[36]

そこで、健康などに関する政策介入の影響を評価するにあたって、私は適応や感覚の鋭敏化をきちんと考慮したうえで、さまざまな状況が幸福度におよぼす影響に目を向けるほうがはるかに適切ではないかと思っている。それに一般の人々も、幸福が重要だとする考えにいくぶん支持を示している。最近、ジョージ・カベッツォスとアキ・ツチヤの協力を得て、健康状態に加えて生活満足度のレベルを合わせて検討してみたところ、生活満足度のレベルが高いと、健康状態が悪くても寿命を縮めたくないと考える傾向が強くなることがわかった。[37]

経済学の父、アダム・スミスは焦点効果の強さを認識し、著作でこう述べている。「人生の窮状と無秩序の大きな原因は、ある不変の状況と別の状況との違いを多く見積もり過ぎるところから生じているようだ」[38]。あるものが自分の幸福に大きく影響すると思っているのは、あなたがそれに注意を集中させているからなのだ。

私とロバート・メトカーフが行なった研究では、前の調査で尋ねられたことが次の調査で注意を向ける対象に影響をおよぼすこともわかっている[39]。私たちが研究に利用したのは２００８年のＵＥＦＡチャンピオンズリーグの決勝戦で、イングランドの２チーム――マンチェスター・ユナイテッドとチェルシー――のあいだで争われた。両チームのサポーターは、試合結果によって自分が大きな影響を受けると予測していたが、実際試合が終わってみると、そうでもなかった。それ以前の試合でも同様の結果が示されていた。ところが、チェルシー（決勝戦で負けた）のファンたちのなかで、試合の前に試合後の自分たちの幸福度を予想してみてくれと言われていた人は、試合後だけ調査を受けた人にくらべ、試合後の幸福度のレベルが低かった。つまり、決勝戦の前に試合後の気分を予想してくれと言われた人たちは、試合前と試合後の調査のあいだに起きたチームの敗北が頭をよぎっていたのに対し、試合後だけ調査を受けた人たちの幸福反応はそんなふうに汚染されてはいなかった――しかも、決勝戦に負けた（それもＰＫ戦で）ことは２日後にはもうそれほど彼らに影響をおよぼしていなかったこともわかっている。

あるものが重要かどうかを、それに注意を向けていないときに予測するのはとても困難だ。ということは、何が私たちの注意を捉え続け、何が捉え続けないかについて間違った判断を下す傾向があるのも当然のことだろう。

家の広さにはすぐ慣れる

一般に、私たちは常日頃、二択もしくは複数の選択肢のなかからいずれかを選択するという行動を取っている。そのなかで、人はこれらの選択肢の相対的な影響について間違った判断をしている傾向がある。ここでも、問題は注意が向かっている対象――この場合、それぞれの選択がもたらす結果ではなく、選択そのもの――にある。**差異バイアス**とは、ふたつの選択肢を別々に評価する場合にくらべ、同時に評価する場合には両者の差が大きい（両者は似ていない）とみなしてしまう傾向のことである。[40] つまり、何かしら選択をするときはいつでも――どのアイスクリームを買うかといった選択でも、どの仕事に就くかといった選択でも――選択肢の違いにばかり目が向いてしまい、実際に最終的な決断をどう行なうかに注意を向けようとしないのだ。

私の友人のキッチンの流しはかなりの見物である。彼女は、かなり高級なホームセンターで何十もの商品を見くらべたあと、美しいクロムめっきの蛇口を購入した。実際にそれを取り付けてみるまで、彼女はそれが自宅の流しには大きすぎることに気づかなかった。このばかでかい蛇口は、彼女にとっては邪魔物でしかなかったが、家族や友人たちには大ウケだった。このように、私たちは誰でも、彼女が滑稽な蛇口を購入したときのような差異バイアスを経験しているものだ。

ここでひとつの例として、下見したばかりの家を購入するかどうか決断するケースを考えてみよう。この選択には、新しい家と現在住んでいる家を同時に評価することが必要だ。新しい家のほうが大きいので、あなたの気持ちはそちらに向かっている。だが、現在の家より新しい家が大きいという事実は、いったん移り住んでしまえば、すぐにそれほど重要なことではなくなってしまう（現在の家では子ども部屋がないが、新しい家ではそれがもてるという場合でないかぎり）。どんな家でもその大きさは変化しないので、注意という観点からはとくに関心を引くものではない。新しい家に実際に住んでみたら、夜に外の騒音がうるさいなどといった、つねにあなたの注意を引き続ける刺激により大きな影響を受けるものだ。広さにはすぐに慣れてしまうが、騒音には適応できないのだ。

曇りの日は入学希望者が増える

家を購入する例は、「誤った予測」のもうひとつの要素を示すにももってこいだ。つまり、私たちがいまどう感じているかが、未来にどう感じるかを想像する際に影響を与えてしまう傾向だ。私は純粋に新しい家が気に入っている、ならばこの家に住むことが気に入らないわけがないだろう、というぐあいだ。**投影バイアス**とは行動科学者が使う用語で、私たちがいまの感情を未来に自分がどう感じるかという予測に誤って投影してしまうことを指す。[41]

この研究分野の有名な実験によると、男性は吊り橋を渡ったあと10分後に電話番号を教えてくれた女性よりも、渡ったあとすぐに教えてくれた女性に電話をかける率が高いことがわかっている。[42] 男性は吊り橋を渡ったばかりの興奮した気分を、その女性とデートしたらどんな気分になるかという未来の感情に投影しているのだ。

それ以降、投影バイアスについてはいくつもの論証がなされている。どこの大学に進学するかという学生の選択は、そのキャンパスを訪れた日の天気によって影響を受け、驚いたことにその日の天気が曇りだと、入学を希望する率が高いと予想されている。[43] 冬服の購入は買い物に行った日の天気に左右され、寒い日には購入する服の数が増えるが、その後返品される数も増える。[44] 空腹のときに翌週の食物を買いに出たら、思っていた以上に買いすぎてしまうことには、あなたもだいたい気づいているだろう。[45] この例で興味深いのは、過去の失敗から学んでいる人があまりにも少ないことだ。空腹のときに買い物に行けば買いすぎてしまうという落とし穴に何度も落ち続けているのだ。まるで失敗が私たちの脳に組み込まれているように。とはいえ、私たちの祖先はほとんどいつも腹を空かせており、スーパーマーケットに駆け込むなどという贅沢は知らなかったことを考えれば、それも無理はない。

しかも、人の感情は時間の経過とともに驚くほど変化する。少し極端だが共感できる例を示そう。1993年から1995年にかけて、カナダのウィニペグにあるリバービュー・ヘルス・センターの緩和ケア病棟に自発的に入院した（もはや治療は求めていない）168人の末期がん患者たちを対象とした調査結果だ。彼らの生きる気力（「生きる気力に満ちている」から「生きる気力がない」まで）を100ポイント評価で示してもらったところ、1カ月のあいだに60ポイント、12時間のあいだに30ポイントも変動するという結果が出た。この大きな差は、質問された瞬間、患者がどう感じていたかに左右されるという。[46]

がん患者ほど深刻ではないケースで、あなたのいまの感情が意思決定にどう影響するかを考えてみよう。あなたはデートに誘われたらいつもOKするのに、いざデートしてみるとつまらないと感じるのはなぜだろうと思っていないだろうか？　友人との日曜のブランチの予定が金曜の夜には楽しみに感じられたのに、いざ日曜の朝になると心地よいベッドから出られないという経験はないだろうか？　テレビの前を離れるのがあれほど嫌だったのに、夕方バイクに乗りに出かけると、それが楽しくてしかたがなかったという経験は？　あなたの意思決定の多くに潜んでいるのは、快楽ややりがい、あるいは苦痛や無益感というい
まの感情が未来へ持ち越されるという前提だ。

そうは言っても、私たちの脳が、いまの感じ方とは違っているかもしれない未来の感情の予想によって突き動かされているケースもある。[47]ひとつの例として、たとえお金を渡されても、他人と宝くじを交換するのは躊躇するだろう。それは、当たりくじだったと判明したときの後悔の気持ちを予想して、交換するのが嫌なのだ。[48]

だが、私たちは自分が感じるであろう後悔の大きさを読み間違うことも多い。通勤途中で電車に乗り遅れたばかりの人が感じている落胆は、ほかの人たちがもし自分がそうなったら感じると予想する感情ほど強くはない。ガムや洗剤といった、どこのスーパーマーケットにも置いている

ような商品の値段を正確に言い当てれば賞品がもらえるゲームに参加している人たちは、正解を当てられなくても、他人が予想するほど後悔しないものだ。[49] 総じて、私たちは自分自身の未来の感情を誤って予想してしまいがちなのだ。

最後の1分ですべてが台無しに

私たちは未来の予測がうまくできないだけでなく、満ち足りた過去の経験を誤って記憶していることも多い。この前行った旅行のことを少し思い出してほしい。旅行をどのくらい楽しんだだろうか？　もう一度行きたいだろうか？　一般に、あなたの回答はふたつの要素によって決まる。快楽や苦痛を最高に感じた瞬間と、快楽や苦痛を最後に感じた瞬間だ。これは、**ピーク・エンド効果**として知られている。[50] さらに、ある経験に対するあなたの総合評価は、それが継続した時間の長さをあまり考慮していない。これを持続期間の無視《デュレーション・ネグレクト》という。[51]

ごく最近の経験であっても、あなたの記憶にはその経験が持続した長さではなく、ピークの状態と一番最後の状態が刻まれている。このふたつは、その経験の流れを思い起こすうえでは役に立たないというのに、それに対する印象を形作り、しかもゆゆしきことに、未来の行動を左右しているのだ。あなたのお気に入りの映画について考えてみてほしい。それがどれくらいの長さだったかを思い出そうとすると苦労するが、お気に入りのシーンや最後のシーンなら確実に覚えているだろう。脚本家や劇作家が、ラストシーンをきらめきと情感がたっぷり詰まったものにするために膨大な時間をかけるのはこのためだ。映画全体はつまらなくても、ラストシーンが本当にすばらしく、印象的なものであったら、全体的にすばらしいものとして思い出される。その映画を見たことで得られるトータルな幸せは、それを見ているあいだに経験したものと、映画を見たあとに記憶として引き出したものだ。言い換えれば、トータルな幸せは、その結果として経験するすべての感情から来るものなのだ。

とても楽しかった夜遊びのなかには、時間は短くても、とても素敵な結末を迎えたものもあるだろう。そしてその日のことは、その後何度も思い出すことになるだろう。つまり、出来事の結末の記憶がほかの部分の記憶よりも何度も引き出されるのであれば——もちろん、それはよくあることだ——その出来事の長さより結末のほうがずっと重要なのかもしれない。

ここで、２０１２年の1月10日にニューヨーク・フィルハーモニックの公演会場にいた人たちの経験を考えてみよう。82分に及ぶ演奏（マーラーの交響曲第9番）の終盤で、聴衆のひとりが持っていたｉＰｈｏｎｅのアラームが鳴り出した。そこに至るまでの81分間の演奏がとてもすばらしかったにもかかわらず、客席にいた多くの人たちはそれまでに味わっていたものがすべて台無しになったと振り返っている。[52]だが、本当にそうだろうか？　しょせんは最後の1分間が台無しになっただけだ。しかし、それは最も大事な1分間だったのだ——最高かつ最後の瞬間だったのだから。

原理的には、結局のところ、トータルの経験がよかったか悪かったかというのは、その経験の悪い記憶が未来の経験にどの程度影響するかで決まると言えるだろう。過去の記憶は、現在の経験だ。ニューヨーク・フィルハーモニックの公演会場にいた人たちがどれほど頻繁にあの最悪な夜のことを考えるだろうか？　彼らの記憶の辛さの部分が、それまでの81分間に経験した楽しさを超えているなら、それは全体として悪い経験だったのだ。そうでないなら、それは全体としてよい経験だったのだ。

第1章で最初に話したことだが、私がここで強調したい大事な点は、ある経験が結局のところあなたのトータルな幸せにとって正味のプラスなのかマイナスなのかは、その記憶を将来どのくらいの頻度で思い出すか、どの程度強く思い出すかを考慮しなければ、わかるわけがないということだ。

私たちは経験を〝台無しにされた〟ものとして思い出すことが多いのだが、それは悪い面の強い印象がずっと続くからだ。進化の観点から見ると、これは完全に筋が通っている。見知らぬ地域を歩いているときにライオンに襲われそうになれば、もうその地域を歩く気にはなれないだろう。たとえその場所に、よい匂いのするきれいな花が咲いていたとしても。だが、よくあるように、文脈が重要なのだ。個人的な話をするなら、とても楽しかった夜遊びの記憶は、つまらない夜の記憶よりも長く心に残っている。

快楽や苦痛が最高潮に達した瞬間は、やりがいやつまらなさが最高潮に達した瞬間とは別に、そしておそらくはより強烈に思い出すことができるだろう。ただ、そこには個人間で重大な違いがあるかもしれない（例えば、その人が快楽型なのかやりがい型なのかによって）。すでにお話ししたように、私は本書の執筆作業にやりがいを感じていたし、その経験は何があっても変わらない。だが、その経験の記憶はそれがどの程度うまくいったかによって、影響を受けてしまうだろう。売上がよければ、この経験はやりがいがあったと思い出すはずだ。そして、こうした記憶がおそらく次の本の執筆をどうするかという将来の意思決定に多大な影響をおよぼすだろう。

けれども、注意を向けているものが何であれ、あなたが過去を事実と一致するかたちで思い出すことはないだろう。つまり、あなたの不正確な記憶が、あなたを将来的に最高の幸せへと導いてくれない選択、あなたの生活に快楽とやりがいの適切なバランスをもたらしてくれない選択へと向かわせるかもしれないのだ。ワクワクする一瞬のために、ほとんど退屈に過ごすだけの旅行を繰り返したり、どうにも我慢できない一瞬のために、おおむね不満のなかった仕事を辞めてしまったりするかもしれない。実際のところ、仕事の満足度は離職率を的確に予測するものだが、ドイツとイギリスの大規模な調査結果では、ピークとエンドの仕事満足度のほうがトータルな仕事満足度よりも、より的確に離職率を予測するという。[53]

過去にあなたの幸福度の予想が間違っていたとき、実際の経験とは違う予想をしていたとき、あなたが注意を向けていたものは何かを考えてみるといいだろう。ひとつの例として、去年のクリスマスに、妻レスと私は子どもたちを連れて、ミグに会いにイビサを訪れた。「ミグ」と「イビサ」という言葉を頭に思い浮かべただけで、私は楽しい時間を過ごせるはずという予測に自分の注意を集中させてしまった。しかし、冬のあいだはほとんど店が閉まっているような場所は、つねに刺激を求めているふたりの子ども（レスに言わせると、3人の子どもだそうだが）を連れた家族が楽しめる場所ではない。ミグは子どもたちが楽しめそうなことを一生懸命探してくれたが、私たちは多額の飛行機代とヴィラの宿泊代を払って、うんざりするような時間を過ごした。こうなることは警告したはずだとレスは言う。たしかにそのとおりだ。

誤った思い込み

私たちは、自分が何者なのか、どんなふうになりたいのかという点でも間違いを犯す。それが、ときに私たちが幸せになるのを邪魔している。私たちは、（a）自分がどんなタイプの人間なのか、いま自分がやっていることをなぜやっているのか、（b）自分は何に期待を抱いているか、（c）自分自身を受け入れることにいかにメリットがあるか、という3点でしばしば間違った考えをもってしまう。

人は思い込みに合わせて行動を修正する

あなたと友人が口論になったとしよう。彼女は、あなたが失礼だと言って怒っている。あなたは、彼女が小さなことに過度に反応しすぎだと思っている。何を言ってしまったのかは、記録に残っていない。さて、どちらが正しいのだろう？　実はふたりとも正しい。そこに客観的な真実はなく、あるのはたがいの主観的な解釈だけだ。あなたは自分の信念と一致した、自身についてのストーリーを作りあげるために、自分の行動を釈明する。あなたは自分が立派な人間だと信じているし、彼女はあなたが間違っていると信じている。

実際のところ、私たちは自分が真実だと信じていることに対して非常に頑固で、だからこそ、自分の考えを改めるのはとてもむずかしい。実際ここ数年のあいだに、自分が信じている重大なことについて、本心から考えを変えたことが何度あっただろうか？　きっとそれほど多くはないだろう。私たちは自分の信念にちゃんと筋の通った根拠があると思っているが、実際には、たいてい信念そのものが何より優先されていて、私たちはそれを裏付ける根拠にばかり注意を向けているだけなのだ。自分の信念が本当に何らかの証拠に基づくものなら、もっと適切な証拠が見つかるたびに、頻繁に考えを変えているだろう。むしろ、私たちは自分の信じることを裏付けるような情報や証拠を探し回り、それ以外の情報は無視している。これは**確証バイアス**と呼ばれている。[54]

私に関連した例をあげよう。学術誌の査読者たちは、自分自身の理論的観点と一致する論文を掲載しようとする。[55] そこにあがった証拠が、真実だと自分が信じているものとぴったり合致していなければ、それをはねつけてしまう。あるいは証拠の集め方や解釈が〝適切〟であれば、自分の信念に合致すると主張しようとする。

それに関連して、私たちの信念と行動に矛盾があった場合、その矛盾についてなんとか言い逃れをしようとする。例えば、自分は料理上手だと信じているのに、まずい料理を作ってしまった場合、あなたはそれを材料が悪かったとか、オーブンが故障していたとか、友人が来る時間に間に合わせるために余計なプレッシャーがかかってしまったとか、言い訳しようとする。あなたの行動の責任を、自分自身ではなく別の要因——状況やほかの人たち——のせいにできるうちは、自分のことを料理上手だと思っていられる。こうすることで、行動と食い違っていても信念を守っていける。どんなまずい料理だって言い訳はできるのだ。

自分の行動については状況のせいにしたり、誰かに責任転嫁しようとするくせに、私たちは他人の行動については厳しく非難しがちである。他人のことであれば、まずい料理はたいていその人の腕のせいにして、ほかの要因を探すことはない。これを**根本的な帰属の誤り**と呼ぶ[56]。他人の行動を説明する際は、その人の根本的な性質の影響を重視し、その場の状況による影響をほとんど無視する。これは心理学でよく研究されていることであり、このテーマでは何千本もの論文が発表されている。その多くは、いかに人は他人を非難したがるかに関するものだ[57]。

とはいえ、なにごとも相対的で、私たちはいまだに文脈にどれだけ影響を受けているかを充分意識していない。私たちは、自分たちがシステム2によって促された選択を行ない、システム1の影響を無視していると錯覚している。私たちが自分の行動を左右する自動的で無意識な力を認識していないことを考えれば、これはさして驚くことではない。しかし、行動そのものは認識できる。だから、私たちはある状況で以前にどう行動したかを解明することができ、それが同じ状況なら次はどう行動するべきかがわかる――それは、別の行動を取ろうとするどんな意志よりも、はるかに優れた案内役なのだ。[58] 実際のところ、例えばエクササイズのような健康に関わる行動の変化に意志が影響しているのはせいぜい４分の１程度だ。残りの４分の３は、ある行動を引き起こす特定の文脈――例えば、エクササイズに適した庭をもっているかどうか、あるいはオフィスにジムがあるかどうか――に関連した要因に影響される。[59]

このように私たちが文脈に左右されがちであることを認識していないと、ともすれば深刻なトラブルを引き起こしかねない。そんなふうに考えたくない人もいるだろうが、ほとんどの男性、そしてかなりの数の女性は、〝おあつらえ向きの〟状況では、パートナーを裏切ってしまうものだ。例えば、魅力的な友人と飲みに出かけて酔っぱらったら、つい家に連れて帰ってしまうかもしれない。自分は文脈に影響されたりしないと考えているなら、我慢がきかない状況に陥る可能性はなおさら高い。文脈の影響力を認識すれば、相手を裏切りたくないと思っているなら、そのようなことが起こりそうな状況を回避できるだろう。

私たちはみな人間が環境に左右される生き物であることを受け入れるべきだが、ちょっとした自己欺瞞が幸せを生むこともある。自分が思っているほど料理がうまい――あるいは魅力がある、知性がある、面白い――人はほとんどいない。それでいいのだ。本当のことを知りたい人間がいるだろうか。しかも、「本当のこと」と言っても、〝客観的な真実〟など存在しない。たいていのことは相対的なのである。あなたの料理の腕前もそうだ。おそらく、私の子どもにくらべれば途方もなくすばらしいだろうし、カリスマシェフとくらべれば独創性のかけらもないだろう。これまで見てきたように、真実は、仮に存在したとしても、過大評価された概念なのだ。

けれども、自分をごまかすにも限界があり、ときには自分の思い込みと行動の不一致に説明がつかず、そのギャップが自分自身を不幸にすることもある。こうした場合、行動そのものを変えるよりも、その行動についての考え方を変えるほうが簡単だ。実際のところ、行動科学では行動が態度を左右すると言われており、その度合いは、態度が行動を左右するのと同じか、それ以上である。例えば、私たちが自分の仕事や交友関係に満足していないとしたら、自分が満足している生活のなかの他の側面よりも、仕事や交友関係を軽視しようとすることが多い。[60]

自分の考えと行動に矛盾があると、落ち着かない気分になるというのは誰もが知っていることだ。これは、**認知的不協和**として知られている。[61] こうした場合、態度を行動に一致させるほうが、その逆よりはるかに簡単だ。認知的不協和理論は、もともと1950年代にレオン・フェスティンガーによって考え出されたものだ。この社会心理学者は、ペグボード〔訳注　複数の穴の開いた盤〕に挿したペグを回転させるという単調な作業を被験者に繰り返してもらう有名な実験を行なった。その後、被験者はほかの人たちに同じ作業をするよう説得し、1ドルか20ドルのいずれかをその報酬として受け取る。その結果、1ドルの報酬を受け取った被験者たちのほうが、20ドルを受け取った被験者よりもこの作業が好きだと答えた。いったいなぜだろう？　20ドルの報酬を得ると、被験者は退屈な作業を行なったことに対する正当な理由が見つかる。「報酬のためにやった」と。１ドルの報酬では、作業を行なったことを正当化する別の理由が必要になり、彼らは自身の態度を行動に一致させる。「報酬のためにやったわけじゃない。楽しいからやったんだ[62]」と。

認知的不協和はあらゆる場面で見られる。あるおもちゃで遊んでいる子どもたちが、別のおもちゃで遊んだあとはあまりそれをやりたがらない。競馬場でギャンブルを楽しむ人たちは、実際に金を賭けたあとのほうが、その馬が勝ちそうな気になる。パートナーを裏切っている人たちは自分の浮気をささいなこととみなす傾向がある。どれも認知的不協和によって説明がつく[63]。それは政治にもあてはまる。20年（１９７６年から１９９６年）におよぶアメリカの選挙統計データを見ると、まだ選挙権のない若者にくらべて、選挙権を与えられたばかりの若者のグループはその態度がより二極化している。つまり、選挙権を与えられたばかりのグループでは、投票するという行動が、候補者に対する態度を動かしているのだ[64]。

認知的不協和によって、「恋に落ちる相手は自分で選べない」という言葉の意味も説明できる。こんな発言が出るのは、たいていふたりの関係が気まずくなったときだ。恋という言葉が使われるのは、恋愛関係を続けるという行動に、態度を一致させたい場合である。こうして行動に説明をつけるのは危険な結果を招くこともある。例えば、虐待を受けている妻（夫）は、相手を愛しているから別れたくないと言ったりする[65]。人間関係に関する決断は、人生におけるすべての決断と同じように、こうした言い訳のようなものではなく、長期的な快楽とやりがいの経験に与える影響に基づいたものでないといけない。

認知的不協和は、快楽とやりがいの最高のバランスを考える際にも役に立つ。私の友人のミグは快楽、リーザはやりがいがとても重要なものだと、自分に言い聞かせている。そうすることで、自分の行動を正当化できるからだ。認知的不協和の状態は不愉快なもので、それを避けるのが彼らの幸せを守るひとつの方法なのだ。とはいえ、快楽とやりがいのよりよいバランスを見つけるため、日々の行動と注意を向ける対象を調整すれば、彼らはもっと幸せになれるだろう。

期待は控えめなほうがいい

あなたを形作っているもうひとつの側面は、あなたが抱いている**期待**であって、それは人生のかなり早い時期に確立される。私は現在、グレース・ローダンとともにイギリスで実施された大規模な縦断的調査のデータを分析中なのだが、その結果から、幼少期から成人期に至るまで、以前の収入と比較した現在の収入が、生活満足度や精神面の健康《メンタルヘルス》の向上あるいは低下を予測する重要な指標になることがわかっている。[66] また、収入が増加しても、期待した増加が実際の増加より上回っていると、生活満足度やメンタルヘルスは向上しないという証拠もある。[67] 期待は、生活におけるやりがいの経験およびやりがいの欠如に強く作用している。仕事に最もやりがいを感じている人たちは、自分はこうありたいという自身への期待に合致した仕事をもっている。[68] 一方で、何かに対してとりわけ面白くなるだろうと期待しているのに、それが期待を満足させなかった場合、やりがいを感じられず退屈することになる。

そのため一般には、控えめな期待をもつことが幸福になるためにはよいとされている。パーティを例にあげよう。ミレニアム・パーティに大きな期待をかけ、派手な計画を立てていた人たちは、たいした期待もせず、たいしたプランも立てなかった人たちにくらべ、その夜の幸福度は低かった。[69] また、あなたも身に覚えがあるだろうが、夜の街に繰り出す場合、最高の夜になるのはたいてい何のプランも立てていないときだ。結局、とても幸せな気分になるだろうと期待すると、たいていの場合、確実にそうはならないのだ。

控えめな期待には、**偽りの希望シンドローム**を回避する意味合いもある。偽りの希望シンドロームによって、人は自分に制御できるレベルをはるかに超えた途方もない期待に執着してしまう。[70] 偽りの希望は楽観主義から生まれるが、控えめな期待と楽観主義が必ずしも矛盾するわけではない。楽観主義に関する調査が私たちに教えてくれているのは、最高の状況を期待しながら、最悪の事態にそなえた緊急時対応プランを用意しておくべきだということ。[71] それは、つねに最高を期待し、最悪の事態が起こっても無視しろという意味ではない。不確かな未来に向かうとき、楽観主義的なバラ色のメガネを通して世界を見ていても何ら問題ない。ただ、たまにはメガネをはずして現実を見ることも必要だ。何が分別ある期待で、何がそうでないかを見きわめるのはむずかしいが、自分が設定した目標に向かって努力を尽くすなかで、少なくとも快楽とやりがいを経験することが大切だ。このあとの章で見ていくが、何を手放すべきか、手放さないべきかを知るために、自分自身から——そして他人からも——フィードバックを得る効果的な方法がある。

ところが、私たちは、理想とする人物像に自分の行動を近づけるべく努力しようとしてしまう。自己改善は大切だが、それは自分の幸福に貢献するものでないといけない。野心のせいで自分や自分の大事な人が幸せになれないのなら、他人を真似しようと努力してもまったく意味がない。あなたが考える理想の自分を目指す理由を慎重に考えて、実行可能でなおかつ自身の幸福に貢献する目標や願望を選択するべきだ。

まずは自分自身を受け入れる

どんなことをやるにせよ、自分に厳しすぎてはいけない。違う自分になろうとどんなに追い込んでもけっしてうまくいかないものだ。相手を思うがままに操る最も効果的な方法は、自発的にそれをやっていると相手に思わせることだ。[72] 強制されていると感じたら、たいてい抵抗するだろう。相手が自分自身であっても同じだ。例えば、シロクマのことを考えないように自分に強制すればするほど、シロクマのことを考えないではいられなくなる——一度禁止したあとに、シロクマについて考えてもよいと自分に許可すると、なおさらクマのことが頭から離れなくなる。[73]

一般に、私たちは自分自身をもっと受け入れることを学ばないといけない。そうやって、自分への評価と実際の経験を一致させる。「受け入れない」（非受容）というのは、恥の感情の内面化と捉えられており、その結果、行動の変化を邪魔するさまざまなネガティブな感情が生まれてしまう。[74] 料理が下手であることが受け入れられないと、手料理をふるまおうと友人たちを招待し続け、相手を困らせてしまうだろう。効果的な行動の変化は、あなたが自分自身を受け入れてはじめて起きるものだ。料理が下手なことを受け入れたら、料理教室に通う気になるかもしれない。そうでなくても、自分は不完全で過ちを犯しやすい人間であることを受け入れれば、ありのままの自分で幸せになれるだろう。これは私の吃音にもあてはまることで、私がそのことを受け入れたら、もう恥じる必要もなくなった。

アルコール中毒者更生会が使用している心の平穏を保つためのマントラはこうだ。「変えられないものを受け入れる心の平穏を与えよ。変えられるものを変える勇気を与えよ。そして、その違いを見きわめる知恵を与えよ」[75]。理想の自分のよい部分と悪い部分を篩《ふるい》に掛ける――保持すべき理想と手放すべき理想を知る――のはまさに難題だ。結局、必要なのは、自分自身についての認識が、幸福を追求するうえで役に立つのか、邪魔になるのかを見分けることだ。

途中で間違いを犯してもいっこうにかまわない。間違いから学べばいいだけのことだ。ただ、よい間違いと悪い間違いがある。よい間違いとは、そこから何かを学ぶことができ、他人にも自分自身にも隠そうとしないもの。[76] 悪い間違いとは、何度も繰り返してしまうものだ。アインシュタインのこんな名言がある。「狂気とは、同じことを何度も繰り返し行ない、違う結果を期待することだ」

シェークスピアの『マクベス』にならって、「自身の破滅を計画する」という表現が用いられることがある。[77] たしかに、自分自身が最大の敵だったことは何度もあるし、あなたも「自分はいったい何を考えてるんだ？」と思ったことがあるだろう。だが、本来なら自分が自分に与えた傷にもっと注意を向けないといけないときに、しばしば他人に傷つけられたことばかり何時間も考えてしまうのは、人間共通の特性のようだ。もし友人があなたをずっと傷つけてきたと思っているなら、少し立ち止まって、「なぜ私は彼にそれを許してきたのだろう？」と自分に問いかけてみてはどうだろう。むしろ最初に、「本当に彼は私を傷つけていたのだろうか？」と考えてみるべきかもしれない。完璧な人間なんてひとりもいない。どんな人との関係においても幸せになりたいなら、相手の欠点もすべてひっくるめて受け入れるか、さもなければ離れていけばいい。もちろん、あなたは自分自身とは永遠に離れられない。つまり、あなた自身の不完全なところも、変われる部分も全部受け入れざるを得ないということだ。

注意を正しく配分しよう

私たちの多くが最大限幸せになれない根本的な理由は、できるだけ多くの快楽とやりがいを経験できるように注意を配分していないからだ。私たちに行動を起こす意欲を与えて幸せにしてくれるものを正しく見分けられず、間違ったものに注意を向けていれば、私たちが最大限幸せになれないのも当然のことだろう。自分の選択がもたらす結果ではなく、目の前のことに注意を向けてしまっていると、幸せをもたらさない選択をしてしまうのも無理はない。そして、私たちの信念と行動が矛盾していたり、あるいは自分自身に非常に高い期待をかけていたりすれば、そしてそもそも自分自身を受け入れることすらできなければ、簡単に不幸に陥ってしまうだろう。

注意の誤った配分が根本的な問題ならば、注意の再配分が根本的な解決策であるはずだ。幸せになるには、もっと効率のよい製造プロセスが必要なのだ。幸いにも、注意をちゃんと配分できていない理由を理解するうえで役立つ知識を、行動科学が与えてくれている。さらにありがたいことに、どうすれば〝幸福を届けること〟に注意を向け直すことができるかという問題に、行動科学はすばらしい洞察を与えてくれている。それを第2部で見ていこう。

II

幸福を届ける

あなたが幸福になるために注意を再配分する方法を理解するには、それぞれ独立しながらも関連し合った3つの観点を検討するのが一番だろう。その3つの観点とは――決断（Deciding）、設計（Designing）、そして実行（Doing）だ。第5章では、あなたを幸福にするものに注意を向ける決断をすることで、幸福の前に立ちはだかる注意の障害物を取り除く方法を見ていこう。そこには、「どんな仕事に就くか？」から「今晩何をしようか？」まで幅広い決断が含まれる。第6章では、PCにスタートページを設定するときのように、それほど一生懸命考えなくても幸福になれるよう、あなたの環境を設計《デザイン》する方法を考えていこう。第7章では、例えば友人と話をするといった活動に最大限の注意を向けていると、概して幸福を感じられるということを示そう。幸福になるための最も効果的な方法を探る際は、これらの要素をうまくつなぎ合わせることがカギとなる。そこで第8章では、この決断、設計、実行をうまく結びつける方法を解説し、おそらく多くの読者が関心をもつふたつの行動に個々に取り組んでいこう。そのふたつの行動とは、やるべきことをぐずぐず引き延ばさないことと、他人の役に立つこと。あなたには直接あてはまらなかったとしても、自分が変えたいと思っているほかの行動にも応用できる一般的な教訓を見つけられるだろう。だが、その前にまずは〝3つのD〟の詳細を見ていこう。

第5章　幸福を決断する

ここからは、製造プロセスを「決断する」という観点から見ることにし、誤った願望、誤った予測、誤った思い込みを減らすことに集中しよう。解決策の大部分はすぐ目の前にある。つまり、現在の快楽とやりがいの実感と、あなたの幸福について親しい人が下した判断がカギとなる。だが、考えすぎないように注意することも大切だ。

自分自身にフィードバックする

あなたの経験に最大の快楽ややりがいをもたらすものは何か考えたことがあるだろうか？　あなたは幸福に関して、さまざまな間違いを犯しているかもしれない。その間違いを正すためにはどうすればよいだろう？　そのための有意義かつ有効な方法は、何が快楽ややりがいをもたらして、何がもたらさないかについての直接的な「フィードバック」に注意を向け、その情報を未来の幸福について予想する際に活用することだ。そこで、このセクションでは、幸福の製造プロセスへのインプットのうち、どれが快楽ややりがいをもたらし、どれがもたらさないかを見つける方法を探っていこう。あなたが目指すのは、均衡（バランス）を確立すること。それができれば、製造プロセスを常時監視しなくても、特別な理由（例えば、インプットやその影響に変化があった場合など）がある場合のみ、注意を再配分すればよいだけになる。

幸福を目立たせる

幸福は自分の行動から得られる最も重要なフィードバックだが、それはつねに顕著であるとはかぎらない。顕著性とは、それがこちらの注意を引き、なおかつ自分にとって意味があることだ。誰かが外国語で話しているのが聞こえてくると、注意を引かれるものの、何を言っているのかわからないため、すぐに耳に入らなくなる。それに対して、自国語を強い訛りで話しているのが聞こえてくると、それはこちらの注意を引き、しかも何を話しているかたいてい理解できるため、顕著になる。こちらの注意を引き、なおかつ自分にとって意味があるからだ。

私たちの幸福はときにあまり顕著ではないことがある。私たちはそれをもっと際立たせるために、できることをやるべきだ。例えば、ピアノを弾いているのに、その音がよく聞こえていないような状態を想像してみてほしい。日々の活動の多くは、音がよく聞こえないままピアノを弾いているようなものだ。つまり、快楽ややりがいを経験していても、その経験にきちんと注意を向けていない。しっかりとインプットに注意を向け、どう感じるかに気づくことで、音が耳に入ってくる。

日々の活動から聞こえてくるメロディーがどんなものかわかったら、次にピアノを弾いたときに聞こえてくる音を予想する際に、その情報を活用すればいい。

顕著なフィードバックに耳を傾けることは、あなたが選択するありとあらゆる活動において不可欠だ。これが最も重要になるのは、適応プロセスを理解する際だ。誰かがあなたの車に傷をつけて、逃げ去ったとしよう。あなたはその傷を見ていると辛くなるから、すぐに修理しようとするかもしれない。けれども、1、2週間放っておいて、ずっと辛い気持ちのままかどうか、ようすを見るという手もあるだろう。もし辛い気持ちがずっと続いていたなら、修理をすればいい。たいして気にならなくなっていたなら、別の誰かがまたぶつけてくるか、あなたがその車を売りたくなるまで放っておいてもいい。何らかの出来事に対して、当初のインパクトだけにとどまらず、ずっとその影響を観察していれば、自分がどんなことには慣れて、どんなことには慣れないかがわかってくる。

もしあなたが何かをやめようと努力しているのなら、この種の情報はすこぶる役に立つだろう。禁煙を決意した人がタバコが欲しくてたまらなくなるピークは禁煙後3日目で、その欲求は3、4週間続く。カフェインの場合、その禁断症状はやめてからおよそ36時間でピークを迎え、1週間ほどすると鎮まってしまう。[1] こうした事実を知っていれば、とくにそれが自分自身の直接フィードバックによって得られたものなら、これから何をすべきか、いつすべきかについて、適切な情報に基づいた決断ができるだろう。

不確かで辛い事態に直面しているなら、それを適応できる現実に変えることが得策だ。あなたがいま、封がされたままの請求書に悩まされているなら、封を開けてしまえばいい。その問題について、いずれ何かやらなければいけないなら、それをやってしまえば、あなたの幸福に影を落とす影響は薄らぐ。あなたを辛い気持ちにさせる不確かさを解消し、すぐにでも適応プロセスに入るには、その不確かさに正面から立ち向かうべきだ。不確かで辛い事態を解決できたということを自分にフィードバックすれば、どんなことでもさっさと乗り越えられると思えるだろう。

実際の経験は、自分の願望よりも信頼できるものだ。レディー・ガガのようなスターになれば幸せになれるだろうと思い、その思いを叶えようと試みたところで、その過程であなたが経験するのは惨めなことばかりだ。仮にその思いを叶えたところで、名声によって幸せになれるかどうかは不確かで、その過程で快楽もやりがいも経験していないのなら、不幸になるかもしれない未来のために、いまの幸せを手放すことになる。あなた自身の経験から得たフィードバックに耳を傾け、幸福という最終目標に目を向けてほしい。

また、実際の経験は、自分の予測よりも信頼できるものだ。どんな行動を選ぼうと、あなたが経験するのは自分が選択したものだけだ。決断の際に考慮した選択肢がほかにあろうと、それを経験することはない。だから、あなたが思うほど、ほかの選択肢を選べばどうなっていたかと考えることに時間を使うこともない。請求書の封を開けてしまったら、開けなかったらどうなっていただろうなどと考えることもないのだ。

私たちは必要以上に小さな決断について考えすぎたり、逆に大きな決断について充分考えていなかったりすることが多い。例えば、壁は何色にしようかと何日も迷ったりするくせに、購入する家はたった2、3時間程度しか下見していなかったりする。また、結果が予測できない決断に苦悩しがちだ。例えば、どの授業を取るかはあっさり決められるが、授業にどのノートを持っていこうかといつまでも迷っていたりする。小さくて結果があいまいな決断については、決断の結果からフィードバックを得れば、思っているほど快楽ややりがいの実感に影響がないことがわかるだろう。

さらに、実際の経験は、自分の思い込みよりも信頼できるものだ。もしあなたが、もっと快楽ややりがいを生み出せるように振る舞えれば、その行動に見合った態度を作っていけるだろうし、それによって行動も強化できるだろう。行動は言葉よりも雄弁である。すでに述べたとおり、自分の意志よりも過去の行動のほうが、未来の行動を選択するうえでよりよい参考になる。

ここで、減量したら幸せになれると想像してみよう。第3章で学んだことを覚えているだろうか？　あなたが糖尿病にでも罹っているのでなければ、減量したからといって幸せになるとはかぎらない。だが、ここでは減量によって、あなたがより幸せになれると仮定しよう。あなたの体重に関して何より目を引く要素は……体重計が示す数字だ。そこで、正確な体重計を買ってきて、週に2度同じ時間に体重計に乗るとする（朝の体重は夕方よりも多少軽いので）。体重計の数字からフィードバック《フィードバック》を得れば、あなたは食事をいくらか残すようになるかもしれない。私は1日おきに体重を計っているが、これは少々やり過ぎかもしれないと自分でも認めている。私は体重を落とすのではなく増やそうとしていたのだが、顕著なフィードバックを頻繁に受け取ることは、それ自体が行動に影響を与えると私は確信している。別の分野だが、これを裏付ける調査結果がある。自分が歩いた歩数を数えてくれる万歩計を着けると、歩く量が増える。[2] また、自分で血圧を測定している人たちは、（測定していない人より）順調に血圧が下がっている。[3]

ダイエットに関して言うと、自分が食べた量を推定してくださいと言われた人たちの多くは、毎日のカロリー摂取量を実際よりもかなり少なめに判定する――体重がそれとは違った結果を示していたとしても。ファストフードの店で食事をしていた６００人以上の人に、いま食べているもののカロリー量を見積もってもらったところ、実際より平均約１２０カロリー少なく見積もった。[4] よって、体重を減らすために自分が飲み食いしたものに含まれるカロリー量をすべて書き留めることは、効果があるのだ。[5] いったん自分がどんなものをどれだけ食べているかをきちんと知ってしまえば、あとはふだんの食事のしかたを変えないかぎり観察しなくてもよくなる。同じように、何があなたに幸福をもたらすかを知ってしまえば、それ以降は幸福のフィードバックをいちいち観察しなくてもよくなる。食事の内容の変化と同じで、幸福の製造プロセスにおけるインプットやその影響に何か変化が起こったら、そのときにまた観察を始めればよい。

第2章で見たように、平均すると、食事はとても楽しい（快楽を得られる）活動だ。だが、肥満の人たちは食事からあまり快楽を得ていないという証拠があり、これを考えると、彼らがなぜ食べ過ぎるかという理由に説明がつくだろう。ある研究で、標準よりも体重が重い、あるいは肥満の女性を集め、ミルクシェークを飲んでいるときの脳のスキャンを撮った。そして、6カ月後に同じことを繰り返した。この6カ月のあいだに体重が増えていない女性たちにくらべて、体重が増えていた女性たちは脳の中のドーパミンを作り出す領域があまり活発に動いていないことがわかった。思い出してほしい。ドーパミンとは、報酬や快楽の感情（快感）と関連する脳内の神経伝達物質である。[6] 食事からあまり快楽を得ていないことが、体重増加の原因なのか結果なのかはたいして問題ではない。標準よりも体重が重い人たちは、その原因にかかわらず、食事からあまり快楽を得られていないのだから。これを考慮し、最新の痩せ薬が実際に目指しているのは、これ以上食べる必要性を感じないように、食事の快楽効果を高めることなのだ。

一般に、食事から得られる快楽に注意を向けることとは、あなたのウエストラインにも効果があるようだ。食事に注意を向けていないと、幸福のためのフィードバックがあまり顕著ではないので、食べることからあまり快楽が得られなくなり、その結果もっと快楽を得ようと、食べ過ぎてしまうのだ。理論的に言うと、食事に注意を向けると、食べるのがゆっくりになり、食事をより楽しむことができ、その結果食事の量が少なくて済む。パリのマクドナルドの客は、フィラデルフィアのマクドナルドの客にくらべて、食事にかける時間が20分も長い。[7] この調査は全体的なカロリー消費量に目を向けていないが、フランス人は一般にアメリカ人よりも食べる量が少ないことが、ほかのデータでも確認されている。

また、私たちは誰かと一緒に活動することが一般によい効果をもたらすこともこれまでに学んだ。ドイツのDRMもアメリカのATUSも、人と一緒に食事をすると、食事から得られる快楽が高まることを示していた。けれども、体重を減らしたいと思っているなら、それは逆効果かもしれない。一緒にいる人に注意を向けていると、食事から注意が逸れてしまうからだ。その証拠に、私たちは一般に人と一緒にいると、ふだんより多く食べているものだ。[8] 人と一緒にいると、このまま食べ続けたいと思う傾向がある一方、ひとりで食事をすると、食事が終わった時点でまた食べたいという欲求は減少している。[9]

これは、文脈に目を向けることの大切さを浮き彫りにしている。次の第6章で詳しく述べるが、ほとんどの場合、次の行動をあまり意識しなくてもいいように、自動的に注意が移行するような環境を設計《デザイン》するほうが効果的なのだが、ときには、食事のように、現在の行動に意図的に注意を向けたほうがいい場合もある。もし食事に気をつかわないことに問題があるのなら、顕著なフィードバックを通して、食事に注意を向けることが解決のカギとなるだろう。[10] 顕著なフィードバックの重要なポイントは、幸福の製造プロセスに用いるインプットを選択する手助けとなることだ。とはいえ、フィードバックだけでは行動を変えるにも、幸福を高めるにも不充分であるうえ、のちの章で示すように、もっと幸せになりたいなら、環境をうまく設計することが不可欠だ。

もちろん顕著な快楽を見失ってはいけないし、快楽をもっと際立たせることが効果的だという点も見逃せない。そこで、もっと笑顔になれる方法を見つけ出し、そのおかげでどれほど幸せになれたかをつねに自分に言い聞かせておこう。結果を出そうと、はりきりすぎる必要はない。調査によると、笑顔はそれ自体が幸福をもたらすことがわかっている。なぜなら、意識して笑顔になろうとすると、その結果として無意識のうちに幸福になれるからだ。[11] そしてあっという間に、しかもまったく自動的によい気分になる。ボールペンを横にくわえてニセの笑顔を作っても、幸せな気分になれる。[12] 他人がたとえそれはニセモノだと気づいても、あなたは幸せを感じているのだ。[13]

やりがいをもっと顕著にする方法を見つけることも大切だ。子どもたちの振る舞いと学校の成績は、むずかしい課題を与えることで向上する。[14] だとしたら、自分に挑戦する方法を見つけるといい。仕事でさまざまなスキルを活用すると、仕事の意義を強く感じられることもわかっている。[15] 使用するスキルに変化をつける方法を見つけよう。思い出してほしい。私たちの注意は目新しいものに引かれるので、変化に富んだスキルを使えば、注意をスキルに集中させることができ、やりがいがもっと顕著になる。

自分の活動や目標が、実際のところあなたの幸福に寄与しているのかどうか、その判断にフィードバックを活用するなら、快楽とやりがいの両方を顕著にしておくことが大切だ。一般に、(いずれどこかのタイミングで取り戻せるだろうという誤った信念に固執して) あまりに長いあいだたくさんの幸福をあきらめていてはいけない。今日経験できる幸福を明日に先延ばししないこと。幸福になるために減量 (やほかのどんなことでも) を計画しているのなら、いますぐそれを始める準備をしよう。痩せるにしろ、健康になるにしろ、そこから得られる未来の幸福はさておき、ともかくランニングマシーンの上で味わうインターバルトレーニングの辛さとともに、いま、あなたはやりがいを感じているはずだ。できるだけどんなときにでも、そのことを思い出そう。ジムに通う日を〝やりがいの旅〟として日記に記すなどしてもいいだろう。どんな行動でも、幸福への現在の影響を際立たせることが重要だ。（たんに自分の考え方ではなく）自分の行動を変えようとしているのなら、なおさらだ。願望も予測も思い込みも、未来の出来事が未来の幸福に対しておよぼすと期待する影響の問題だが、いますぐ行動の変化を促すには、すぐに行動を変えることのメリットを際立たせる必要がある。この場合、未来のメリットはあまり関係ないのだから。

いまおしゃれなブーツを買うのを我慢して、いずれオーダーメイドの高価な歩行器を買うために貯金しようと考える人もいるかもしれない。まあ、うまくいくこともあるだろうが、私ならブーツに勝ち目があると思う。引退後の生活のために貯金することの恩恵は、晩年が安定することだけでなく、あなたの晩年にいま安心感をもてることから得られるのだ。だから、いま真新しいブーツを買う代わりに、あなたはのちにかっこいい歩行器を手に入れ、それだけではなくいずれ歩行器が手に入るという安心感も手に入れる。そう考えるとブーツに勝ち目はまったくない。

あなたの行動が幸福度を左右するということは、ある行動を続けるには、ポジティブなフィードバックが必要になる——しかもいますぐ必要なのだ。ある行動によって幸せを感じていて、しかもそれに気づいているなら、それを続けていけるだろう。逆に、例えば過食のような別の行動がいまのところあなたを不幸にしていないのなら、それについて何らかの行動を取ろうと思わない。これはとりわけ快楽について言えることで、やりがいについてもしばしばあてはまる。とはいえ、やりがいのある活動には、もっと注意を向けるための努力が必要なので、その最中に道を逸れてしまいやすい。

エクササイズについては、将来それによって受ける恩恵よりも、いまそれをやっている経験に注意を向けたほうがよい。健康は、たとえ行動を起こす動機になったとしても、動機としては非常に弱いからだ。[16] 一般に、遠い将来に起きるかもしれないリスクは、〝健康によいとされる〟行動を促す動機にはなりにくい。それよりも、エクササイズによっていまあなたがどう感じているかに焦点を合わせるべきだ。私自身が行なったエクササイズは、健康にほとんど結びついていないと確信している。もう20年もすれば健康面で何らかの恩恵を実感するかもしれないが、同時にハードトレーニングによる関節の障害も起きていることだろう。いずれにしても非常に不確実なことで、20年後というのはまだずっと先のことだ。ウエイトトレーニングを続けられる私の能力――いわば〝忍耐力〟――とは、将来ではなく、その瞬間に幸福をもたらしてくれる活動にたんに固執することである。その活動で得ている快楽とやりがいのフィードバックが最も重要なのだ。

政府が、治療法をめぐる政策決定を下す際に幸せにまつわる調査データを参考にしたように、あなた自身の幸福に関するデータも、自分の注意の配分を正しく導くために利用できる。昇進のために残業するのは、家庭生活を犠牲にするだけの価値があると考えているかもしれないが、あなたの幸福に対するフィードバックは違う結果を示すかもしれない。快楽とやりがいという究極の戦利品に目を光らせていたら、仕事でもプライベートでも、過度な願望を抑制できるかもしれない。

時間を再現する

そろそろ「では、どうすればいいのか？」という至極まっとうな質問が出てきそうだ。必要なものをうまく際立たせるには、第2章で説明した方法に沿って一日再構築法（ＤＲＭ）を実践し、自分の幸福の日誌を記してみてはどうだろう。次の表の空白の枠を埋めてみてほしい。少々煩わしいかもしれないが、少なくとも一度やってみれば、あなたの時間の使用法に注意を向けるうえで役立つはずだ。活動の詳細や一つひとつの活動の開始・終了時間を正確に思い出せなくても、あまり気にすることはない。記入が正確か間違っているかをテストすることが目的ではなく、あなたが時間をどのように使っているか、幸福というレンズを通して見てみようというのが狙いだ。ものの見方を形成する際にこうした情報をもっているだけで、これまで予想も意識もしていなかった方法で、行動に何らかの影響が出てくるだろう。

ＤＲＭは、誤った願望が時間の使い方に反映されてしまっていないかどうかという点に、あなたの注意を引き寄せるのに役立つはずだ。ひょっとすると、好きなテレビ番組について誰よりも

幸福に関するフィードバックを得るために、一日再構築法による昨日の日誌を記入しよう。各活動について作業内容や場所を変えた開始時刻と終了時刻も合わせて記入すること。						
出来事	開始時刻	終了時刻	何をやっていたか?	誰とやっていたか?	快楽(0〜10)	やりがい(0〜10)
1						
2						
3						
4						
5						
6						
7						
8						
9						
10						

詳しくなりたいという願望をもっていたのに、シーズン17が始まると、たいして面白くないと気づいてしまうこともあるだろう。あなたの「評価する自己」はキャストと脚本家がすばらしいのだからこの番組は面白いはずだと思い続けているが、あなたの「経験する自己」は「それはまったく違う」という直接のフィードバックを与えてくれる。そこで、DRMを用いれば、快楽もしくはやりがいに適応してしまったのか否か、適応したとすればどう適応したのかに関する直接的証拠が得られる。

あるいは、例えばあなたが「達成」に対して誤った願望をもっていて、それは最大の幸福を得ることにはつながらないかもしれない。あなたは、いまの仕事や、あるいはインターネットでの職探しにあまりにも長い時間をかけているかもしれない。ＤＲＭは、あなたがどれだけの時間を無駄に浪費しているかを明確に示してくれるだろう。あなたがさまざまなウェブサイトや文書、およびプログラムにどれだけの時間を費やしているかを記録し、例えばフェイスブックを見ている時間とスプレッドシートを見ている時間を比較することで、あなたの生産性を記録するソフトウエアを提供している企業もある。

この種の情報は、誤った予測を打ち破るうえでも役に立つ。これを解説するために、まず、多くのロンドン市民が直面している次の選択について考えてみてほしい。通勤に地下鉄を使うか、バスを使うかという問題だ。地下鉄に乗ると職場まで30分で着くが、途中で乗換が必要だ。しかも地下鉄は非常に混んでいるため、頭をドアに押し込むようにして乗らなければならない。バスに乗れば40分かかるが、乗換はなく、静かな車内に穏やかに乗っていられる。たいてい最も重要視されるのは時間なので、あなたはおそらく地下鉄を選ぶだろう。だが、ここでＤＲＭを活用すると、職場まで地下鉄で行くか、バスで行くかによって生じる10分の差が、幸福という観点から考えたとき、本当にあなたにとって一番重視すべきことかどうかがわかってくる。もし、バスに乗るほうが快適で、職場に着いてからの最初の1時間かそこらをあまりストレスのない状態で過ごせるなら、少なくとも時々はバスに乗って気分を上げたほうがいいかもしれない。実際のところ、地下鉄に乗るかバスに乗るかを時々切り替えるのは、それ自体が楽しく、幸せな気分になれるかもしれない。

また、ＤＲＭを活用すると、いまの気分を未来に関わる決断の指針にしないですむ。買い物メモをスーパーに持っていけば、空腹でも買いすぎを防げるように、DRMを使えば、ベッドでゆっくりしたい日曜の朝に予定を入れることもなくなる（朝早くから予定を組んだ週末の幸福度評価が多くの項目で低ければ、それを避けようと考えるだろう）。

このように、DRMやそれに似たデータを活用すれば、あなたの時間の使い方や幸福をもたらしてくれるものに対する誤った思い込みも避けることができるだろう。必要なこと——収入を得るための仕事、家事、身だしなみ、睡眠など——に時間を充てるべきなのは明らかだが、あなたの「自由裁量時間」、つまり毎週生活に必要なことを済ませたあとに残された時間の使い道にはたくさんの選択肢がある。[17]

あなたは人から指図されたことにどれだけ時間を使っているだろうか？　そして、自分自身で選択したことにどれだけ時間を使っているだろうか？

おそらく、あなたは自分が考えている以上に自分の時間をコントロールしているものだ。私たちは誰もが自分のことを忙しいと思い、いろいろな活動をしている時間がないと、自分なりに思い込んでいる。私は自分のことを非常に忙しい人間だと思っているが、それでもなんとか週に4日ジムに行く時間を見つけている。たんに優先順位の問題なのだ。私たちがエクササイズなんてする時間がないと言うとき、実際のところそれは自分の時間をエクササイズに使うことを優先していないだけなのだ。いまとは違うかたちで自由裁量時間を使いたくても、そこに壁が立ちはだかるのは、ほとんどが自分が時間を作れていないことを受け入れられないからであって、純粋に時間をもっていないからではない。もちろん、生活のために長時間働いている人たちは例外だ。私はこの本の最終草稿を非常に忙しい同僚たち十数人に送ったところ、ひとりを除いて（君は自分でわかっているよね）、全員が丁寧なコメントを書く時間を見つけてくれた。

また、自分の時間をどう使うかについては賢明な予想をするべきだ。DRMはここでも役に立ちそうだ。もしあなたが通勤に2時間かけているのなら、夕方にジムに行って、友人と会い、夕食を作って、好きなテレビ番組を観て、そのうえで翌日の仕事にそなえてたっぷり睡眠を取れると予想するのは、賢明ではない。DRMは、こうした活動が幸福に対してどんな結果をもたらすかについて注意することを促してくれる。毎日2時間も通勤にかけるというのは本当にそれだけの価値があるのか、あるいは少なくとも、たまには家で仕事ができないか、といったことを検討するきっかけになるかもしれない。

ここで、自由裁量時間をどれだけもっているかよりも、それをどうやって使うかのほうが重要だということに気づいただろう[18]。もし旅行のあいだに数日間DRMを記録したのなら、その旅行の何に幸せを感じていたかと自分が思うかではなく、実際に旅行のどんな側面に幸せを感じていたか、あるいは感じていなかったかを知ることができるだろう。そうすれば、今後の旅行をもっとうまく計画できるはずだ。また、その期間を通して快楽とやりがいの比重がどう変化しているかを見れば、その時々でどちらをどう優先しているのかがわかるだろう。

出来事の文脈を再現すると、その出来事をきちんと思い出せるようになる。そして、時間の使い方を決断する際に、あなたの幸福におよぼす影響についてより正確なフィードバックを得ることができる。警察が重要証人を聴取する場合、その犯罪が起きた文脈を復元するために、事件当日の天気や昼食に何を食べたかなど瑣末《さまつ》なことを尋ねて、記憶を鮮明にしようとする。あなたの頭の中で文脈を復元するには、例えば部屋の状況や天気、周囲にいた人たちや近くにあった物といった周辺環境がどんなふうであったかを考えてみるといい。その場にいた別の人になったつもりで、視点を変えてみるのもいいだろう。[19]

だが、それ以外にも、ある経験のピークとラストだけを覚えていて、全体のことを忘れてしまっている人間本来の性向を利用する手もある。職場でミーティングのスケジュールを立てているなら、一日の終わりに気の合う同僚とミーティングをする計画を立てるといい。また、最もすばらしいかたちでセックスを記憶に留めたいなら、持続時間はあまり気にせずに（もちろん常識的な範囲内で）、最後の瞬間が印象的なものになるよう気持ちを集中させるとよい。生活のなかのあらゆる活動と同じように、セックスに時間をかけることが素敵な時間の使い方かどうかは、その経験そのものにおける幸福度のみならず、その後の幸福の経験、つまりその記憶によって決まる。

あなたがやり始めたことが何であれ、その幸福へのフィードバックを観察し続けることが大切だ。フィードバックが明確なら、その時点で観察をやめてもいい。製造プロセス全体をつねに観察するのは骨の折れることなので、結局は幸福の邪魔をすることになる。快楽とやりがいのベストミックスをもたらすものは何であるかがわかったら、幸福の製造プロセスはときおり調整をするだけでかまわない。例えば、通勤の手段を地下鉄からバスに変えたとしよう。これからは、この通勤手段のおかげで幸せを感じ続けているかをときおりチェックすればいいだけだ。おそらく天候によっても左右されるだろう。雨のなか、バスを待っているのは幸せではないだろうから。
こうした微調整に役立つのが、フィードバックなのだ。

他人からフィードバックを受ける

あなたは自分が思っているほど特別ではない

私たちは自分自身からフィードバックを得ることもできるが、他人の経験に頼ることもできる。『明日の幸せを科学する』の著者であるダニエル・ギルバートは、幸福の研究から得られる教訓について、こう語っている——自分と似た他人の経験は、ある出来事が自分におよぼす影響を知るための有益な指針となり、多くの場合、自分自身の予測よりもずっと役に立つ。[20] 私もそのとおりだと思う。

あなたはこれからデートに出かけるところだと想像してほしい。デートの相手と会ったらどう感じるかを予想するために、前もって相手のどんなことを知っておきたいだろうか？　身体的特徴、年齢、身長、生まれ育った町、好きなスポーツなどだろう。もしくは、他人がその相手と会ったときの印象も知っておきたくないだろうか？　きっとあなたは相手の個人的な情報がほしいだろうし、ほとんどの人たちがそうだろう。だが、一般に女性は、別の女性がその男性に会ったときの印象を聞かされた場合よりも、相手の個人的な情報を与えられたときのほうが相手の男性に会ったらどう感じるかについて悪い予測を立てる。たとえ、彼の印象を答えてくれた女性がまったく知らない人であっても。[21]

カギとなるのは、あなたが他人と同じような経験をしそうなケースと、好みや優先順位の違いによって他人とは違った経験をしそうなケースとを見分けることだ。ドイツのＤＲＭ調査やアメリカのタイム・ユーズ・サーベイ（ＡＴＵＳ）で、調査対象者がさまざまな活動について感じた幸福度は、あなたの感じる幸福度と一致するかもしれないし、一致しないかもしれない。あなたは自分のことを特別な存在だと思っているだろうし、それはそのとおりなのだが、少なくとも出来事にどう反応するかについては、あなたは自分が思っているほど特別ではない。あなたの経験の多くは、他人の経験ととてもよく似ていて、似ているケースは想像以上に多い。

人に訊けば早い

自分の幸福に関する思い込みについて、誰かにアドバイスを求めてもかまわない。実は、あなた自身の幸福についての回答は、他人から見たあなたの幸福についての回答と相関関係が非常に強いと、調査データが示している。エストニアで、家庭医や病院を訪れる人たちに、彼らをよく知る人（たいていは配偶者だが、友人や配偶者以外の家族も含まれる）を選んでもらい、0から10の評価尺度で彼らの全般的な幸福度を予測してもらった。本人たちが回答した評価と彼らをよく知る人たちの予測の相関関係は0・75と、とても高いことがわかった。[22] さまざまな尺度で幸福度を測定した別の研究でも、似たような結果が出ている。[23] あなたが自分は幸福だと思っていても、そうではないような振る舞いをしていたら、親しい人たちはそれに気づくのだ。

幸福以外の誤った願望を追い求めてしまい、快楽とやりがいを感じられていないとき、周囲の人たちのおかげで、あなたが本当に大事なことに焦点を合わせられるようになることもある。彼らだってあなたに次のレディー・ガガになってほしいと思っているかもしれないが、同時にそこに行き着くまでのプロセスがどれだけあなたの日常を辛いものにするかを、あなたよりもずっと明確にわかっているのだ。

また、周囲があなたの誤った予測を打ち破ってくれることもある。それは、彼らがたいていあなたほど現在のあなた自身に深く関わっていないからでもある。その代わり、彼らは長期的な視点であなたに起こる結果に注意を向けている。あなたはおもに、短期的な視点で「ある状態になったら（becoming）どんな感じだろうか」ということに焦点を合わせている。つまり、結婚したら、金持ちになったら、身体障害者になったら、どんな感じだろうかと考えているのだ。一方で、あなたと親しい人たちは、「ある状態でいる（being）とはどんな感じだろう」と考える傾向がある。結婚しているとは、金持ちでいるとは、身体障害者であるとは、どんな感じだろうかと考えているのであり、「ある状態でいる」は「ある状態になる」よりもはるかに長く続き、その分あなたの快楽とやりがいの感情に大きな影響を与えるのだ。

何らかの決断をするとき、友人に頼んであなたが焦点効果や差異バイアスの落とし穴を回避できるよう協力してもらうといい。そのとき、決断そのものに注意を向けないで、あなたの決断の結果を想像してほしいとお願いする。例えば、とても魅力的だが、通勤時間が長くなる仕事のオファーを受けたとしよう。その仕事を受けるべきかどうか決断する際、何について考えるだろうか？ おそらく、あなたは最初の2、3日のことを考えてしまうだろう。それは、これまでにないほどワクワクした気分で職場に向かい、新しい仕事とこれまでの仕事を直接比較している期間だ。そこで、親しい人に頼んでこれから2、3カ月のことを考えてもらってはどうだろう。電車を乗り継ぐ苦痛もしくは渋滞に巻き込まれて身動きできない苦痛を感じ始める時期だ。

私たちが独自に行なった調査で、通勤時間が長くなると精神的な健康状態に悪影響が出てくることがわかっている。とりわけ、結婚している女性にその傾向は顕著だ[24]。いまだに家事の大半をこなしているのは男性ではなく女性だからだろう。これは顕著な情報なのだが、たいていそれはあなたの家族や友人にとって際立っているだけなのだ。それは、彼らが新しい仕事というチャンスのポジティブな側面ばかりに気を取られないからだ。もちろん新しい仕事を受けたってかまわないが、少なくともその仕事を続けていくうえでの長期的な代価とメリットをしっかり理解しておくべきだろう。

あなたの幸福に関わる選択の考えられる影響を正確に把握しようと思えば、それに適した質問をすることが大切だ。だから間違っても、「私が新しい仕事に就くことをどう思う？」などと尋ねてはいけない。それでは、あなたの決断がもたらす結果に関係のない、これまでの仕事と新しい仕事の違いに焦点が向いてしまう。この場合の適した質問とはこうだ。「もし私が新しい仕事に就いたら、それから2カ月ほどのあいだ私の生活はどんなものになると思う？」

概して他人は、本人が自分の問題について考えるときほど、投影バイアスに陥らない。とりわけ家族や友人は、ある決断に対してあなた自身がそのとき抱いている感情に惑わされることはない。あなたがある男性や車や、あるいは家に夢中になってしまい、それに飛びつくべきかどうかの判断能力を曇らせてしまったとしても、友人ならあなたの決断の影響を、〝冷静な〟視点から考えられる――少なくともそうしてくれと率直に頼めるだろう。

また、他人があなたの幸福を思い返す際には、あなた自身ほどピーク・エンド効果の影響を受けないようだ。まだ子どもがいなかったころ、妻のレスと夜の街に出かけることを私がとても楽しんでいたことは、きっと私よりレスのほうがよく覚えているだろうし、私と出かけることをレスがとても喜んでいたことも、彼女より私のほうがよく覚えている。私は認めたくないのだが、レスはおそらく私より記憶力がいい。女性は男性よりも自分たちの生活に起こったよい出来事も悪い出来事もよく覚えているという調査結果がある。[25] いずれにしても大事なのは、過去にあなたが幸福を感じたものについては、自分よりも他人のほうが正しく記憶しているということだ。

誤った思い込みについて学んだことも思い出してみよう。人は行動を態度に合わせるのではなく、態度を行動に合わせようとする。あなたが結婚を考えているなら、結婚したいと思っている相手には好意的な態度を取るだろう。その相手と長期的な関係をもちたいという態度を、すでに相手と信頼できる関係にあるという行動に合わせているのだ。そんなときは、友人に結婚生活とはどういうものかと尋ねてみたらいい。友人はきっと、あなたの伴侶となる人はほとんど会社にいて、一緒にいる時間なんてほとんどない（もちろん、それがよい場合もある）と気づかせてくれるだろう。繰り返しになるが、質問のしかたは大切だ。くれぐれも「私は結婚したほうがいいと思う？」などと訊かないように。「結婚しているってどんな状態？」と尋ねよう。

自分の行動や幸福について他人に意見を求めるのは、けっして弱さではなく、むしろ強さの表れだ。考えてみてほしい。あなただって、他人の間違いにははっきり気づくだろう。それと同じように、他人もあなたの間違いにははっきり気づくものだ。そのうえ、誰かと自分や相手の幸福について話し合うのは、それ自体が楽しく有意義なものだ。

こうした質問に有益な答えを出してくれるのは、あなたと同じ問題を抱えている人、あるいはそういう人を知っている人だ。車を買う際に歯科医にアドバイスを求めたりしないだろう。だから、マイアミに住んでいる人に、アラスカで幸せに暮らせるだろうかと尋ねたりしないほうがいい。自分が車を買う前に、最近車を買った人にアドバイスを求めるのと同じように、アラスカで幸せに暮らしたいなら、アラスカに住んだことのある人か、そういう人を知っている人に尋ねないといけない。価値観や信念、期待感、経験があなたと似ていればいるほど、よいアドバイスをしてくれるものだ。あなたに似ている人はあなたの行動に影響を与え、その先であなたがどう感じるかのよき指針にもなってくれるだろう。

また、あなたが最も快楽とやりがいをもたらすやりかたで注意を配分できているかどうか、周囲の人はふさわしいアドバイスをくれるだろう。彼らはあなたが生活の中の経験にしっかりと注意を向ける手助けをしてくれる。ダニエル・カーネマンは『ファスト&スロー』で、「経験する自己」は自ら主張する声をもたない（「評価する自己」によってその声はかき消される）と説いている。つい最近、彼と昼食をともにしたとき、他人のほうが自分の経験の声を聞いているという点で意見が一致した。

そのうち事態は好転するだろうという誤った思い込みにあなたがしがみついているあいだに、何かがあなたに辛い思いをさせているなら、そんなものはさっさとやめてしまったほうがいいと、他人は早々に結論を出す。マスコミ業界で働いている私の友人のことを思い出してほしい。彼女は自分の仕事が好きだと言っていた——その仕事が日々彼女を苦しめているにもかかわらず。私には苦しんでいる「経験する自己」が、おそらく彼女よりもはっきりと見えている。実は、本書の草稿を読んだあと、彼女は新しい仕事を探し始めた。

決断を他人に任せる

もっと過激な選択肢もある。信頼できる誰かに決断を任せてしまうのだ。自分の願望・予測・思い込みを伝え、決断してもらう。そうすることで、あなたの注意エネルギーが解放され、別のところで使えるようになる。心理学者によると、選択肢の数が心理的負担を増やしてしまうという。選択肢がやたら多いと、人はたいてい困惑してしまう――これが**選択のパラドックス**だ。[26] 店に並べられた25種類のシャンプーの中からひとつを選ぶのに、どれだけ時間をかけている？ 誰かに選んでもらうだけで、あるいは少なくとも選ぶのを手伝ってもらうだけで大きな効果が生まれるのではないだろうか。とりわけ、選択の結果がはっきりとわかっていない場合は、ほかの選択肢を選んだらどうなっていたかなんて、あなたにはわかりようがないのだから。あるいは、それほど重大でない選択の場合には、選択の結果による影響は、あなたが決断に悩む際の負担ほど大きくないのだから。

選択を制限することで、結果的に私にとってプラスになっているささやかな例を紹介しよう。私は外で夕食をする際、何を食べるかを誰かに決めてもらうことが多い。私のことをよく知っている人なら、大切なのはタンパク質だとわかっているので、タンパク質がたくさん含まれている食事なら、私はそれで幸せだ。メニューを見ながら悩まなくてもいいだけでなく、私のために何を注文してくれたのかわからない分、ワクワクする。そのうえ、メニューに気を取られることなく、雑談を楽しんでいられる。ただ、私にはメリットが大きいが、誰がやってもうまくいくとはかぎらないし、自分の料理に加えて他人の分まで決めなくてはいけないプレッシャーを嫌がる人もいるだろう。それでも、一人ひとりがさまざまな決断についてどの程度自分でコントロールし、どの程度他人に任せるかを選択していけば、幸福度を上げる何かしらの戦略が生まれてくると、私は考えている。どんな決断を人に任せるか、誰に任せるか、考えてみる価値はあるだろう。

がんばりすぎない

幸福になるには、がんばりすぎないことも大切だ。私が（ここで話しているのはまったく個人的なことだ）幸せを強要してくるイベントに参加したくない理由も、これによっていくらか説明がつくと思う。私はパブ・トリビア〔訳注　パブで行なわれるクイズ大会〕やカラオケも大嫌いだ。ウェディング・パーティもバースデー・パーティも好きじゃない。こうしたイベントは本来楽しむためのものなのだが、「楽しまなければ」というプレッシャーがときには経験を台無しにすることもある。だから、本気で考えすぎないように。

さらに、幸せになりたいと考えすぎて、ちっとも幸せを感じていないのなら、自分自身に苛立って（好きな音楽のひどい演奏を無理に楽しもうとすればイライラするだけだ）、あまり幸せにはなれないだろう。幸せをテーマにしたベストセラーのなかには、自分は幸せだと思い込めとか、ポジティブ・アプローチが最高だなどと主張するものもある――あなたもポジティブ・アプローチを取り入れたいと思っているかもしれない。けれども、ちょっと想像してみてほしい。ポジティブ・シンキングに一生懸命取り組んでいるのに、なかなか効果が出ないとする。そうなると、いまの自分となりたい自分のあいだに大きな不一致が生じ、あなたはもっと惨めになってしまう。

一方で、惨めな思いをしないためにがんばりすぎるのもよくない。最近起こった衝撃的《トラウマ》な出来事に多くの注意を向けてしまうと、それほど注意を向けなければ鎮まっていたはずのネガティブで極端な感情を強化してしまうだけだということがわかっている。[27] まさしくこれと同じことを行なう集中的なトラウマ治療は、実際には存在していないかもしれない問題を探し出す有害な治療法である。その出来事が起こってから最初の1カ月ほどのあいだにトラウマに注意を向けすぎると、事態を悪化させるという充分な証拠があるにもかかわらず、こうした治療法がいまだにトラウマの被害者に行なわれている。というより、押しつけられている場合が多い。例えば9・11同時多発テロによってトラウマを受けた患者などだ。さらに、多くの研究者が指摘してきたように、私たちは人生の中でときおり多少の悲しみを受け入れないといけないときがある。それは人間の自然な反応であり、必ずしも病的なこととして扱うべきではない。[28]

実際のところ、私たちが幸福についてさまざまな過ちを犯す傾向にあることを考えれば、そして無意識的注意の重要な役割を考慮すれば、考えすぎないことも大切だと心に留めておくべきだろう。

この考えを応用した興味深い調査がある。被験者に個人広告に自分の写真を載せている男性の写真を見せた。写真の半分は女性のパートナーを求めている男性のもので、残りの半分は男性のパートナーを求めている男性のものだった。その結果、人は写真を10秒見ても、0・05秒見ても、その男性の性的指向を見分ける精度は変わらないことがわかった。被験者はどちらの場合も、約60パーセントの確率で（これはあてずっぽう、つまり50パーセントよりずっとよい）男性が求めるデート相手の性別を正しく言い当てた。あなたの無意識的なシステム1がゲイを見分ける能力は、意識的なシステム2と同程度に優れている。[29]

実際に、選択肢についてほんのわずかなあいだ考え、その後しばらく意識的に考えるのをやめ、ふたたびわずかなあいだ考えるようにすると、よりよい決断ができると示す調査結果がある。ここで、5枚のポスターを見せられ、そこから1枚持って帰っていいと言われた場合を想像してみよう。5枚のうち3枚は抽象的な絵で、残りの2枚は花と鳥の絵が描かれている。つまり万人向けの絵だ。さて、（1）5枚の絵を同時に見たあと、すぐに1枚を選んで持って帰る、（2）5枚の絵を同時に見て、それから7分半のあいだアナグラムを解いたあと、1枚を選ぶ、（3）1度に1枚ずつ見ながら丁寧に検討したあと、1枚を選ぶ、の3通りのうちどれを選んでもいいとしよう。おそらくあなたはじっくり考えて選択したいと思うのではないだろうか。しかし、アムステルダム大学の学生にこの3通りのうちひとつの条件のもとで選択をしてもらい、その数週間後に感想を訊いてみると、休憩を入れてアナグラムを解いた人たちが一番自分の選択に満足していることがわかった。[30]

ポスターではなく車を選ぶとなると、問題はやや複雑になる。それでも、自分の「無意識」に車の燃費、タイヤの特性、座席回りの装飾デザインについての情報を処理するチャンスを与えれば、よい選択ができそうなものだ。そこで、被験者に好ましい特徴と好ましくない特徴が数多く記載された車の説明書を渡し、彼らを無作為にポスターの実験のときと同じ3つのグループに分けた。このケースでもまた、休憩を取ったグループが最もプラスの属性をもつ車を選んだ。被験者が選択をしているあいだ、MRIスキャナーで彼らの脳を調べたところ、意識的な思考と無意識の思考では、脳の別の部分が活性化していることがわかった。つまり、「意識」がほかのことに専念しているあいだも、「無意識」が情報を処理しているわけだ。[31]

これらの調査に参加してくれたすべての被験者は、こうした選択に関して意識的に考えてよい時間を指定されていた。ところがある実験で、くじを選んでもらう前に検討材料となる情報を与えたところ、好きなだけ時間をかけてもよいとした場合のほうが、4分間だけ考えてよいとした場合にくらべ、最も当たる率の高い宝くじを選んだ。[32] ほかのケースと同じように文脈は重要だ。似たような結果を示す調査はどんどん増えており、多くの議論を呼んでいる。

とはいえ、充分な注意を向けて選択するよりも、しばらく無意識の熟考に任せたほうが、仕事であれ家であれ車であれ、よい選択ができるかどうかを考えてみるのも面白い。[33] 今度、壁を何色に塗ろうか迷うことがあったら、最初にわずかな時間それについて考えたあと、考えるのをやめ、もう一度考えて決断を下してみよう。また、インターネットでかわいい服を見ているとき、少しのあいだ新聞を読んだりテレビを見たりしたあと、ネットに戻って一番素敵なセーターを選ぼう。

決断で幸せになろう

誤った願望、誤った予測、誤った思い込みはどこにでも現れる問題なので、ときにはそれに屈してしまうことも覚悟しておくべきだろう。けれども、うまく取り組む方法もある。便利なことに、私たちは決断の結果を経験することができるのだ。あなたが注意を向けているものや行なうことは、あなたの感じ方に影響を与える（逆も同じ）。つまり、決断が幸福をもたらしたかどうかというフィードバックをより正確に観察できれば、もっと幸せになれる決断ができるだろう。あなた自身のフィードバックを顕著にする（あなたの注意を引き、意味のあるものにする）ことが、カギとなる課題だ。

これまで見てきたように、周囲の人はあなたの幸福についての情報の宝庫だ。だが、ここで最後にひと言、注意をしておこう。あなたの幸福にあまり注目していない人はしっかり見分けて排除しないといけない。周囲の人から、目標の達成が何より大事だというフィードバックを受け取ることもあるだろう。例えば、上司から週間の売上目標を達成しろと言われるかもしれないし、夫や妻からより高収入が見込める仕事に就いたほうがいいと言われるかもしれない。実際にこれまでの仕事よりも収入のよい新たな仕事に就いたところで、概して誰も気にとめないものだ。周囲の人にとって、あなたが仕事を変えた理由は明白だ。だが、もし新しい仕事の収入がこれまでよりも低ければ、家族も友人もいったいどういうつもりなのかと尋ねてくるだろう。これまでより低収入の仕事に就くからには、ともかくそれを正当化する理由が必要で、たとえそれによって幸せになれるとわかっていても、断ってしまいがちなのだ。収入のように評価しやすい明確な要因に基づいた決断は、同僚と仲よくやっていけそうとか、達成感があるといった漠然とした要因に基づいた決断よりも、当然のことながらはるかに正当化しやすい。[34] だから、こうした目標を目指して懸命にがんばることが、あなたの幸福にどう影響するかを考慮していないアドバイスを退けることも学ばなければいけない。

そして、フィードバックを監視しすぎないようにすることも覚えておこう。あなたの注意エネルギーは、ときどき休憩することも必要だ。実際のところ、いったん平衡状態に達したら、なにかそれなりの理由が発生するまでは（例えば、刺激や影響が変化するまで）、製造プロセスを再構成しなくてもよい。ときには、あなたの意識的注意がほかのことに割り振られているあいだ、無意識的注意に選択を処理させてやれば、結果的によい意思決定になることさえあるのだ。

第6章　幸福を設計《デザイン》する

第5章の最後で、無意識的注意が私たちの行動に与える影響に目を向けてみた。さてここからは、あなたが幸福になれるよう、あなたの無意識的注意を最適に配分するには、生活をどう組み立てていけばいいのか、その問題に真っ向から取り組んでいこう。

この問題に関しては、文脈《コンテクスト》が最大のカギとなる。人の行動を、本人の内なる心理と同じくらい左右するのが〝文脈〟である——これをうまく表しているのが、リチャード・セイラーとキャス・サンスティーンが用いる「ナッジ」〔訳注　軽く突いて促すこと〕である。彼らは『実践　行動経済学』[1]のなかで、政策立案者は人間の行動の本質に寄り添い、認知的強要ではなく、〝文脈的なナッジ〟によって人々の行動を変える方法をさぐるべきだ、と論じている。

ここに書かれている基本的な考え方は、「人にある特定のやり方で行動してほしいと思ったら、相手がそうしやすいようにしてあげなさい」ということだ。典型的な例をひとつあげると、学生たちに破傷風の予防接種を受けてもらいたければ、予防接種の重要性を記載したパンフレットを配るよりも、予防接種を受けられる病院を示した地図を渡したほうが効果的である。[2]同じように、人に何らかの行動を取ってほしくなかったら、相手がそうしにくいようにすればいい。これはある意味常識的なことなのだが、政策は必ずしもこの考えに基づいて立案されているとはかぎらない。

イギリス政府の依頼で、健康、エネルギー、納税の分野で国民の行動を変えるための取り組みに乗り出したころ、私は同僚とともに「マインドスペース」と題した報告書を発表した。「文脈を変えることで人々の行動を変えていこう」というのが、メインテーマである。マインドスペース（ＭＩＮＤＳＰＡＣＥ）の９文字は、自動的な無意識のプロセスによって行動を促す９つの要素を表している。[3] 私とロバート・メトカーフ、イボ・ブラエブが行なっていた研究を参考にし、チェックリストの形をとることにした。政策立案者がそこにあげられた要素を考慮に入れれば、ひょっとすると目を向けなかったかもしれない状況的要因もしっかり対応できる。チェックリストの効用については、すでに第３章で説明したとおりだ。以下にＭＩＮＤＳＰＡＣＥが示す９つの要素を紹介しよう。

Messenger（伝達者）　私たちは誰によってその情報がもたらされたかに大きく影響される。

Incentives（インセンティブ）　インセンティブへの反応は、知的ショートカットにより形成される。

Norms（規範）　私たちは他人の行動に強い影響を受ける。
Defaults（デフォルト）　私たちはあらかじめ設定された選択肢の〝流れに乗ってしまう〟。
Salience（顕著性）　私たちの注意は、目新しくてなおかつ自分に関連のあるものに向かう。
Priming（プライミング）　私たちの行動は、無意識的なきっかけにしばしば影響される。
Affect（感情）　私たちの感情の連想は、行動に強く結びついている。
Commitments（コミットメント）　私たちは公言したことと行動を一致させようと努力する。
Ego（エゴ）　私たちは、自分のことを肯定できるような行動を取る。

あなたの生活にも、チェックリストを応用できる。9つの要素のうち、「伝達者」と「インセンティブ」はおもに政策に適している。「感情」と「エゴ」については、第4章の〈誤った予測〉と〈誤った思い込み〉のセクションですでに言及した。「顕著性」が、幸福についての有効なフィードバックを得るための重要な要因であることは、第5章で説明した。よって、非常に重要でなおかつ関連の深い残りの4つの要素――自身の行動を変える「プライミング」、何も指定のない状態であなたが取る行動の「デフォルト」、あなたが自分に「コミット（約束）」していること、周囲の人々の「規範」――についてこれから解説していこう。さらに、これらの要素を使って、あなたの習慣を変える方法についても検討していこう。
企業は自社の商品やサービスを購入してもらえるよう、つねに消費者をプライミングしようとする。近所のスーパーマーケットで焼きたてのパンのおいしそうな匂いに気づいたら、パンを買うつもりがあろうがなかろうが、その匂いに誘われるままパンコーナーに足が向いてしまう。デフォルトの概念は例えば年金制度で利用されており、あえて脱退の意思表示をしないかぎり加入したままになる年金制度プランは、拠出金が多くなる傾向にある。また臓器提供においては、あえてＮＯの意思表示をしなければＹＥＳとみなされる提供者《ドナー》登録方式にすれば、ドナーが増える。[4] コミットメントは、喫煙者と禁煙契約を結ぶかたちで健康政策に利用されたり、詐欺行為を減らす目的で納税制度に利用されたりしてきた。例えば、納税申告用紙の最後ではなく、最初に署名欄を設けることで、不正行為を減らせるという。[5] 規範についてはこんな事例がある。アメリカのエネルギー情報サービス会社であるオーパワーの革新的な事業にならい、私とロバート・メトカーフはイギリスのエネルギー企業との協働で、消費者のエネルギー消費量を、近隣の人々のエネルギー消費量と比較するかたちで知らせることにした。最新の結果を見ると、エネルギー消費量が約６パーセント減少したことがわかっている。[6]
「プライミング」、「デフォルト」、「コミットメント」、「規範」をあなたの生活に活用すれば、幸福になるためのあれこれを一生懸命考えなくても、いまよりずっと幸福になれる。設計によって幸福になるわけだ。そして、あなたの注意エネルギーを、本当に注意を向けたい何らかの意思決定や進行中の活動に取っておくことができる。

プライミングで行動にきっかけを与える

あなたの家がきれいな状態ならば、あるいは子どもたちが使ったものをきちんとかたづけてくれたら、あなたは幸せな気分になれるのではないだろうか？　実は、芳香剤を使うといった、とてもシンプルなことを実行するだけで、あなたも子どもたちも部屋をきれいにしようという気になる。ある実験で、柑橘類の香りの芳香剤を吹きかけた小部屋でビスケットを食べた人たちは、それ以外の人たちにくらべて、テーブルに落ちたビスケットのかけらをきれいにする動作を3倍行なった。[7]　また、動悸がすると訴える患者を診察に行った医学部の学生は、柑橘類の香りがすると、衛生規則を守る率が高くなる。[8]

幸福を設計するため、「光」を使う方法もある。光は人間のサーカディアン・リズムに大きく関与している。サーカディアン・リズムとは24時間周期の睡眠覚醒サイクルのことで、体温変化およびコルチゾール（ストレスに関連する）やメラトニン（睡眠に関連する）などのホルモンレベルの変化がおもな特徴とされている。[9]　電子機器やエネルギー効率のよい電球から発せられるブルーライトは、私たちのサーカディアン・リズムに強力な影響をおよぼすもので、メラトニンの分泌を抑制するため、頭が覚醒する。[10]　これはあたりまえのことのようだが、午前中および日中に光を、とりわけブルーライトを浴びる量を増やすと、覚醒度が最大限高まる。夜は光を浴びる量を減らせば、睡眠のための準備ができる。そのため、電子機器は寝室から追い出し、仕事場ではたくさん光を使用するようにすればいい。ローラ・クドゥルナは、昼間でも薄暗い大学のコンピュータラボでデータの分析をしなければならないときに、携帯用の太陽灯を持ってきている。

もうひとつトリガーとして考えられるのは、自然環境だ。自然は（たとえ窓越しであっても）ポジティブなかたちであなたの注意を引きつけ、放そうとしない。それは自然がかすかではあるがつねに変化していて、適応を許さないからだ。ある調査でこんなことがわかっている。独房から外の景色を見ることのできる囚人は、景色を見られない囚人よりも、身体の不調を訴える率が低い。病室から自然を見ることができる外科の患者は、レンガの壁を見ていた患者よりも、回復が早かった。[11] この結果からとてもシンプルなアドバイスができる――もっと外に出よう。外に出られないなら（いや、たとえ出られたとしても）、植物を買ってくるか、水槽を置くだけでもいい。どちらもストレスを軽減するのに効果がある。[12]

体重を減らすきっかけについては、事例がたくさんある。私たちは皿の大きさに関係なく、めいっぱい食べ物を盛ろうとする習性がある。[13] 皿が大きければ大きいほど、食べる量も増えるわけだ。ならば、体重を減らしたければ、小さい皿を買えばいい。小さな皿を選ぶという意識的な決断が、皿をいっぱいにするという無意識的な行動に影響する。ある実験で、サイズの大きいさまざまな容器を与えられた人たちは、小さな容器で食べた人たちより、約30パーセント多く食べていた。[14] もうひとつサイズ関連の証拠を示そう。スーパーボウル観戦パーティに招待され、試合の前に軽食を提供されたと想像してほしい。軽食を4リットルの容器で提供されたら、2リットルの容器で提供された場合より多く食べると実験結果が示している――平均すると、約140カロリー多い計算になる。[15]

この問題について、考えられる波及効果（これについては第3章で説明した）に注意しないといけない。ある実験で、レストランの客600人に、健康的な食事をしてもらうことを意図した新しいメニューを渡した。表側にヘルシーなサンドイッチを、裏側にあまりヘルシーでない食べ物を載せたメニューだ（ちなみに、この600人の被験者グループは前に紹介した自分のカロリー消費量を低く見積もった人たちと同じである）。すると、新しいメニューを渡されなかった人たちより、ヘルシーなサンドイッチを選んだ人が35パーセントも多かった。ここまではいい。しかし、彼らの多くがヘルシーなサンドイッチのサイドディッシュとして、フルーツではなくフライドポテトを選んだため、ヘルシーな選択によるカロリー抑制効果は完全に帳消しになってしまった。全体で見て、この新しいメニューには、カロリー消費量を抑える効果はまったくなかった。サイドディッシュを自由に選べないようにすれば、こうした波及効果を避けられるだろう。

ここで、モラル・ライセンシングについても思い出してほしい。しっかりエクササイズすると、そもそもエクササイズをしなかった場合よりも、多く食べることを自分に許してしまう。健康に関する行動のなかには、ほかにもエクササイズと同じ波及効果をもつものがある。ある調査で、マルチビタミン剤を飲んだと思っているある学生のグループは、このビタミン剤は実は偽薬《プラシーボ》だと教えられた別のグループにくらべ、オーガニック料理よりもビュッフェスタイルを選ぶ傾向が強かった。[16] たまにはモラル・ライセンシングが起きてもとくに問題はないが、それがまさに幸福の邪魔になっているのなら、その効果を制限するようあなたの環境を設計するべきだろう。例えば、帰り道にファストフードの店がないジムに加入することをおすすめする。

ひょっとすると、あなたはこんな疑問をもっているかもしれない――環境を意識的に設計しても、無意識の行動を変化させられないのではないか。あなたが食べる量を減らすために意図的に小さな器を選んだら、その意図を自分は知っているので、その器でお代わりをして、結局以前と同じ量を食べてしまわないだろうか？　ありがたいことに、そんなふうにはならないことを調査結果が示している。プライミング効果は有効なのだ。医薬品の分野では、プラシーボを飲んだと知っていても、プラシーボが効力を発揮する〝メタプラシーボ〟効果、もしくは〝オープンラベルプラシーボ〟効果を証明する調査結果もある。

例えば、過敏性腸症候群（ＩＢＳ）の患者80人を無作為にふたつのグループに分けて、ある実験が行なわれた。第1のグループは、「砂糖などの薬理作用のない物質でできており、臨床研究では、心身の自然治癒プロセスによりＩＢＳの症状を著しく改善することがわかっているプラシーボ」と説明を受けたうえで薬を飲んだ。第2のグループは、薬も治療もまったく与えられず、ただ医者と話をしただけだった。この医者は、第1のグループにプラシーボを渡した人と同じようにふるまっていた。3週間後、第1のグループは第2のグループにくらべて、IBSの症状が治まっていた。[17]

　このように、全体としてみれば、完全にだましきることができなくても、幸せをつくる環境は設計できることが、最新の調査でも証明されている。

幸せなデフォルト状態を作る

　あなたのブラウザのスタートページがフェイスブックに設定されているなら、ネットワーク作り《ネットワーキング》に費やす時間が増え、実際の仕事《ワーキング》に割ける時間が減るのは避けられないだろう。私たちの多くは、〝流れに乗ってしまう〟のだ。一般に、人間はかなり怠惰なもので、あらかじめ設定された選択肢がどんなものであれ、たいていそれを実行することに甘んじてしまう。「デフォルト」はあらかじめ決められているもので、当人はそれにほとんど気づかない。ならば、流れに乗ることが幸福になることと一致するように、あなたの生活に少し調整を加える必要があるだろう。いま、わずかな注意資源を使って、将来的に注意資源を大幅に節約できるようデフォルトを設定してしまえば、とても効率がよいはずだ。

　朝一番にフェイスブックをチェックするのが習慣になっているなら、数日間だけでも、あなたのデフォルトを例えばニュースのような別のホームページに変えてしまって、あなたの感じ方にどんな影響が出るか調べてみよう。ほんの数分間の活動を別の活動へシフトするだけで、その効果は一日を通してさまざまなかたちであなたの幸福に波及するだろう。

　あなたが出費を減らして、貯金を増やそうと決心したなら、オンライン上の予算管理アプリを利用すればよい。あなたの出費が予算をオーバーしたり、貯金の残高が少なくなったりすると、電話で警告を与えてくれる。貯金や節約を連想させるパスワードを銀行口座に設定する手もある。

〝悲しみ〟、〝苦悩〟、〝失恋〟といったネガティブな感情を連想するよう誘導された人は、それ以外の人にくらべて、チョコレートに高い金を払おうとはしないことがわかっている。それなら買い物中毒の人は、こうした言葉を最も誘惑の多いサイトへのパスワードに設定してもいいだろう。[18] あるいは、Eメールの量を減らしたい人もいるはずだ。そういう人は、パスワードを“dontcheckmeagain”（二度と私にかまわないで）のようなフレーズにしてみてはどうだろう。

　自分が一緒にいて楽しいと思う人たちと行動をともにすることをデフォルトに設定すると、あなたが経験する快楽とやりがいの度合いや、あなたの意思決定の質が高まりやすい。自分の家をあまり手入れしなくなってしまったなら、古くからの友人を招待すれば、新鮮な目で自分の家を見ることができるようになる。友人が遠くに住んでいるなら、毎週決まった時間に話をするようにデフォルトを設定してもよい。それができない場合には、キャンセルするという意思表示をしなくてはいけない。それは、ミグと私が採用した戦略だ――私たちはイギリス時間で木曜の午前9時（イビサの午前10時）にスカイプで話をする。この約束のおかげで、私たちの友情はさらに強くなったし、ふたりとも（とくに彼のほうが）幸せな気分になっている。誰かと一緒にいることをデフォルトにするには、仕事のプロジェクトに関する打ち合わせやエクササイズのプログラムを設定するといった方法もある。

あなたが決めた約束事に対して、できない場合は自分から〝ＮＯ〟を示さなくてはいけないとなると、その活動に時間を割くようになるだけでなく、自分を励ましてくれる人がいれば努力するようにもなる。次のセクションは、この考え方に基づいている。

コミットメントすれば成功しやすくなる

決意を公にする

禁煙をするなら、その決意を友人に話すと、成功しやすくなる。私たちは約束したことを守りたいと思うものだ。リサイクルプログラムに参加しようかと考えているとき、それを書面で約束しなければいけない場合は、広告や電話で勧誘を受けただけの場合よりも、実際に参加する傾向が強くなる。[19] 減量に挑戦することをツイートする人は、減量に関する情報をポッドキャストで聞いているだけの人よりも、成功する可能性が高い。ツイートを始めて6カ月後の結果を見ると、10回のツイートにつき体重の０・５パーセントが減少するようで、それはアメリカの平均的な体重の男性の場合、約１ポンド（約４５０グラム）に相当する。[20]

あなたならどんなことをやる、あるいはやめるという約束《コミットメント》をしたいだろうか？　ここで重要なのは、それを実行すれば実際に幸せになれるようなことを約束することだ――とはいえ、約束が果たせなくても、ひどく辛い思いをしないものがよい。例えば身体的な健康に関することや友人と交流することといった、結果に対してある程度コントロールができる目標を設定するべきだろう。金持ちになる、有名になるといった自分ではあまりコントロールできない目標を設定するよりも、よりポジティブな感情を経験できるはずだ。[21] だからといって、まったく自分にコントロールできない目標が、誤った願望であるという意味にはならない。失敗を受け入れることができれば、たとえ念願がかなわなくても、うまく立ち直ることができる。

　コミットメントのしかたがどんなものであろうと、まずは小さな変化から始めて、けっして自分に過度なプレッシャーをかけてはいけない。壮大なコミットメントよりも、一口サイズのコミットメントのほうが効果が大きい。前回の行動が次回の行動の参考になるよう、未来と過去の行動には一貫性をもたせたい。「私は大学を卒業する」と宣言するよりも、明日の授業に出ると誓ったほうが、目標達成に近づく。シェークスピアに興味があるなら、まずは試しに『マクベス』を読むと誓えばいい。シェークスピアの文体が好きかどうかもわからないうちから、けっしてシェークスピアの全作品を読むなどと誓ってはいけない。最初から「私はマラソンで完走する」などと言うよりも、まずは1週間に数回走りに行くと誓って、そこからだんだん積み重ねていったほうが、マラソンでの完走という目標を達成する確率は高い。私はこの10年のあいだ、1週間に

全体目標	“小さな”目標	“目下”の目標
新しい友人を作る	知らない人たちに出会えるイベントに参加する	親しくなった友人に電話をかける

1ポンドずつ体重を増やすことを6週間続けると何度もコミットすることで、かなりの筋肉をつけた。

一口サイズの目標の設定なら、練習によって簡単にできるようになる。まずは全体的な目標がどんなものかを明確にし、それを扱いやすい大きさに分け、それに向かっていますぐ頑張れることは何かを自分に問いかけてみればいい。いくら強調してもしすぎることはないが、簡単に実行できることであれば、それを実行する可能性は高い。だから、全体的な目標に向かう道のりの一歩一歩はシンプルなものにするべきだ。一例として、私が新しい友人を作る際に用いた方法を表にまとめたので、自分自身でもやってみてほしい。

あなたがいま〝目標へ向かう旅〟のどの地点にいるとしても――あるいは明確なスタート地点とフィニッシュ地点のある目標に取り組んでいるとしても――〝少数の法則〟に従えば目的地に到達できるということを示す証拠がある。要するに、〝20パーセント達成〟という表現はやる気を引き起こしてくれる。〝残り20パーセント〟も同様だ（その逆の〝残り80パーセント〟や〝80パーセント達成〟よりも効果が高い）。各単語の最初に出てくるいくつかの子音に基づいて語句を完成する課題を与えられた韓国人の学生は（英語よりも韓国語でやるほうがずっとむずかしいらしい）、その進捗をこのように提示されると、休憩を取ったあと課題に戻るのがより速かった[22]。少数の法則を使えば、あなたの進捗が目に見えやすくなる。この本は残り30パーセントだ——いい響きでしょう？

経済学者によると、人はインセンティブに反応するものだ。これはMINDSPACEの9つの要素のひとつでもある。あなたもふだんの半額だというだけで、商品を買ったことが何度もあるだろう。たいてい、報酬があれば何かをやる確率は高くなり、罰金や税金を課されるとその確率は低くなる。心理学研究によると、私たちの心の中では損失は利益よりも重大に感じられる——何かを失うことは、それがお金ならとくに、実際に私たちを苦しめる。それを考慮して、コミットメントをどう組み立てればよいかを考えてみよう。ある研究で、禁煙をしたがっている喫煙者に、6カ月間お金を預けておかなければならない預金口座を与えた。その期間が終了すると、被験者に尿検査を実施し、タバコから離れていたかどうかを調べた。喫煙の証拠が出なければ、預けていたお金は戻ってくる。もし喫煙の証拠が出れば、それは寄付される。結果的に、預金口座にお金を預けていた被験者は、それ以外の人たちよりも、禁煙していた率が高かった。驚いたことに、12カ月後に喫煙しているかどうかを確認したところ、彼らの大半がまだタバコをやめたままだったのだ[23]。

また、人間はとても利己的で、折にふれそのことに罪悪感を抱いてしまいがちだ。この罪悪感を克服するひとつの方法が、自分にいくばくかのお金を遣うと前もって約束《プレコミット》してしまうことだ。この「先払い」方式は、クレジットカードの後払い方式よりも幸せをもたらしてくれるとされる[24]。

また、すべて込みのパック旅行が好まれるのは、前もって自分に贅沢を許しておきたがる習性があるからこそである。[25] 自分の収入の一部を〝私が遣うお金〟口座に割り振り、罪の意識をもたずにそれを毎月自分のために遣えるようにしてもいいだろう。人生はバランスがすべてであり、ときには自分のことだけを考えるのもよいことだ。

約束はあきらめも肝心

いつ約束をあきらめるか、それも考えてみないといけない——つまり、約束を破ったほうがいい、もしくは損切りをしたほうがいいタイミングだ。比較的ささいな例をあげてみよう。あなたは映画館で、これ以上面白くなるとも思えない退屈な映画を見ているとしよう。あなたは映画が終わるのを待たずに席を立ち、外へ出て行ってしまうだろうか？ 時間をほかのことに使ったほうが幸せになれると思うなら、そうするべきだろう。映画館ですでに費やした時間とお金は**埋没**《サンク・》**費用**《コスト》だ——すでに投下してしまって取り戻すことはできない。だから、次の行動の選択には無関係だ。とはいえ、あなたは無関係だとはとても思えないだろう。わざわざ映画館まで行き、チケットを買い、途中まではそこに座っていた。これらはすべてサンク・コストではなく、「投資」だという気持ちが強いはず。だから、投資の見返りがほしいのだ——少なくともいずれそうなるという希望に固執する。そう考えると、人々が破綻した夫婦関係やつまらない仕事にいつまでもとどまっている理由が説明できる。

過去は取り返しがつかないと潔く受け入れなければ、長い目で見れば不幸になるだけだ。「いつまでもしがみついていればよかった」と思うより、「さっさと抜け出しておけばよかった」と思う可能性のほうがずっと高いだろう。夜遊びを例にあげると、家に帰ることが頭に浮かんだらすぐに帰ったほうがいい。正直に言うと、私の場合それに気づくまでに何年もかかったのだが、みなさんはいまのうちに気づいておいたほうがいいだろう。

コミットメントは重要だが、それならコミットメントをあきらめる時期を見きわめる能力も同様に重要だ。時間は乏しい資源であり、いつまでも惨めな思いをすることに無駄遣いすべきではない。けれども、とどまるべきか、終わりにするべきかを知る確かな方法はない。だが、いったん終わりにすることを真剣に考え始めたら、おそらくすみやかに検討から実行へと移行したほうがいいだろう。途中で映画館を出ても、私は後悔したことがない。ここでも私たちの適応能力が関係してくる。私たちは、起きたことを正当化し、起こらなかったことを後悔しがちなのだ。

やめようかどうしようかと多くの時間をかけて真剣に考えているなら、そんなコミットメントは捨てよう。受け入れたくはないかもしれないが、ときには降参して、失敗したことを認めたほうがいい。夫婦関係や恋愛関係においてはたいてい、相手に対するネガティブな感情をもっても、相手を信じる気持ちを修復しようとする積極的な努力に転換しようとするようだ。[26] わかりやすく言うと、私たちはパートナーへの誤った思い込みを守り、盤石なものにするためになんとか頑張ろうとする。これは幸福に寄与する場合も多いが、ときにはそうでない場合もある。ときには踏ん切りをつけたほうがよい場合もある。そして、もし別れる決意をしたなら、しばらくは気持ちが沈むことも覚悟したほうがいい。それはとても自然で、まったく健康的なプロセスだ。このことを頭にたたき込んでおけば、別れた反動ですぐさまひどい恋愛をしてしまうこともないだろう。とはいえ、外に出て、人付き合いをするべきなのはたしかだ。多くの人と接していれば、この変化にうまく適応でき、寂しいからというだけで元のパートナーのところへ戻ったりしなくなる。

そのままの状態でいようと決心したなら、ただ同じ状態にとどまることを決断したと捉えず、それを新しいコミットメントだと考えよう。ありのままの相手を受け入れようという前向きな約束をするのだ。もう過去の話だが、私は新しい仕事のオファーを断ったことで、少なくともしばらくはそれまでの仕事にのめり込もうという気になった。

この手の決断は、ときに複雑な快楽とやりがいの関係のせいでむずかしくなっているという面もある。快楽を求めれば、新たな恋愛に挑戦しようとするかもしれないが、やりがいを持続させようとすると、もとの関係に引き戻される。快楽とやりがいのバランスは、夫婦関係においても人生においても押したり引いたりを繰り返す。そのため大事なのは、可能なかぎり、現在の文脈での経験と一般的な経験を分けて考えることだろう。けれども、快楽とやりがいからコミットメントのあり方を選択することはできる。あなたが快楽型ならやりがいのほうに多くコミットし（年老いた隣人の芝生を刈ると公約するとか）、あなたがやりがい型なら快楽のほうに多くコミットすればいい（友人と夜の街に繰り出すと明言するとか）。

規範に合わせて幸せになる

いま、情報やテクノロジー、ソーシャルメディアが氾濫しているということは、私たちは数多くの他人の経験から学べるということだ。旅行やホテル、レストランの予約をする際、クチコミを考慮に入れるだろう。私たちは他人の判断を少なくともある程度は信頼する。それは、自分が知らない経験についての情報を彼らがもっているからだ。多くの人々が同じ経験をしている場合、平均的な反応を参考にできる。自分はほかの人とは違うと思っているなら、さまざまな反応のなかから自分に役立つものを拾うこともできる。実際に、「群衆の知恵」は非常に多くの洞察を与えてくれることがわかっている。[27] 社会規範は、無意識的注意を通してあなたの行動と、人々を自動的に分類しようとするあなたの習性に影響をおよぼしている。[28]

幸せは伝染する

周囲の人々は想像以上に、あなたに影響を与えている。私たちはみな社会的動物だ。あなたは自分に似た人たちのようになりたいと思い、自分に似た人たちがやっていることをしようとする。あなたは無意識のレベルで、人々に合わせたいと思っている（たとえ意識レベルでは、自分は人と違うことをしたいと思っていたとしても）。私たちの脳は自動的かつ無意識的に、周囲の人々の感情を真似、吸収するようにできているのだ。スクリーンに次々と浮かぶ、うれしそうな顔や怒った顔の写真を見せられると、たとえ顔がほんの一瞬しか映らなくて、意識レベルではそれを見たことすら気づいていないとしても、同じように笑顔やしかめっ面を作るよう顔の筋肉を動かしてしまう。[29] さらに、自分の気分や周囲の人の気分をどう認知したかを日記に綴っていたら、あなたの気分と周囲の人の気分が非常に似てくるはずだ。[30]

だとすれば、あなたの自宅から1マイル（約1・6キロメートル）の範囲に住む友人が幸せになると、あなたも幸せを感じる率が25パーセント上昇するというのも驚くことではない。[31] これは、共通経験によるとも考えられる。誰かが何かを失うと、友人たちみんなが悲しみを感じる。これは必ずしも説明のつくものではない。しかし研究によると、クリケットの選手は、チームの成績にまったく関係なく、チームメイトの感情に影響されることがわかっている。このことは、共通経験がなくても、感情が伝染することはありうると示唆している。[32]

とくに相手のことが好きだと、その人の感情に影響を受けやすい。[33] 幸福の伝染効果は家族のあいだで最も強く表れる。55人のティーンエイジャーとその母親および父親を対象に、1週間無作為な時間に彼らの感情を尋ねたところ、家族間では同じ感情を経験している度合いが非常に高かった。また、同じような気分になるのは感情が伝播するからであり、とりわけ娘から親への伝播が顕著だということがわかった。これはいったいどうしてか？　たしかなことはわからないが、男の子よりも女の子のほうが親に心の内を明かすからではないかと推測される。[34] ともかく、幸福が伝染しやすいもので、個人的な現象ではなく社会的な現象であることははっきりしている。

周囲の人々はあなたの行動や幸福にとても深く関係しているため、新しい仕事や住む場所を考える際には、家族や友人が近くにいるかどうかを考慮に入れるとよい。つまり、住む場所を選択する際に、最初に問いかけるべき基本的な質問は、「私の幸福に最も貢献してくれる人たちはどこに住んでいるか？」ということになる。年月を経ると、生まれた町を離れる人も多くなり、みな遠い場所まで通勤するようになるため、友人たちとの距離は大きくなる一方である。そのため、大事な人たちと一緒に過ごす時間がどんどん少なくなっていく。[35]次に示す図を参考にして、あなた自身の〝仲間の地図〟を作ってみよう。この地図を見れば、誰があなたにとって重要な存在か、その人たちとの距離はどれくらいかというのが簡単に把握できるだろう。あなたが最も頻繁に会っているのは誰か、それは一緒にいて最も楽しい人なのかという点に注意を向ければ、あなたの友人ポートフォリオを評価し直すことができる。あなたはいまたくさんの惨めなやつらに囲まれていることに気づくかもしれない。いまはインターネット上で自分の友人地図を作れるアプリもある。

ソーシャルメディアのおかげで、〝友だち〟という言葉はまったく新しい意味を帯びるようになった。あなたのフェイスブック上の〝友だち〟は、現実世界の友だちと同じようにあなたの行動や感情に影響を与える。そのため、こうした〝友だち〟の現状調査もやってみる価値がある。時々、あなたのソーシャルネットワークの軌道修正と再起動のために少し〝フェイスブックの仕

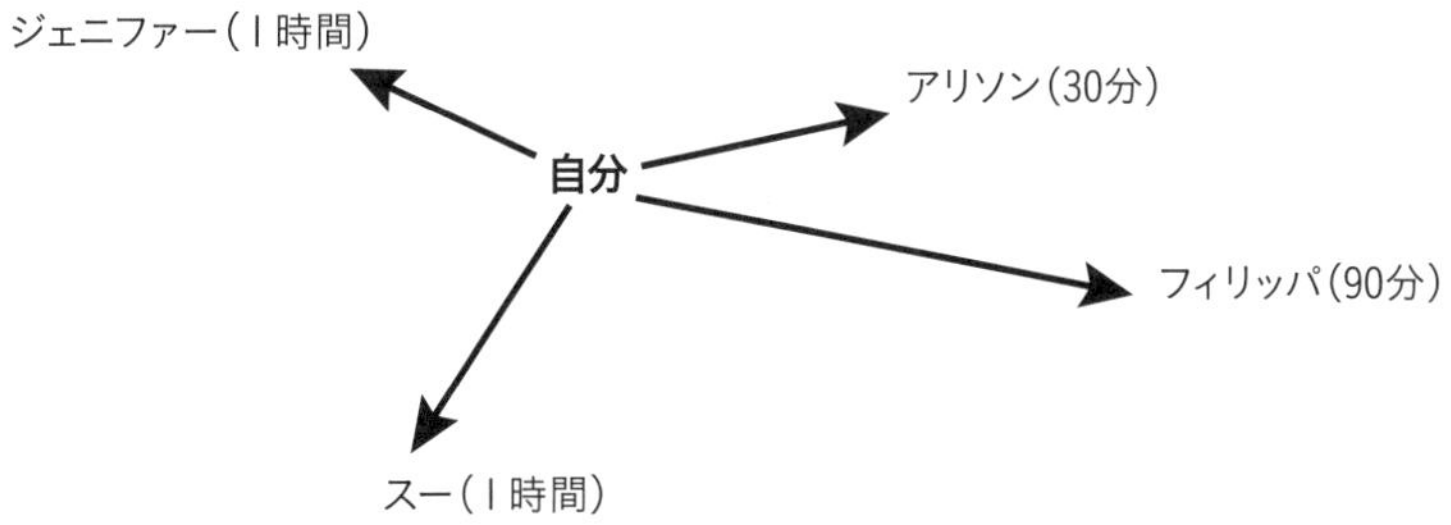

分け〟をやってみると、本当に大事にしている人たちを優先させるうえで効果がある。おそらくあなたは自分の資産ポートフォリオを時々見直すだろう。あなたの友人についても似たようなことをやってみるべきだ。

　私のウエイトトレーニングが、ベテランのボディビルダーと一緒にやっているおかげで、とても楽しくてやりがいのあるものになったのは間違いない。彼とは親しい友人にもなれた。ディクシーは54歳で、ボディビルディングに関しては30年のキャリアがある。そのあいだに、彼は多くの国内および国際大会で何度もトップ3に入っている。トレーニングに関しては、彼が多くのインスピレーションを与えてくれた。ジム通いに幸せを感じているのであれば（もちろん、そうでない場合もあるだろう）、ジム仲間を見つけるとよい。そうすれば、おたがいを励まし合えるし、刺激し合える。

　おおむね、あなたの生活に快楽が不足しているなら、快楽型の人と一緒にいる時間を増やせばいいし、やりがいが不足しているのであれば、やりがい型の人と一緒にいる時間を増やせばいい。人生で最も重要な人たちのことも考えておこう。第1章に出てきた振り子を使って考えてみるといい。あなたの近くに住んでいる人、あるいは一緒にいる時間が長い人は、「快楽型」だろうか、「やりがい型」だろうか、それとも「バランス型」だろうか？　最近、私はジム通いも含めてやりがいのあることをたくさんやっているので、快楽型人間のミグと年に数回会う機会を最大限に活用している。私は一緒に働く人間については、おおかたの人より選択肢が多い。ただ、多くの人は選択の余地があると、おそらく目標達成という誤った願望により、自分のキャリアを押し進めてくれる人たちと一緒に働こうとしがちだ。私は一緒にいて楽しい人たちと働けるよう努めている。

収入と幸せの関係

人は自分と似ていると思う人のようになりたがる——だけど、彼らの成功によってマイナスの影響も受けかねない。調査結果から、地元の地域に住んでいる人たちの収入が上がると、生活満足度と快楽度が下がることがわかっている。[36]　周囲の人たちの収入が上がってもあなたに迷惑はからないはずだ——なのに、自分より高いと知るとマイナスの影響を受けてしまう。ある研究で、カリフォルニア大学で働く人たちに同僚の給料が載ったウェブサイトのリンク（〝知る権利に関する法律〟のおかげで作成できた）を提供したところ、彼らの気分をおおいに害した。ここに載っている給料の中央値よりも低い給料の人たちは、そのリンクを見たことで自分の仕事への満足度が下がった。[37]　とくにイギリスでは、お金の話を避けたがる傾向があるが、それにはまっとうな理由があるのかもしれない。

けれども、同じ現象がどこでも見られるわけではない。移行経済においては、自分とよく似た他人の収入の高さはむしろ生活満足度を上げている。それは自分も同じように成功するチャンスがあると示すサインだからだ。[38] よく似た結論を導き出したまったく別の研究がある。アフリカ系アメリカ人の被験者が偽のＩＱテストを受け、その後、被験者は隣の席の人よりもテストの結果がよかったか悪かったかを教えられる。隣席の白人よりもテストの結果が悪かったと教えられた人は自己評価が低かったが、自分より結果がよかった人が黒人の場合は、自己評価が高かった。[39]

こうした社会的な比較には、どこかに頃合いのバランスがあるのかもしれない。見下す相手と、見上げる相手の頃合いなバランスが。私は、どうすれば幸せになれるか、もっとセックスができるか、体重を減らせるかといった質問を受けた際に、こう答えている。幸せな人と友人になり、不幸な友人とは縁を切りなさい。たくさんセックスをしている人と友人になり、あまりセックスをしていない友人とは縁を切りなさい。痩せた人と友人になり、太りすぎの友人とは縁を切りなさい。

半分はジョークで言っているのだが、これについてはじっくり考えてみる価値があるだろう。こんな友人を想像してみてほしい。あなたが日照り続きだというのに、自分の精力的なセックスライフをひたすら自慢する友人。あなたはもっとセックスができれば幸せになれるかもしれないが、友人があなたよりお盛んであれば（少なくとも、そう言っているとしたら）、あなたはあまり幸せにはなれないだろう。[40] 同じ論理がこんなケースにもあてはまる。あなたがテイクアウトを多めに注文した直後に、友人がダイエットをやり抜くなんて簡単だと自慢したら、どうだろう。あなたが友人のようになることで、あなたは〝勝つ〟かもしれないし、自分より友人がうまくやっていることでネガティブな影響を受け、〝負け〟を喫するかもしれない。他人によって引き上げられたいなら、人の成功をねたんで引きずり下ろされるようではいけない。あなたの無意識的注意が、自分自身への妥当な期待に割り振られるような社会規範を選ばないといけない。つまり、とてもかなわない相手と自分を比較して、嫌な気分になったりしないように、注意を配分することが大切なのだ。

期待も大切だ。だから自分がなりたいと思う人――そして、なれる人――に多くの時間を集中させればいい。まず第一に、幸せと不幸せは伝染するもので、あなたは幸せをつかみ、不幸を避けるためにできるだけのことをやるべきだということを覚えておこう。そのためには、正しい相手を選ぶことが重要なカギとなる。ソーシャルメディアは、仲間集団《ピアグループ》を柔軟に選択できるようにしてくれる。真似したいと思うフェイスブック上の友人を優先することから始めよう。だけど、現実的になることを忘れないで――彼らがみなマラソン選手やボディビルディングのチャンピオンだったら、比較相手としてふさわしくないし、あなたはほとんど幸せにはなれない。

ちょっとした努力とほんの少しの試行錯誤で、あなたの注意を自分が幸せになれるかたちで再配分できるように、比較する相手を調整することができるはずだ。幸福の原因についてあなたが想定していることの多くは、周囲の人々の想定に影響される。これに気づいてしまえば、あなたの社会規範を再構成することは可能である。

習慣を設計する

思い出してほしい。あなたの脳はつねに注意エネルギーを節約しようとしている――そして、自分の直観に従おうとする。その結果、あなたの行動の大半は習慣的なものになる。あなたもよくわかっているように、習慣は簡単に作れるが、壊すのはきわめて大変だ。〝習慣ループ〟は次の3つのステップで形成される。（1）きっかけ（Cue）――脳を自動モードに切り換えるトリガー。（2）ルーチン（Routine）――身体的行為あるいは精神的行為そのもの。（3）報酬（Reward）――ループが記憶する価値のあるものかどうかを決定するもの。[41] いったん習慣ループが確立すると、動機や意識的意図の変化と矛盾しても阻止するのはむずかしくなる。[42]

習慣を変える一番よい方法は、きっかけと報酬は放っておいて、ルーチンを変えることだ。禁煙したがっている喫煙者の場合、仕事でときにはストレスを感じることもあるだろう。これがきっかけだ。そして、ストレスが発散される。これが報酬だ。あなたのルーチンは、タバコでストレスを発散させることかもしれない。この場合、ストレスあるいはストレスを発散したいという欲求を取り除くより、ライターで火を点ける以外のルーチンを探すほうが簡単だ。繰り返しになるが、「よいことを簡単にできるようにし、悪いことをむずかしくする」というシンプルな原則を作ればよい。まずは、タバコを職場に持ち込まない。同僚に、自分にタバコを分け与えたりしないよう約束してもらう。そして、タバコを吸いたいという衝動に捕らわれたら、やかんに手を伸ばす。最初のうちは1杯の紅茶がニコチンの代用品にはならないかもしれないが、数週間もすればそれが立派な代用品になる。

あらゆる種類の依存症は、最も壊すのがむずかしい習慣だ。けれども、いかなる身体的・心理的な依存状態よりも重要なのは環境だ。依存症を助長する外的きっかけはたくさんある。コカインの使用者がコカインの常用者になるよりも、喫煙者がタバコの常用者になる可能性のほうがずっと高いのも、これで説明がつく。[43] だからといって、ニコチンがコカインよりも身体的な中毒性が強いという意味ではない。ドラッグの使用は本人とその文脈の問題であり、ドラッグの物理的性質だけが問題ではない。私たちの行動の大半はそれをするチャンスがあるかどうかに左右されることを思い出してほしい。タバコをやめるというコミットメントをするのは非常に効果的だということはすでに説明したが、さらにできるだけ誘惑を排除する必要がある。タバコを吸わない人と仲よくするのもひとつの方法だ。[44]

ほかの習慣はニコチン依存症にくらべれば、いくらかゆるい。ジムに通うのをやめるのがどれだけ簡単なことか。あなたがクラスに出ていなければ電話してくるようなジム仲間でもいないかぎり、トレーニングをするきっかけを設定するのはあなた自身だ。一番大変なのはジムのドアをくぐることかもしれないが、それはまだ道半ばにすぎない。そして、ふたたび通うのをやめるのも非常に簡単だ。これは、習慣がいとも簡単に断たれるよい例だ。こうした〝ゆるい習慣〟には、つねに追加のナッジが必要だ。まずは通勤の途中にあるジムを見つけられればいいが、それだけでなく毎日同じ時間に通うルーチンに入らないといけない。2カ月ほど（習慣が確立するにはそれぐらいかかる）通うことができれば、文脈が変わらないかぎり、続けていくことができるだろう。[45]

環境の大きな変化、例えば引っ越しや転職は深く染みついた習慣を変化させるには最高のタイミングだ。まっさらの状態から環境を設計できるのだから。[46] あなたの習慣に対する日常的なきっかけの大半は消え去ってしまう。1971年にベトナム戦争が終わってアメリカに戻ってきたヘロイン使用者の兵士は、民間のヘロイン使用者にくらべ、1年後にはヘロインをやめているケースが多かったという。兵士の文脈が変化したことで、ヘロインの使用パターンが変わったのだ。[47]

ある大学から別の大学に移った学生の新聞購読、テレビ鑑賞、エクササイズ習慣を調べたある調査で、引っ越しのあと、こうした習慣が起こっている環境が変化した場合、習慣もうまく変えられたことがわかった。新聞を毎日読むようになりたいと思った学生は、新聞を読むことが孤独な作業から社会活動に変化したとき、毎日読むようになった。彼らの習慣が変化したのは、習慣の文脈的きっかけが変化したときだ。[48] よって、大きな変化の前には、どんな行動があなたを幸福にするか、どうすればその行動が簡単になる文脈を作れるかを検討するといいだろう。

あなたの古い荷物をすべて新しい家に運び込むときのことを想像してみてほしい。テレビはあまり観たくない？　では、テレビはキッチンではなく客間に置く。インターネットに邪魔されずに家で仕事をしたい？　だったら、無線ＬＡＮの届かないところに仕事部屋を設けよう。あるいは、新しい仕事に就く場合はどうだろう。いままでより歩く時間を増やしたい？　だったら、デスクから少し離れた駐車スペースを申し込もう。マクドナルドに行く回数を減らしたい？　ならば、地元のレストランのクーポンをもらっておこう。設計した新しい環境でいったん何かをやり始めよう。そうすれば、後押ししてくれる新鮮な文脈的きっかけがあるから続けていきやすい。

設計で幸せになろう

幸福を見つけるカギは、人間の習性に基づいて行動すれば幸せになれるよう環境を設計することだ。そのためのおもな要素を表にまとめてみた。それを参考にして、これから変化させたい行動に取り組んでみよう。その気になったらいますぐ試してみてもいいし、あるいはあとに取っておいてもいい。ここでは、本をもっと読むようにするための例をあげておいた。これは２０１３年に多くの人が新年の誓いとしてあげた目標だ。やりがいを感じられることをやるというのは、人の願望のなかでもきわめて高い願望だ。このように最初にちょっと手間をかけるだけで、設計によって幸せになることができるのだ。

設計要素	行動の変化 （例えば、読書量を増やす）	行動変化（例えば……）
プライミング	家の各部屋に本を置く	
デフォルト	書評サイトをインターネットのホームページに設定する	
コミットメント	友人とブックフェアに行く約束をする	
規範	書評を書いているフェイスブックのグループに参加する	

私たちはみな環境の生き物だ。それゆえ自分が経験したい文脈のなかで、ほかの人々がどんな行動を取っているかに細心の注意を払わないといけない。博物学者が自然環境のなかで動物を観察するように、あなたにとって自然な環境のなかで、時間をかけて自分自身やほかの人間を観察してみるといい——ただひたすら観察するのだ。

第7章　幸福を実行する

あなたを幸せにするものとしないものについてのフィードバックを受け取り、それに応じてあなたをめぐる環境を設計したなら、あなたを幸せにするものに注意を向ける必要がある。いま自分がやっていること、そしてそれを一緒にやっている相手に注意を向け、その経験から注意を逸らさないよう最善の努力を払うことが大切だ。

自分を幸せにするものに注意を向ける

概して言えば、いまあなたがやっていることに集中するのが大切で、どこか、あるいは何かに精神的な逃げ道を求めたりするべきではない。あなたがその経験の流れに乗っているときは、完全に熱中し、時間を忘れ、究極的には疲れやのどの渇き、空腹以外のすべてのことを忘れてしまうだろう。[1] 面白い映画に夢中になっているときのことを考えてみればいい。時間がとても速く過ぎてしまう。意図的に没頭している場合、そのときやっていることのみに注意が向けられて、どのくらいの時間やっていたかには注意が向かないものだ。私はすぐに気が散ってしまうほうだが、それでもジムに通うのをこんなに楽しんでいる理由のひとつは、私が熱中できる数少ない活動のひとつだからだろう。

物より経験を買う

自分の経験に注意を向けることでより幸せになれるなら、よい経験にお金を遣うべきだというのもうなずける。実際に多くの人たちが、例えばヘリコプターでの遊覧といった経験にお金を遣うほうが、薄型テレビといった物を所有するためにお金を遣うよりも幸せになれると言う。[2] 一般に、私たちは経験によってもたらされた幸せにはそれほど速く適応しないもので、これはその影響が長く続くことを意味している。新たに物を所有したことによる幸せはあっという間に消えてしまうばかりか、ほかにどんな物が買えただろうかと考えるうちに、別の選択肢の印象が長期にわたって自分のなかで顕著になってしまう。

私たちは、家族で夕食に出かけることで誰かを不幸にすることはないが、新車を買ったことで人を不幸にすることはあるようだ。[3] ある一連の実験で、被験者が何らかの経験（例えば、バケーション）と物（電子機器など）のどちらかを選んでいいと言われると、物の場合は世間の流行に後れを取りたくないといった気持ちが強く出るが、経験の場合はこうした社会的比較があまり見られない。[4] 経験に多くお金を遣い、物にはあまり遣わないようにすれば、自身の決断や比較相手を見直すことができ、世間の流行など気にならなくなる。そしてその結果、幸せになっていることに気づくはずだ。

物品の購入（物質購入）にくらべ、経験の購入（経験購入）について話をするだけでも、私たちは幸せになれる。知らない者同士を集めた大学生グループのなかで2人組を作り、それぞれのペアに無作為に経験購入（人生経験の目的でお金を遣う）か物質購入（物を所有する目的でお金を遣う）のどちらかについて話し合ってもらったところ、物質購入について話していた人たちよりも、経験購入について話していた人たちのほうが会話を楽しんでいた。よって、会話を楽しみたければ、すでに購入したものや、これから買おうと計画している物について話すよりも、すでに経験したことや、これからやろうと計画していることを話題にしたほうがいい。しかも、会話をしている相手は、経験購入について話した場合のほうが、あなたに好感をもってくれる。経験購入について話し合った被験者のペアは、物質購入について話し合ったペアよりも、会話の相手に好ましい印象をもったと回答している。[5]

そうは言っても、物質購入や経験購入の結果がよくなかった場合には、そこから得た幸福度はそれぞれ同じくらい低いという結果が出ている。[6] 決め手はどんな期待を抱いているかだ。家を持ちたいと思っていたのに持てなかったら、惨めな思いをすることになるだろう。それはちょうど、大人になったら大金を稼ぎたいと思っていた学生が、期待したほど稼げなかったら、生活に不満を感じてしまうのと同じだ。

また、経験購入と物質購入は必ずしも明確に区別できるものではない。10年ほど前、私はTVRキミーラ〔訳注　イギリスTVR社のクーペ〕を所有していた。うっとりするほどカッコイイ車だ。私は何よりエンジン音が好きでそれを購入した。エンジンをかけるたびに、私は少々にんまりしていた。この感覚は長いあいだ薄れることはなかった。走りもすばらしかった（あえて難を言うなら、やや扱いづらくて結局ぶつけてしまったのだが、それはまた別の話だ）。車は物質購入とみなされることも多いが、私のTVRは純粋な経験だった。私にはTVRに乗っていた経験という素敵な思い出がある（いまはもう、壊れてしまっているとしても）。たいていのことがそうであるように、大事なのはバランスだ。ただ、物品よりも経験の購入を多めにするほうがいいのはたしかだ。

注意の配分次第で通勤も快適に

限界収穫逓減の法則（ビールもピザも幸福も）のおかげで、快楽の最後の部分はやりがいの最初の部分よりもあなたの幸福全般に与える影響が小さい。快楽とやりがいが逆でも同じことだ。つまり、比較的快楽が得られる活動において幸福感が薄らぎ始めたら、比較的やりがいが得られるほかの活動をすればいいということだ。そして、その活動から得られる幸福感が薄らぎだしたら、それが比較的快楽が得られる活動にすばやく乗り移るタイミングなのだ。そうすれば、あなたの注意資源が一気になくなることはない。あなたが疲れたと感じたり、気が散ったりし始めたら、タスクを変えることで適応を回避できるため、普通ならやがて面白くもなんともないものに変わってしまうものがそうならないからだ。ただし、それぞれの活動に関わっているあいだは、それに集中することを忘れてはならない。よって、これはマルチタスキングとは異なる。マルチタスキングについてはあとで解説するが、幸福にとってはまったく有益ではない。

ある活動に対して、限界収穫逓減の法則を回避するために、その活動のいくつか異なる側面に注意を移してみるのもよい。通勤の例で言うと、歩いたり、自転車に乗ったりする距離を少し延ばしてみよう。そうすれば職場までの行き帰りがとても楽しくなると調査結果が示している。[7] 通勤距離が長ければこれは不可能かもしれないが、通勤の手段を変えることで、あなたが幸せになれる刺激に注意を向けられる。電車や車の中で聴く音楽や番組、時間をつぶす方法、話しかける相手に注意を向けてみる。私はブライトンの自宅からロンドンの職場まで電車で1時間かかるので、そのあいだ仕事をすることにしている。おかげで、苦痛でしかないはずの通勤が、やりがいのあるものになっている。もし子どもを学校まで車で送っていくなら、その時間にかけ算の問題を出したりしてもいいだろう（本書の調査を手伝ってくれたリズ・プランクが、子どものころ父親と一緒にやっていたと教えてくれた）。

注目すべきは、本来なら苦痛ばかりを感じるようなこうした事例で、やりがいが顕著になったということだ。行列や空港の待ち時間のように非常に退屈な活動の場合は、音楽を聴いて快楽に注意を向けたり、本を読んでやりがいに注意を向けたりしよう。あるいは雑談をしたい気分なら、見知らぬ人と会話を始めてもいいだろう。こうしたことをすでにやっているなら、それをもっと頻繁にやれるよう、思い出すきっかけにしてもらえればいい。いま自分がやっていることを変えられないなら、その経験のなかで注意を向ける対象を変えればいい。

　選択をする際には休憩を入れると効果があると、これまでに説明した。同じように、何かをやっている最中に休憩を入れると、その活動に戻ったときの幸福度が高まる。コマーシャルの入るテレビ番組と入らないテレビ番組のどちらかを観てほしいと頼まれたとしよう。あなたはきっと煩わしい宣伝の入らない番組のほうを選ぶだろう。私もそうだ。だがある実験で、無作為に選ばれた人たちにどちらかの番組を観てもらったところ、コマーシャルのある番組を観た人たちのほうがその番組を楽しんでいたのだ——しかも、私たちと同様に、この結果を想像もしていなかった。[8]これはただ邪魔が入るのとは違う。それはテレビ番組のほとんどが、コマーシャル〝中断〟を考慮して構成されているからだ。番組は、コマーシャルの数分間、次が気になってしまうようなフックが入れてある。番組に戻れば結果を知ることができ、そのおかげで幸せを感じられるのだ。

　どんな休憩を取るかが、効率にも影響する。このよい例として、ひとつの調査を紹介しよう。カリフォルニア大学サンタバーバラ校の学生１４５人に、〝珍しい利用法〟を生み出すタスクをやってもらった。具体的には、レンガのようなどこにでもある物の創造的《クリエイティブ》な利用方法をできるだけ多く考え出してもらう。それから休憩を取ってもらうのだが、そのあいだに被験者の一部にはまったく努力のいらないタスク（カラーの数字を画面上に映し、それが奇数か偶数か答えてもらう）をやってもらった。もとのタスクに戻ったとき、この一部の被験者は2回目のタスクで最高の成果を出した。これは彼らの脳が余裕がありすぎる状態でもなければ、いっぱいいっぱいの状態でもなかったからだ。[9]そこから私とロバート・メトカーフが導いたのは、クリエイティビティは大きな幸せに結びついているので、そのため注意資源にあまり負担のかからないタスクを与えると、生み出すアイデアの質だけでなく、幸福度も上がるということだ。[10]

少し冒険がしてみたい気分なら、いくつか新しい経験に挑戦してみよう。まずは小さなことから始めて、ようすを見てみよう。毎朝聴いているラジオ局を変えて、違う音楽を聴いてみるとか。自分は見たことがないが、世間で絶賛されているコメディアンのショーのチケットを買ってみるとか。こうしたことがあなたの注意を幸福の高まる方向に向けてくれる——でも、もしそうならなければ、同じことは二度とやらないで、別のことに挑戦しよう。新しい経験に挑戦すれば、いままで知らなかった人たちとも出会える。それによってもっとクリエイティブになれると示す調査もあり、これは先ほど説明したように、幸福にとっても効果的だ。起業家なら家族や友人以外にも幅広いネットワークをもっていれば、多くのイノベーションを発表し、多くの特許を申請するという。[11]

少なくとも、こうした新しい経験によって、時間の流れがゆっくりと感じられるようになる。子どものころは時間がゆっくりと流れているように感じられるが、その理由のひとつは子どもたちがつねに新しい経験をしているからだとされる。[12] 実際に、10歳の子どもは1分を2分以上に感じている。[13] まるで、私たちの脳がいま起きている出来事の数に基づいて時間を推定しているかのようだ。そのため、出来事が増えれば増えるほど、より長い時間が過ぎたように感じられる。6枚のスライドを1枚につき30秒間見る場合と、30枚のスライドを1枚につき6秒間見る場合では、トータルの時間はまったく同じなのに、30枚のスライドを見たときのほうが時間が長く感じるという。[14] そう考えると、あとから振り返ったとき、次から次へとミーティングがあった日は一日が速く過ぎたように思い出され、デスクでずっと仕事していた日は一日がゆっくり過ぎたように思い出されるのも納得がいくだろう。

〝新しい経験に進んで挑戦するタイプ〟の人は、自分の生活に対する満足度が高く、ポジティブな感情を多く経験している。[15] 自分はそういうタイプじゃないんだけど、と言う人もいるかもしれない。そういう人はたしかに何か新しいことへの挑戦を後押しする〝ナッジ〟が人より多く必要になるだろう。では挑戦したことで起こり得る最悪の事態とは何なのか？　気に入らなければ、二度とやらなければいいだけのことだ。私はマーマイト〔訳注　ビール酵母の沈殿物を原料に作られたペーストで、トーストなどに塗って食べる〕を一度試してみたことがあるが、どうにも口に合わなかった。だが少なくともそれがひどい味だと知ることができた。例によって、注意は重要な意味をもつ。結果がよかった場合には、新しい経験の快楽とやりがいに注意を向ければいいし、結果がよくなかった場合には、新しい経験から得た教訓に注意を向ければいい。

音楽とユーモアの効能

　私たちが幸せになるために注意を向けるべき刺激のなかには、明白なことなのにときに忘れられてしまっているものがある。その最も重要なもののひとつが音楽を聴くことだ。これは何千年も前から世界中で、結婚式や葬式、音楽祭、フラッシュモブなどの際に人々の気持ちをひとつにしてきた原始的な刺激である。哲学者ニーチェが指摘したように、私たちは音楽を身体全体で聴いており、ダンス、タップ、あるいは曲に合わせてただ身体を揺らすといったように、音楽に反応して自然に筋肉を動かしている。音楽は心を開かせる強力な手段で、ポジティブな感情や記憶に関連する脳の領域に、幸福製造プロセスにおける他のどんなインプットよりも強い刺激を与える。[16]

　音楽療法は心臓病や脳卒中、心的外傷後ストレス障害（ＰＴＳＤ）、あるいは気分障害や行動障害をもつ子どもの治療に利用されている。[17]言葉に反応できないアルツハイマー病の患者が音楽には反応するケースもあるし、トゥレット症候群の患者のチックを防ぐ効果もある。[18]イギリス軍は現在、退役軍人のトラウマ治療における効果的な治療的介入《インターベンション》として、音楽を採用している。音楽を聴くことが、認知的不協和を解消することさえある。ふたつのおもちゃのうち、一方のおもちゃで遊ぶよう強いられた子どもは、音楽を聴いていると、音楽がかかっていないときにくらべて、もう一方のおもちゃを低く評価しない。少しばかり音楽療法を採り入れるだけでも多少は幸福感が増すし、何より買い物療法《リテール・セラピー》よりも安上がりだ。

私は音楽を楽しめる環境を作ってくれたことを両親にずっと感謝してきたし、自分の子どもたちが私と同じくらい音楽に心をかき立てられるよう育ってほしいと思っている。音楽はまさに私の初恋と言ってもいい。小学生のころにポップスやディスコ音楽にのめり込み、中学の時にはソウルミュージックに惹かれ、大学時代や20代前半のころはインディーズ音楽に興味をもち、20代後半から30代にはダンス・ミュージックにはまり、ここ10年ほどはこれらの音楽すべてを愛している。かなりの金額をレコードやCD、ライブなどに注ぎ込んだが、すべて有意義な使い途だった。一番のお気に入りはつねにザ・ジャム〔訳注　イギリスのロックバンド〕で、最近ではそれに次ぐのがフェイスレス〔訳注　イギリスのエレクトロバンド〕だ。だけど、最新のトレンドもしっかり追いかけていて、耳が聞こえるかぎりずっと続けていくつもりだ。もちろん、娘と息子に私の完璧な音楽テイストを吹き込むことにも全力を尽くそうと思う。

そこでこの本をいったん置いたら、好みの曲をさがし、その曲を流して注意をそこに向けてみよう。曲がかかっているあいだや聴いたあとに、どんな気分がしたかをチェックしてみるといい。曲をかけるのを忘れてしまいそうなら、環境の設計について説明した第6章に戻ってみよう。携帯電話にミュージックアプリをダウンロードしてもいいし、防水設計のラジオをバスルームに持ち込んでもいい。デフォルトの活用はどうだろう？　ラジオ付き目覚まし時計を利用してもいいし、カーステレオをつけっぱなしにしたまま車のエンジンを切れば、次に車に乗ったときにすぐに曲が聴けるようにしてもいい。コミットメントはどうだろう？　日記に「ミュージックタイム」と記しておいてもいいし、コンサートやギターのレッスン用に〝音楽用のお金〟を確保しておくのもいい。最後に社会規範についてはどうだろう？　音楽好きな人と一緒にいることを優先するのもいいし、音楽共有アプリで音楽好きな人とつながってもいい。

ユーモアの効果も軽んじてはいけない。コメディを20分見ただけで、ルームランナーに20分乗っていたのと同じだけストレスレベルが下がる。[19] 笑いどころ満載の面白いビデオを1時間見れば、血流に感染と戦う抗体が増えている状態が12時間続き、感染細胞や腫瘍細胞を選択的に標的にする〝ナチュラルキラー細胞〟を活性化することもできる。[20] 笑いは筋肉の緊張を緩める効果もある。電気ショックを受ける前に笑えるテープを聴いておくと、事前の不安が緩和されるという報告もある。[21] 注射や就職面接の前には、少しの時間笑えるような準備をしておくのもいいかもしれない。

ユーモアは高齢者の孤独感や痛みの緩和にも利用され、効果を示している。[22] また、人生の試練や苦難に立ち向かう際の助けとなり得ることは、病院で働く人々や消防士、救急隊員などが、非常にストレスのかかる状況に対応するために冗談を言い合うことからも明らかだ。[23] ユーモアは差別対策を促進する働きもある。シュア・スタートプログラム〔訳注　恵まれない地域に住む就学前の子どもとその親を対象としたイギリスの早期介入施策〕で働く人たちにユーモアのセンスがあると、対象となる父親の参加率が上がる。[24]

これまで見てきたように、笑いが人を幸せにするのは明らかである。だが、このシンプルな事実を誰もが覚えているかというと、そうでもない。ここでふたたび、環境設計の原則をいくつか応用してみよう。私は職場の友人たちに面白い不在通知メールを設定することを呼びかけ、笑うチャンスを作っている。デフォルト作戦を採るなら、お気に入りのコメディ番組を録画して、憂鬱な日のためにためておくといい。そして、友人たちとそのビデオを見ることをコミットする。ユーモアのセンスが似た人たちと一緒にいるだけでも、笑いは起きるものだ。

人はそれぞれ違ったものにおかしさを見いだすものの、ユーモアは、音楽と同様に、ほとんどどんな人でも快楽が得られるものだ。[25] 同じようにほとんどどんな人でもやりがいを感じられるものは思い浮かばない。ただ、自分がやっていることに興味がないなら意味がない――そして、プロセスそのものに興味をもつべきだ。最終的な目標達成にばかり関心をもっていてはいけない。

マインドフルネスは有効か？

みなさんのなかには、**マインドフルネス**について話してほしいと思っていた人もいるだろう。マインドフルネスを身につけるとは、つねに意識しているという感覚といまこの瞬間を大切にする能力を養うことである。これは、従来からの認知行動療法（ＣＢＴ）の延長線上にある。ＣＢＴとは、別の場所や別の時間について思い巡らすよりも、「いま、ここ」に焦点を合わせることで、情緒、認知、行動における機能障害の解決を目指す会話療法だ。最も効果的なＣＢＴ的介入のなかには、思いついた考えを随時書き留めるといった非常に〝さりげない〟方法もある。[26]

マインドフルネスは、瞑想などこれまでの心理学的メソッドになかった斬新なテクニックを使う。これは、自分の呼吸や身体の状態に意識を集中するだけでなく、自分の思考や感情を深く意識し、受け入れることである。目的とするのは、思考そのものを変えることではなく、思考への関わり方を変えることだ。[27] マインドフルネス・トレーニングで最も効果的なことのひとつが、注意の対象を意識的に変えることである。〝フォーカス・アテンション瞑想〟では、例えば呼吸といったひとつのことに集中する。〝オープン・モニタリング瞑想〟では、あなたの環境のなかにある、例えば風や時計の針の進む音のようにふだんならあまり気づかないあらゆるものに注意を向ける。フォーカス・アテンションおよびオープン・モニタリング戦略は、感情をコントロールしたり、鬱状態への逆戻りを防いだりするのに役立つとされてきた。[28]

マインドフルネスには、たしかにそれなりの役割がある。だが、限界があるのではないかと私は考えていて、それにはふたつの理由がある。第一に、マインドフルネスの状態になることを自分で選択しなければいけない。第二に、非常に努力を要する。意識的に行動を変えるのではなく、その行動を促す文脈を作ったほうがいい。人間の本質的な習性に身を任せればいいだけ、という文脈を作るのである。これまでに示してきたように、システム2を無理に働かせようとするよりも、システム1をちょっと後押ししてやるほうが、おおむね簡単で効果が大きい。そのため、本書の行動に関する洞察はＣＢＴやマインドフルネスにも適用できると思う。

行動を一緒にする相手に注意を向ける

まず間違いなく幸せになれる方法がひとつある。気の合う人と一緒に過ごす時間を増やすことだ。幸せについてアドバイスを求めることができるからだけではない。気の合う人や大事な人と一緒に行動することと幸せとのあいだには、強力でポジティブなつながりがあるのだ。宗教を信じる人たちの生活満足度が高いのは、強い宗教的アイデンティティがあるというのもたしかだが、社会的な接触が多いというのがおもな理由のひとつである。[29] まわりにたくさんの人がいれば、困難な経験に適応するのが容易になる。夫を亡くした女性は、社会的支援があればその喪失感から早々に注意をほかへ向けられる。[30] 友人があなたを幸せにしてくれる理由は、そこに一緒にいてくれるからというだけでなく、自分は大切な存在なのだと実感できるからだ。[31]

第2章で紹介したデータを思い出してほしい。さまざまな活動は、人によってそれぞれ違った度合いの快楽とやりがいをもたらしてくれる。そのデータが示すように、通勤をやりがいのあるものにしたければ、車に同僚と相乗りすればいい。親戚を外食に連れ出したり、子どもと過ごす時間に彼らも参加してもらったりすれば、こうした機会がより楽しいものになる。子どもと一緒に家事をやり、そのあと一緒にテレビを観れば、たいていの人はその両方の活動の楽しさが増す。子どもの世話は、私と妻にとって最高の時間を共有する経験であり、理想的には、ほかの両親や子どもたちともすばらしい時間を共有できる経験なのだ。

人と一緒にいることのメリットがデータからは納得できないなら、こんなシンプルな質問に答えてみたらどうだろう。気の合う人と毎日20分長く一緒にいたら、あるいは電話で話していたら、もっと幸せになれるだろうか？　あなたの代わりに答えてもいいなら、その瞬間どれほど幸せかは別にして、その答えはイエスだ。ちなみに、1000ドルの昇給によってどんな人でも幸せになれるかは、私には確信がない。たしかに、1000ドルは多くの人にとって高額だが、収入が1000ドル上がったからといってすべての人が幸せになるとはかぎらない。

ならば、どうして多くの人がその時間を見つけようとしないのだろう？　それは、以前の章で説明したように、誰もが自分の自由裁量時間について誤った認識をもっていることとおおいに関係している。つまり、一日のなかで私たちが起きている時間、およそ1000分のうち20分が確保できないというのは、本当はその活動を優先していないだけなのだ。幸福について書かれた多くの本が、誰かと一緒にいる時間をスケジュールに組み入れなさいと言うだろうが、そうやって計画を立てること自体に時間がかかるため、ほかにもっと重要そうな用事がつねにあるという理由で、先延ばしにしてしまうのだろう。本書で示してきた私の見解どおり、どうすれば予定を立てる時間を増やさずに、もっと多くの時間を見つけられるか考えてみる価値はある。

そこで職場では廊下を隔ててすぐのトイレを使わずに、同じフロアの反対側にあるトイレを使うようにしよう。そうすれば、オフィスを横断しなければならないため、ほかの人たちに気軽に声をかける機会が増える。カリフォルニア州のエメリービルにあるピクサー・アニメーション・

スタジオの経営陣は職場環境の設計変更を試み、従業員たちがトイレに行くのにみな同じ場所を歩かなくてはならないように、ビル全体にトイレを一カ所しか設けないことにした。[32] 経営陣がこのような設計にしたのは、従業員がたがいにもっと話をするようになり、全員がみな親しくなることを期待してのことだった。狙いは当たった。これによって、ピクサーの創造性《クリエイティビティ》も向上した。

内向的な人たちでさえ、自分と似たような人たちが周囲にいると幸福度が増す傾向がある。内向的とか外向的というのはおおざっぱな性格分類で、人と交わるような状況のなかに自分から入っていくタイプかどうかといった、さまざまな行動傾向を示すものだ。外向的な人というのは、そういう傾向が強いということ。世の中はいろいろな意味で外向的な人たち向けにできている。学校や職場のグループワークなどがよい例だ。だが、内向的な人たちも、ほかの人たちと関わることで恩恵を受けている。ただ、内向的な人は外向的な人と優先順位が異なり、不愉快な社会的状況への耐性がやや低いというだけだ。[33]

注意散漫になってはいけない

最大の幸福を得ている人は、自分の注意を最適に配分できている。残念ながら、ほとんどの人は程度の差こそあれ、最適な配分ができていない。問題の大半は、自分の経験から注意を逸らしてしまっていることにある。注意が逸れるというのは、休憩を取ることとはまったく別問題だ。注意が散漫になるのは、内面の乱れが原因だ。車のライトを点けっぱなしにしていないか、あるいは今年の夏はどこでバカンスを取ろうか、といった考えが侵入してきたり、周囲の人々やEメールが気になってしまったり。一方、休憩はそのとき意図的に選択したものだ。先ほど説明したように、適切な休憩は創造性《クリエイティビティ》を向上させる。注意散漫について同じことは言えない。「たまには邪魔が入るのもいいことだ」なんて言葉が聞こえてきても、それは「計画的な休憩はいいことだ」という意味なのだ。

マルチタスクは禁物

注意散漫がダメージとなる理由は、それによって**スイッチング・コスト**が必要になるからだ。スイッチング・コストとは、あるタスクから別のタスクへ移行する際に必要となる注意エネルギー量のこと。[34] 注意を向ける対象を変えるたびに、脳は注意を向け直す必要があり、心的資源に負担をかける。それまでやっていたことを中断して携帯メールやツイート、Eメールを始めると、その際に注意エネルギーをタスクの切り替えに使うことになる。これを頻繁にやれば、注意エネルギーの蓄えはあっという間に枯渇し、本当にやりたいことに集中するのがよけいにむずかしくなる。仮に本当にやりたいことがとても楽しいもしくはやりがいのある活動であったら、そこにかぎられた注意しか向けられないとなると、幸福度は下がってしまう。

つまり、マルチタスキング（複数のタスクの同時進行）は幸福度を下げ、ひいては生産性も下げることになる。218人のオランダ人学生を対象に行なわれた最近の面白い調査がある。学生たちには、数独パズルを解き、さらにワードサーチ〔訳注　格子状に配列された文字の中から指定された単語を見つけるパズル〕を完結させる作業を24分で行なってもらう。ここで、被験者は無作為に3つのグループに分けられる。第1のグループにはマルチタスク（ふたつの作業の同時進行）を課し、第2のグループにはふたつの作業を自由に切り替えることで、作業のしかたを自分で考えてもらい、第3のグループには作業をひとつずつ順に行なってもらった。数独パズルでは1マス正解するごとに、ワードサーチでは1単語見つけるごとに1ポイントが与えられる。合計スコアが最も低かったのは第1のグループで、最も高かったのは第3のグループだった。[35] この結果から、作業の明確なスケジュールを立てることが生産性を上げるのに役立つことがわかる。つまり、マルチタスキングというと聞こえはいいが、実際には愚かな行為だということだ。

ところが、マルチタスキングはあたかも自分の生産性が高まったような気分にさせるため、結果的に自分自身に対し誤った思い込みをもってしまう。非常に多くの人がマルチタスキングをし続けるのは、こうした理由からだろう。[36] だが、いっときにひとつのことに集中していても自分に自信がもてる——そのうえ、多くのことを成し遂げられる——のだと記憶しておこう。マルチタスキングは労多くして、報われない。私はこの理由から、講義スライドをけっして使用しない。学生の注意がスライドと私の声を行ったり来たりすることで、彼らの注意資源を無駄にしたくないからだ。ちなみに、これは「適応」のよい実例でもある。学期のはじめには、学生が落ち着かない気分でいるのが見た目にもはっきりわかるのだが、講座が終わるころには、スライドがなかったことに好意的なコメントを残してくれる。

現代では、注意散漫の代価がよりわかりやすくなっている。最近のテクノロジーの進歩は、国民所得の増加、消費者物価の低下、そしておそらく生活満足度の向上といったさまざまな恩恵をもたらしてきた。[37]研究者としての私の生活は、学術論文をダウンロードできるようになったことで、以前のように文献や論文の束を持ち歩かなくてもよくなり、非常に楽になった。だが、現代のテクノロジーには弊害もある。その最たるものが注意の散漫だ。最近の調査では、それがアメリカのビジネスにもたらす損失を合計すると、年間およそ6000億ドルになると見積もっている。[38]20年近くにおよぶEメールによる注意散漫についての研究から、「Eメール博士」として知られるトーマス・ジャクソンは、Eメールだけで年間にして従業員ひとり当たりおよそ1万ポンド（1万6500ドル）の損害をイギリスの企業にもたらしていると推定している。[39]

これも研究によって明らかになったことだが、リンクがやたらと張られているウェブページで何かを読んでいると、印刷された文字を読むのにくらべて、自分がいま何を読んでいるのか混乱してしまう傾向があるそうだ。[40]リンクを実際にクリックしたかどうかは関係ない。そこにリンクがあるという事実だけで、脳にクリックするかしないかの選択をさせてしまうので、それ自体が注意を逸らせてしまうのだ。インターネットに費やしている時間中ずっと、〝深く読んだり考えたりする〟ための神経回路ではなく、〝ざっと読む〟ためだけに使われる神経回路が鋭敏になっている。そのあとオフラインに戻ると、本来なら注意を向けないものごとに注意が向くよう、脳が訓練されてしまっている。そのあいだに快楽ややりがいを経験できたかもしれないのに、これはまったく時間の無駄である。

ほかにも弊害はある。携帯メールやEメールおよびインターネットに注意を逸らされている親の増加により、幼い子どもの事故件数が増加しているという。幼い子どもの事故はそれまで年々減っていたというのに。しかも、年長の子どもたちの事故件数は減少傾向にある。[41] こんな調査も行なわれている。携帯電話で通話している、携帯メールを打っている、音楽を聴いているという3つの状態と、シミュレーション環境における衝突事故の発生率との因果関係を調べるというものだ。あなたはどれが一番注意を散漫にすると思うだろうか？　交通事故に遭いやすいのは、携帯メールを打っているもしくは音楽を聴いている最中なのだが、3つのうちどの条件でも、注意が散漫になっていない状態にくらべれば、危険であることに変わりない。[42] ドライビング・シミュレーターを使った実験で、前の車のブレーキランプに反応してブレーキをかける作業と、ある音が聞こえた回数を数える作業を交互に行ないながら運転すると、停止距離で16フィート（約4・8メートル）に相当する遅れが発生したという。[43] 今度車を運転する際には、この事実をぜひとも思い出してほしい。

金持ちは幸せを感じる暇がない

時間に追われる現代人の私たちにとって、自分がいまやっていることに注意を向けるのは、ますますむずかしいことに感じられる。金持ちになれば、自分の時間がより貴重になり、時間以外のあらゆることと同様、より不足感が増してくる。ならば、それにもっと多くの注意を向ければよい。コンピュータの作業に1分当たり1・50ドルを請求できるなら、まったく同じ作業に1分当たり0・15ドルしか請求できない場合より、大きな時間的制約を感じるだろう。[44] この実験を行なった著者によると、自分の富に注目することを促されるだけで、時間に追われていると感じるという。貯金が500ドルを超えれば「貯金が多い」とされる基準で自分は金持ちだと感じているなら、貯金が40万ドルを超えれば「貯金が多い」とされる基準で自分は貧乏だと感じている場合よりも、「今日は時間に追われていた」と感じるというのだ。

お金に換算して時間を考えることは、レジャー活動における快楽の経験にも影響を与える。あなたは「この1年でいくら稼ぎましたか？」と質問され、友人は同じ質問を時給で尋ねられたと想像してほしい。そして、それぞれ86秒間、オペラ『ラクメ』のなかで歌われる『花のデュエット』を聴く。あなたたちのうち、どちらがその音楽を楽しむ余裕があっただろうか？　それはきっとあなただろう――友人はある単位（時間）に自分が稼いでいる額を思い出し、それに注意が向いてしまうからだ。被験者がウェブ上で自分の好きなように時間を過ごした場合でも、同じような結果が示されている。[45] こうした調査から得られる教訓は、自分がいま関わっている活動にではなく、時間（とりわけ、お金に換算した時間）に注意を向けると、幸福度が下がってしまうということだ。つまり、いま従事している活動に没頭するべきなのだ。数分ごとに時計を見るようなことも避けたほうがよい。例えば、私は仕事を離れた休憩中にどれだけの時間子どもたちと遊んでいたかはあまり気にしないようにしている。

お金があればあるほど、例えば長期の休暇を取るといったぐあいに、時間に余裕さえあればお金でできることを考えるようになるはずだ。だったら、裕福な人たちは時間の都合がつけば実際に長期の休暇も取れるに違いない。たしかに、１９６０年代および70年代のアメリカではそうだったが、80年代以降、かなり興味深いことが起こっている。学歴が高卒以下の人たちは比較的休暇をたくさん取っていて、大卒以上の人たちはあまり取っていない。80年代以降、裕福な人たちと貧乏な人たちの所得格差がかなり広がっているが、休暇に充てる時間の量も差が広がってきており、所得の低い人たちのほうがその点では恵まれている。[46]

アメリカで年収がおよそ７万５０００ドルを超えると、とりたてて日常の気分は向上しないというのもたいして驚くことではない――金持ちになると、幸せを感じる暇がなくなるのだ。時間やお金の不足に注意を集中させると、未来の時間やお金を大幅に犠牲にして、いまその時間やお金を多く手に入れることだけを重視した決断をしてしまう。そのよい例として、こんな調査がある。被験者は雑学的な質問に答えるのだが、回答にかけられる時間が異なるグループにそれぞれ振り分けられる。さらに未来のわずかな時間を犠牲にして、いま答えることに多くの時間を使うことを選択できるグループとそれができないグループに分けた。持ち時間の少ない被験者が質問に答えるための時間は３００秒で、持ち時間の長い被験者は１０００秒である。持ち時間の短いグループは、彼らに与えられている時間の平均22パーセント（つまり66秒）を借用し、持ち時間の長いグループは平均して8パーセント（つまり80秒）を借用した。予想されたとおり、持ち時間の長いグループは、時間を借用したかどうかにかかわらず、持ち時間の短いグループよりもよい結果を出したが、持ち時間の短いグループはまったく時間を借用できなかった場合に、ベストな結果を出した。かいつまんで言うと、持ち時間の短いグループは時間を借用したうえ、よい結果も出せなかったのだ。また、手持ちの資源が乏しいと、私たちはみな同じようにその資源が足りていない人たちと似たような行動を取ってしまう。[47]

だから一般に、お金にはあまり注意を向けないほうがよい。私は自分の育ちからして、1セントもおろそかにできない環境にあるなら、お金は重要な問題だと認識しているが、そうでないなら少々冷静な見方をしたほうがいいだろう。たしかにお金は重要だし、尊重すべきものだが、人生それがすべてと考えるほどのことではない。そのためにあなた自身が不幸になっては意味がない。私とロバート・メトカーフの研究によって示されているとおり、貧乏な人たちは裕福な人たちにくらべて、どうしてもお金のことを考えてしまいがちだが、裕福な人たちのほうが、お金のことを考えることによって幸せが損われやすい。[48]

「いま、ここ」に集中する

一般にお金のことであれ、何か別のことであれ、私たちはよくとりとめなく考えを巡らせてしまう。無作為に「何を考えているの?」と問われたときの3分の1ほどはそういった状態にある。[49] どうやら人間は心をさまよわせ、とりとめのないことを考えるようにできているようだ。とりとめのない考えは、脳の皮質領域の特定の神経回路――一般に休息時間に対応するのと同じ領域――が活性化しているときによく起こると、脳の画像検査により神経学的に証明されている。[50] 進化の過程で人間がうまく環境に適応した部分と、誤って適応した部分を見分けるのはむずかしい。人が神経学的にとりとめのないことを考えるようにできているからといって、そうするべきとはかぎらない。それは、私たちの祖先が次にいつ食にありつけるかがわからなかったため、人間は遺伝子的にたくさん食べるようにプログラムされているからといって、現代人が必ずしもたくさん食べるべきとはかぎらないのと同じことだ。[51] ただ、人間にそういった習性があると知っていれば、それが起きる理由も説明できる。とりとめのない考えをもってしまうことに効果的に対処できるようになればいいし、もうこれ以上意識しなくてもよくなればいい。

いまより悪い状況について思いを巡らせてしまうようなら、幸福度は間違いなく下がるだろう。例えば、抜け出すことのできないミーティングの最中に血液検査の結果が心配になってしまったような場合だ。しかし、脳に侵入してきた考え（侵入思考）がポジティブなものであっても、おそらく不幸な思いをするだろう。すなわち、心が逃げていく先がいまの状況よりもよい場合、例えばミーティングの最中に次の休暇について考えてしまうようなケースだ。[52] しかし、重要なのは文脈である。私は自動で2分間動く電動歯ブラシを持っている。私が歯を磨くことに注意を向けているとき、この2分間は永遠のように感じられ、終わるのが待ち遠しい。それとは対照的に、ほかのことを考えていると、この2分間はあっという間に過ぎ、私はとりとめのない考えを楽しんでしまいがちだ。

では、頭の中に侵入してくるネガティブな考え（ネガティブな侵入思考）に注目してみよう。こうした考えはほぼどんなときでも幸せにダメージを与える。これに関連する調査はそのほとんどが、臨床に携わる人々や、愛する人を亡くすといった困難な出来事を経験した人たちを対象にしている。ある調査では、近親者との死別から1カ月以内に侵入思考を多く経験している男性は、侵入思考が少ない男性よりも適応が遅く、1年後にもまだ元気がないままだったという。[53]

健康状態の評価における侵入思考の影響（私の研究の中心に近いテーマ）を研究するなかで、私はまずアメリカの一般国民1000人以上に現在の健康状態について供述してもらった。次に、どのくらいの頻度で、どのくらい深く現在の健康上の問題について考えることがあるか尋ねてみた。最後に、健康上の問題点を緩和するためなら、人生のうち何年間をあきらめられるか尋ねてみた。その結果、あきらめられる年数に強く関係していたのは、実際の健康問題についての供述よりも、健康についてどのくらい考えているかのほうだった。この研究によって、人は実際の環境よりも、健康に本人が注意を向けているものから強い影響を受けているということが、ふたたび明確になった。[54]

あなたが意に反してほかのことを心配したり考えたりしてしまうなら、心がさまよってしまうのを防ぐ方法を見つけることで、自分の注意を向け直すことができる。昔から人間は、自分にコントロールできないことを心配しないですむように、心配事を書き留めたり、自分にコントロールできることとできないことをはっきり区別したりして、〝心配表〟を作成してきた。[55] あなたが1カ月前の心配事や、ましてや1年前のことを書き留めようとしているなら、きっと思い出せなくて困るだろう。たとえ思い出したとしても、心配していたほどひどい結果になっていないはずだ。

私たちが心配するのは、おおむねまだ起こっていないことが大半で、ときにはすでに起こってしまったことの場合もある。それとは対照的に、いま現在のことについてはほとんど心配していない。これは、「いま、ここ」に注意を向けるべき理由として、かなり説得力がある。もしもつねにそうしていたなら、いま心配している「そのとき、その場で」はあなたに影響しないはずだ。あなたの注意は「いま、ここ」に集中しているはずで、それはほぼいつでも問題ない状態なのだ。これはたしかに私の吃音にもあてはまり、私が想像しているほど、そのことで辛い思いをすることはめったにないのである。侵入思考が頭から離れないと感じるときは、私なら自分にこう問いかける。「『いま、ここ』について心配することはあるのかい？」その答えはたいてい「何もない」であり、結果的に少しは幸せな思いになれるのだ。

侵入思考に対処する計画を立てるだけでも有効だということが、医学的検査の結果を待っている人たちの侵入思考を抑えるために実施されたある介入によりわかっている（例えば、現在に注意を向けるために、誰かと会話を始めるなど）[56]。この方法を使えば、ネガティブな考えが頭に浮かんできそうなときに自分なりにできそうなことを意識的に書き留めることができるだろう。

とりとめのないことを考えそうになったら、「友人に電話をする」ことを思い出すのもいいだろう。家族や友人といる時間が幸福になるためには欠かせないというのは、すでに見てきたとおりだ。ならば、不幸な気分になりそうな考えに心が飛んでいきそうなときこそ彼らを活用しよう。

新しい経験もまた、侵入思考を鎮める効果がある。日常的なことではなく、何か新しいことをやっている人たちは、侵入思考をはるかに経験しにくい。それは、新しい経験は日常的な経験にくらべて、多くの注意を必要とするからだ[57]。つまり、新しい経験のメリットは、創造性《クリエイティビティ》を養うことや時間の進むペースを遅くすることだけではないのだ。だからこそ、新しい経験を受け入れやすい人のほうが幸せになれるわけだ。自己啓発書にはよく「新しいことにトライしよう」と書いてあるが、それなりの根拠があると言えよう。

心はやりがいから快楽に向かってさまよいがちで、行動もその傾向にある。本書を執筆中の私の注意は、やりがいを経験することから快楽を見つけ出すことへと転じがちだった。ときには、こうした心のさまよいが、とりとめのないネットサーフィンにつながることもあった。注意が散漫になっているときでさえ、私はこの本にもっと集中したいと思っていた。私の場合、快楽には注意が散漫になることなく容易に集中できるのだが、おそらくあなたもそうではないかと思う。私をよく知る人にはまったく驚くことではないのだが、私は概して簡単に注意が散漫になってしまう。講義の最中、私がとりとめのない考えに捕らわれているあいだも、じっと席に着いていた学生たちに尋ねてみるといい。確信はないものの、私はおそらく短期間で一気に集中するタイプだと思っている。私たちはそれぞれ異なるかたちで集中力を失うが、その影響を軽減することもできる。

あなたは何に注意が逸れてしまうのだろうか。ここで、いま経験していることに集中するのを妨げる3つのことがらを考えてみよう。

「私の注意が散漫になるのは……」

1.

2.

3.

書けたかな？　リストの項目のうち、少なくともひとつは携帯メールやツイート、Eメール、インターネットと関係のあるものではないだろうか。

デバイスにコミットしない

注意欠陥障害については誰でも聞いたことがあるだろうが、現代社会は私たちを〝注意散漫障害〟の餌食にしてしまっている。私がこのふたつを意図的に区別して捉えていることにしっかり注目してほしい。前者は個人の特性だ。一部の人たちにはこの傾向があるが、ほかの人たちにはない。これに対して、注意散漫障害は、文脈的影響の結果である。ある状況はこの障害をもたらす傾向が強いが、ほかの状況ではこの障害は起こらない。そしてたいていの場合、現代のテクノロジーがからんでいる。

長い歴史のなかで人間はつねにさまざまな邪魔者と戦ってきたが、現代において戦う相手は、Eメールやネット上の〝友だち〟によるフェイスブックの更新などだ。[58] 医師たちはいまや〝デジタル認知症〟に対して警告を発している。これは、ノートPCや携帯電話といった電子機器を長時間利用する子どもたちのあいだで脳の発達や記憶の障害が見られることを指す。[59]

最近では、インターネット中毒が精神障害に大きく関係すると示す研究もある。当然、中毒状態に陥っていれば、注意散漫を回避するのは困難だ。いまや、インターネットのヘビーユーザー（中毒症状を訴えている人たち）の脳が文字どおり萎縮していることを示す証拠もある。ちょうど、コカインやヘロインといったドラッグにふけっている人たちの脳がそうであるように。[60] インターネット上の情報を浴びるがままになっていると、脳が無関係な情報をフィルタリングする効率が低下するのだ。

最近、人々の願望とその願望を抑制する能力に関して、ある調査が行なわれた。２００人以上の成人に1週間ブラックベリーが渡された。被験者たちは1日に7回着信を受け、いま現在もしくは直近の30分間に何らかの活動に対する欲望（衝動、渇望、熱望という言葉が使われる）を経験している（経験していた）かを尋ねられる。メディアにアクセスしたいという願望は、被験者にとってコントロールが非常にむずかしかった——被験者たちは、セックスや喫煙、コーヒー、飲酒、食事よりも頻繁に衝動を感じたと報告している。[61] これは誤った願望だと私は感じている。

概して、私たちは通信機器に〝注意コミットメント〟をしている。[62] 新着通知や携帯メール、あるいは着信がなくても、あったと勘違いしてしまうことがある。私もそうなのだが、幻想振動《ファントム・バイブレー》症候群《ション・シンドローム》にかかったことがある人は多いだろう。電話が鳴っているような感覚に襲われ、電話を取ってはじめて、何の着信もなかったことに気づくのだ。[63] デバイスがあなたの注意を奪おうとしていなくても、あなたの脳はデバイスに注意を向けるようになってしまっている。

そこで、インターネットや電子機器の中毒から解放される方法を見つけよう。次から次へと届くEメール以外、何も失うものはない。

さて、私はあなたがインターネットや携帯電話が大好きなのだと認識している。実際のところ、携帯電話を失うほうが、そのなかに登録されている友人たちを失うよりも影響が大きいという人たちがたくさんいるのだろう。そのため、たとえわずかでも、自分自身をそこから引き離そうとすれば、最初のうちあなたの幸せはダメージを受けるかもしれない。とはいえ、数日もあればうまく順応し、自分の注意をもっと楽しくてやりがいのある活動に自由に向けることができて、以前よりも幸せになれるだろう。

注意を奪うものは〝注意泥棒〟なのだから、注意を逸らされまいとバリアを立てて泥棒を追い出すようにするべきだ。第6章で紹介した環境の設計がここでも利用できる。無線ルーターに、その電波範囲を裏庭まで延ばすような特別な追加機器はつけないほうがいいだろう。注意が散漫になっているときに、それに逆らうような意志力を用いるよりも、そもそも注意を逸らす要因があなたを捕まえないようにするほうが簡単だ。

邪魔者を退けるには、テクノロジーを使えばいい——通知の設定をオフにする、携帯電話はマナーモードにしておく、仕事中はPCのチャット機能をオフにしておく。さらにはインターネットの使用を妨げる最新のアプリやプログラムを利用する。このように環境を設計すれば、自分の注意をこれまでより長くいまの活動に向けることができる。

周囲に宣言することによって、モバイル機器に対する注意コミットメントを克服することもできる。私の友人や家族は、私がジムでは電話を取らないことや、夜の外出をしないかぎり午後7時には電話の電源を切っていることを知っている。友人と出かける際は、注意がほかに逸れないように電話はマナーモードにしておく。自分の頭に浮かんだことや電話の通知によって注意を逸らさないと決意《コミット》しよう。もし友人が同じようにしてくれたら、あなたも友人もみな幸せになれるだろう。〝携帯電話《フォーン・スタッキング》積み上げゲーム〟を考え出した人も私と同じ考えのようだ。これは、食事の前に、全員がテーブルの上に携帯電話を積み重ね、最初に電話に触れた人が勘定を払うというゲームだ。[64] やりがいのある活動は最も注意が散漫になりやすいのだが、こんなゲームが考案されたということは、大勢でワイワイやるような楽しい活動であっても、環境を工夫する必要があるということを示している。

また、注意がほかに逸れることを好まないタイプの人たちと仲よくするといい。私と友人は、実際の会話よりもずっと時間のかかる携帯メールでの会話を避けるようにしている。携帯メールがコミュニケーションの好ましい手段とされるこのご時世で、私や友人は少数派のようだ。２０１０年には、１２９０億件という莫大な数の携帯メールが送られており、その数は２００９年にくらべて24パーセントの増加となっている。[65] それとは対照的に、電話での会話に使われた時間は２０１０年から２０１１年のあいだに5パーセント減少した。[66] チャットをするなら、ただ雑談するだけでなく、少なくともその一部はやりがいのあるものにしよう。私がそう考えるようになったのは、以前にタクシーの運転手が言った言葉がきっかけだった。彼は、携帯メールのあとに音声電話が発明されていたらと想像してみてほしいと言った。「携帯メールなんて送る人がいると思いますか？　もちろん、いないでしょう――誰だって実際に会話ができることのほうに驚くにきまってますよ」。私も、彼の言っていることが正しいにきまってると思った。

申し訳ない、少し話が逸れてしまった。注意を奪い合う刺激はたくさん存在する――音、場所、人、匂い、そして頭の中でぺちゃくちゃしゃべっている自分自身の思考。それに匹敵する注意エネルギーの量はかぎられている。うまく使えば幸せになれるし、効率も上がり、健康にもなれる。

実行で幸せになろう

すばらしい経験や一緒にいて楽しい人たちに注意を集中していれば幸せになれる。それは誰に訊いてもあたりまえのこと。問題は、それがあたりまえでないかのように行動してしまうことだ。幸せになれるよう注意を向け直すために、あなたにもできるシンプルだが効果的な方法がある。お金は経験に多く遣い、物にはあまり遣わない。快楽を得られる活動とやりがいを得られる活動のあいだで切り替えをする。音楽を聴く。毎日いまよりもう少しだけ長く、気の合う人と会話を交わすと自分に誓う。ＰＣや携帯電話にかじりついている時間を毎日少しだけ減らす。注意が散漫になると自分自身が消耗し、疲れて幸せを感じなくなるので、いっときにひとつのことだけに集中する——そして、Ｅメールやフェイスブックの更新をたえずチェックするのをやめよう。

第8章　なりたい自分になる

　ここまでのところで、幸福製造プロセスの3本柱がそろった。幸福を生み出すには決断、設計《デザイン》、実行の3要素が必要で、幸せになる最も効果的な方法は、この3要素をうまくつなぎ合わせることだ。

　この3要素をどうやってつなぎ合わせるか、その方法をわかりやすく解説するために、ここで2種類の行動について検討してみたい。どちらも多くの読者にとって関心が高いはずだ。まず第1にどうすればぐずぐずと先延ばしするのをやめられるか、第2に人の役に立つ行動を取るにはどうすればよいかを考えていこう。先延ばしとは、やり遂げなければならないとわかっているタスクから注意を逸らすことだ。私たちの目的を考えると、これはうってつけの例だと言える。なぜなら、私たちの多くがついつい先延ばしをしてしまうと認めているうえ、先延ばしによって私たちの満足度は下がり、他人との関係に緊張が生まれ、職場や学校での成績も低下するからだ。[1]人の役に立つ行動を取るというのも、私はふさわしい例だと思っている。なぜなら、それによって自分自身が幸せになれるのに、その事実は往々にして私たちの行動に反映されていないからだ。

このふたつのタイプの行動にあまり関心がないという人も心配することはない。こうした行動が原因で最大限幸せになれていない理由がわかれば、さらにその解決策を知ることができれば、きっとあなたにとって関心の高い別の行動にも、それらを応用する方法がひらめくはずだ。

先延ばしグセは治せる

先延ばしと注意散漫は密接な関係にある。もしタスクを完全に避けられるのなら、それはそれでかまわないし、そこに注意を向けるかどうか考える必要もない。けれども、どうしても避けられないタスクに関して、先延ばしをしがちな人はくよくよ考え込んでしまうのだ（しかも、これまでに見てきたとおり、侵入思考は幸福にとって大きなダメージとなる）[2]。注意の散漫も、先延ばしの原因となることがある。目の前のタスク以外の刺激が、タスクをやり遂げる邪魔をしているような場合だ。まずは、私たちがどうしてこの先延ばしという困った状態に足を突っ込んでしまうのか、そのからくりに目を向け、そこから抜け出すための解決策をさぐっていこう。

人はみな仕事の見積もりが下手

先延ばしに取り組むための第1ステップとして、まずは自分がそのタスクを本当にやりたいのかどうかを判断しよう。ひょっとすると、そのタスクは頭を悩ますほどの価値がないかもしれない。例えば、誤った願望がそれをやらなければいけないと駆り立てているケースもあるだろう。非常に高い目標が設定されている仕事のように、とりわけ重要だとみなしているタスクほど、先延ばしにしてしまうケースが多いようだ。そういうタスクは多大な努力を必要とするので、私たちはなんとかその努力を避けようとしてしまう。[3]また、他人から評価を受けるようなタスクの場合、優柔不断に陥ってしまいがちだ。例えば、学生が小論文を書くという課題を与えられた場合、ただ提出するだけならあまり先延ばしすることはないのだが、大学が一部の作品を選び、選ばれた学生は地元の高校へ行ってそれを読まなくてはいけないようなケースだと、学生はついつい書くのを先延ばしにしてしまう。[4]さらに、そのタスクが自分のスキルに合っていない場合にも、なかなかのめり込むことができなくなる。

誤った予測も、先延ばしを助長する。誰だって時間が少ないより多いほうがいいにきまっている。だが、出勤前に時間がたっぷりある場合と、早めに家を出て職場に向かわなければいけない場合を比較して考えてみてほしい。私もそうなのだが、たっぷり時間があるときにかぎって、バタバタしているのではないだろうか。これはおそらく早めに家を出る場合はしっかり計画を立て、遅く出てもよい場合はゆったり構えてしまうからだ。医学部の学生は、12時間シフトのときより、9時間シフトのときのほうが1時間当たりにたくさんの患者を診るという。[5]さらに、これまでの章で見てきたとおり、人は過去の出来事の継続時間を正確に思い出せないため、間違った記憶を未来の予測に用いてしまう。[6]例えば、2、3分でできる短いタスクを実際よりも長い時間がかかると記憶し、予測する傾向があるようだ。しかし、長い時間がかかるタスクでは、実際よりも短い時間でできると思い込んでしまう。[7] たいていのタスクは2分以上かかるので、それを頭にたたき込んで、多めの時間を予定しておくべきだ。

おそらく先延ばしの根底にあるのは誤った思い込みだ。私たちの多くは、締切ぎりぎりのプレッシャーの下で最高の仕事ができると考えているが、たいていそうはいかない。約4000人の学生を対象にした先延ばしに関する24種類の調査を考察したところ、作業を先延ばしにした学生は、先延ばしをしなかった学生よりも、成績が低い傾向があることがわかった。[8] そのうえ、だいたい締切の1日前にプロジェクトを完了させる傾向があると自分でわかっている場合でさえ、予定より4日前に完了すると非常に楽観的な見積もりをするものなのだ。[9]

プレッシャーがかかると、より創造的《クリエイティブ》な能力が発揮できると思っていないだろうか。だが、『ハーバード・ビジネス・レビュー』のライターたちが、アメリカ企業で働く高学歴の社員約200人に、勤務時間の終了間際やその日の中心的活動をそろそろ終わらせないといけない時間帯に、どの程度時間的なプレッシャーを感じるかをオンライン・ダイアリーなどで記入してもらったところ、大きな時間的プレッシャーが創造性《クリエイティビティ》に結びつくと報告していた例は非常に少なかった。[10] 自分が達成できる成果についても、現実的な期待をするべきだろう。完璧主義者は、名うての先延ばし屋だと考えられている。これは議論の的となってきたことだが、完璧主義者はきわめて高い目標を設定し、結局達成できずにいるからだ。[11]

先延ばしは政策目標に悪影響をおよぼすことも付け加えておきたい。私はキャロライン・ルディシルとの研究で、イギリスの女性が体外受精の公的補助を受けられる最高年齢を39歳から42歳に引き上げれば、受胎率の低下している女性が不妊治療を始めるのが遅くなり、ほぼ確実に出生率が下がるだろうと示した。[12] これは、政策立案者が実際の介入の前に行動科学者（私であれば理想的）に助言を求めるべき数多いケースの一例である。

決断

ならば、どうすれば先延ばしをしない決断ができるのだろうか？　目標に向かって努力しているとどんな感情を抱くか、それについて顕著なフィードバックを自分に与えれば、注意に関わる3つの障害（誤った願望、誤った予測、誤った思い込み）を克服できる。先延ばしをしてしまうということは、いますぐとりかかりたくない何らかの原因があるということだ。では、やりたくない原因とはいったい何だろうか？　そこで、過去に行なった同様のタスクを再現してみてはどうだろう。あなたがいま先延ばししようとしていることと似たようなタスクを過去に実行した際、どんな気分になっただろうか？　過去に実行した際の環境はどんなものだっただろうか？　誰がその場にいただろうか？

目標に向かって努力し、それを達成することで抱いた感情について、もっと直接的なフィードバックを得ることもできる。コロンビアの銀行、バンカミアの融資担当者はこの原則を実践に移すことで、彼らが抱えている深刻な先延ばし問題に取り組んだ。彼らには、毎月のボーナスが算出される直前まで、すなわち各月の後半２週間、新規の融資顧客開拓を先延ばしするという悪しき習慣があった。融資担当者の70パーセントが中度もしくは強度のストレスを感じており、半数以上が仕事の段取りや計画の遂行に苦労していたと報告されている。その負荷を取り除くため、彼らは自分のタスクを週単位に分割し、その週の割り当てを達成すれば、映画のチケットやレストランのクーポンといったささやかな賞品がもらえることになった。この先延ばし対策プログラムに参加しなかった融資担当者のグループと比較すると、参加したグループは目標の達成率が30パーセント上昇し、ボーナスも25パーセント増加した。このように、フィードバックによって製造プロセスに何をインプットすべきかを決断することができ、さらに目下の行動を変化させることもできる。[13]

他人からのフィードバックも、先延ばしを克服する重要な手段だ。他人はあなたほどいまのあなた自身に関わっていないので、いますぐ何かを実行に移す手助けをするにふさわしい立場にある。また、タスクの完了に必要な時間を甘く見積もりすぎないよう、手綱を締める役割も果たしてくれるだろう――むしろ、実際にかかる時間よりも長く想定するミスが起こるかもしれない。[14]あえて難癖をつける役を誰かにお願いし、これを決断に組み込むといい。

自分に厳しくなりすぎ、人間は先延ばしをするものだという事実を受け入れないでいると、かえって先延ばしが増え、変化を起こしにくくなる。ある調査のなかで、自分に対して批判的で、過去に先延ばしをした自分が嫌いだと回答している学生は、自分自身を許している学生よりも、次回また先延ばしをする傾向が強いということがわかった。[15] あなたがもし過去に先延ばしをした自分を許せないでいるなら、いますぐ許してあげよう。自分を許した経験のある人は、前回自分を許したときにどんな気分だったか思い出そう。同じ調査で、自分を許した学生はとてもポジティブな感情を抱いたと回答している。

設計《デザイン》

そこで、先延ばしをなくすには自分のやり方をどう設計すればよいだろう？　まずは現在、タスクの実行を手助けするような環境が整っているか考えてみよう。おそらく清潔なキッチンの写真が冷蔵庫に貼ってあるだけでも、食器をすぐに洗おうという気になるし、フレッシュな香り（例えば柑橘類の香り）がするだけで、部屋をきれいにし、手を洗おうという気になるだろう。いつも同じ場所で仕事や勉強をしている人たちは、先延ばしの傾向があまりないようだ。これは、同じ場所にいると、以前にその場所でやっていたことを実行するよう促されるからだ。[16] だから、いつも同じ場所で仕事をしているのに先延ばしをしてしまうなら、場所を変えるか、せめて模様替えだけでもしてみて、どうなるかようすを見てみよう。

注意資源を節約するためにデフォルト作戦を使ってみるのはどうだろうか？　すでに、注意の散漫を招き、先延ばしを生み出すポップアップ広告などの邪魔者は排除し、代金の自動引き落としなど注意の節約につながる手段をいくつも採用しているだろう。こうした原則を可能なかぎりほかの場面にも応用しよう。デフォルトの締切期限を設定できるなら、遅い期限を設定するほうがいいなどと考えてはいけない。ある実験で、期限付きの商品券を配ったところ、有効期間が数週間しかない場合のほうが、1カ月以上ある場合にくらべ、期限内に商品と引き換える確率が高かったという。[17]

また、コミットメントのパワーを利用し、どうすればそれを最大限に活用できるか考えてみよう。ある有名な調査で、研究員がマサチューセッツ工科大学の新聞や掲示板に募集広告を出し、それに応募してきた校正者を60人雇った（応募者は、あまり意味の通らないとても退屈なポストモダン風の3つの文章を校正することになるとは知らされていなかった）。各被験者は次の3つのタスクのうちひとつを実行するよう、無作為に割り当てられた。（1）7日ごとに3つの文章のうちひとつを提出する、（2）3週間後に3つの文章すべてを提出する、（3）自身で期限を設定する。週ごとに期限を設定された人たちはミスが多かったが、先延ばしはあまりしなかった——自分自身で週ごとの期限を設定した人たちも同じ結果だった。[18]

そこで、あなたが大きなプロジェクトを抱えているなら、それを同間隔の短い期限に分割するとよい。誰かに代わりにやってもらってもいい（かえってうまくやってくれるかもしれない）。あなたに代わって期限を設定してくれる友人がいるなら、期待を裏切りたくない相手にコミットメントをすることになるため、そのコミットメントにも設定された期限にも注意を向けることで、期限を守るようになるだろう。

プロジェクトを分割すると、それにかかる時間の見積もりが楽観的になりすぎる傾向が弱まることがわかっている。ある実験で、オードブルを準備するのにかかる時間を見積もってもらった。被験者たちは、オードブルとしてミニサンドイッチ、スライスしたフルーツ、肉詰め野菜、エビの串刺しなどを用意するのにかかる時間を、実際にかかった時間よりも約10分短く見積もったのだが、一つひとつの工程（フルーツを切る、エビをゆでるなど）ごとに見積もったとき、彼らの予想と実際にかかった時間にはそれほど大きな差はなかった。[19]

やる気が旺盛な人たちと一緒にいると、無意識のうちに彼らのようになろうとするため、あなたが先延ばしをしないという社会規範を形成するのに確実に役立つ。退職後の蓄えを例に、先延ばしを考えてみよう。同じ部署で働く同僚が退職後の計画についての説明会に参加すれば20ドルの報奨金がもらえる場合――たとえ自分自身には報奨金が出なかったとしても――同僚がその説明会に参加しても報奨金が出ない場合にくらべて、あなたが説明会に参加する率は3倍に増える。さらに、課税猶予の退職金口座を開設し、それを維持する率が高くなる。[20] やり遂げなければならないプロジェクトがあるなら、友人のグループのなかでもやりがい型の人たちと一緒に時間を過ごすようにするとよい。同様に、プレッシャーから解放されているときは、快楽型の友人と一緒にいればよい。

実行

最後に、いまあなたがやっていることにもっと注意を向けるにはどうすればいいだろうか？一般に、人は仕事や勉強といったやりがいのある活動や、誰かに悪い知らせを伝えなくてはいけないような困った状況を先延ばししようとする。[21] それゆえ、こうした活動には早々に手を付ける必要がある。だが例えば、何人かのスタッフに悪い知らせを伝えなくてはいけないような場合には、一日かけてその知らせを広めるよりも、一発で広まるように時間を作ったほうがよい。私はとくに先延ばしをするタイプではないが、本書を完成させるにあたって、無理にでも家族より早く起き、彼らがすでに眠ってからも数時間仕事にのめり込むようにしていた。そのあいだに、私は夜型から朝型に変わっていた（子どもをもったことで、すでにかなり朝型人間になっていたが）。

また、どうすれば他人にもっと注意を向けることができるのか考えてみよう。どんな活動であれ、誰かと一緒にやると快楽ややりがいが増すので、いままで先延ばしにしてきたことにようやく着手するときには、一緒に取り組んでいる人に注意を向けることを忘れてはいけない。だが、誰かが一緒にいることであなたの注意が散漫になるようではいけないので、それまで先延ばしにしてきたタスクに対して、たがいにフィードバックを与え合うようにするといいだろう。ある調査で、仕事の成果についてフィードバックを受け取った社員は、その仕事に携わっているあいだ有意義なことをやっているという実感が強かったと回答する率が高いことがわかった。[22] つまり、フィードバックによりやりがいを高め、先延ばしを回避できると言える。ここで、経験について会話を交わすのは楽しいという事実を思い出してほしい。つまり、仕事をやり遂げたという経験を誰かに話すのは、快楽を高めることにもつながるのだ。

注意が散漫になると、もちろん経験に注目することも妨げられる。ある調査で、オンライン調査に協力してくれた300人の対象者のうち半分以上が、インターネットを使っていると、やるべきことを先延ばしにしてしまいがちだと回答した――それを自ら認識できていた人だけで半数を超えたのである。[23] つまり、可能であればインターネットを離れて仕事をしたほうがよさそうだ。インターネットもアプリも使用できず、あなたがウェブにアクセスするのを防いでくれるカフェがいくらでもあるのだから。

人の役に立つ行動を習慣づける

他人のために何かをやることで幸福感が増すという人は多いはずだ。いますぐ慈善団体にたくさん寄付しなさいとか、さっさとボランティア活動をしに行きなさいと言っているわけではない。けれども、たとえ最終的にはやらない決断をしたとしても、検討してみる価値のある活動ではある。

私たちはみな自分自身の幸せに関心があるが、ほかの人たちに幸せが行き届いてほしいとも思っている。これは第6章の〈規範に合わせて幸せになる〉で説明したような、他人があなたの行動や感情に与える影響とはまったく異なる。むしろ、他人の幸せ自体があなたに与えている影響だと言える。

幸せを周囲に広めたいと思う理由はいくらでもある。まず、特定の団体や個人に直接的な関わりがなくても、あなたが不当だと思っている社会の不平等が減少すれば幸福感が増すだろう。それが、他人を気にかけるということなのだ。第2に、社会の不平等におよぼす影響にはとりわけ関心はなくても、直接誰かの手助けができれば幸福だと感じるだろう。これは、他人を思いやるということだ。では順に、これらのモチベーションについて考えていこう。この区別が私たちの行動の選択に影響してくるからだ。

人はみな不平等を嫌う

次に示す図では、左側のケーキは右側のケーキよりも大きく、あなたの取り分である薄いグレーの部分も左側のほうが大きい。そこで、大きさだけを重視するなら、左側のケーキを取るだろう。だが、左側の薄いグレーの部分は黒の部分よりも小さいため、その意味ではがっかりするかもしれない。右側のケーキでは薄いグレーの部分がほかと同じサイズなので、左側より小さくても右側のスライスを取ったほうが満足するというのも理解できる。とはいえ、右側のケーキがもっと小さかったら、きっと左側のスライスを取るだろう。問題は、絶対的なサイズと相対的な配

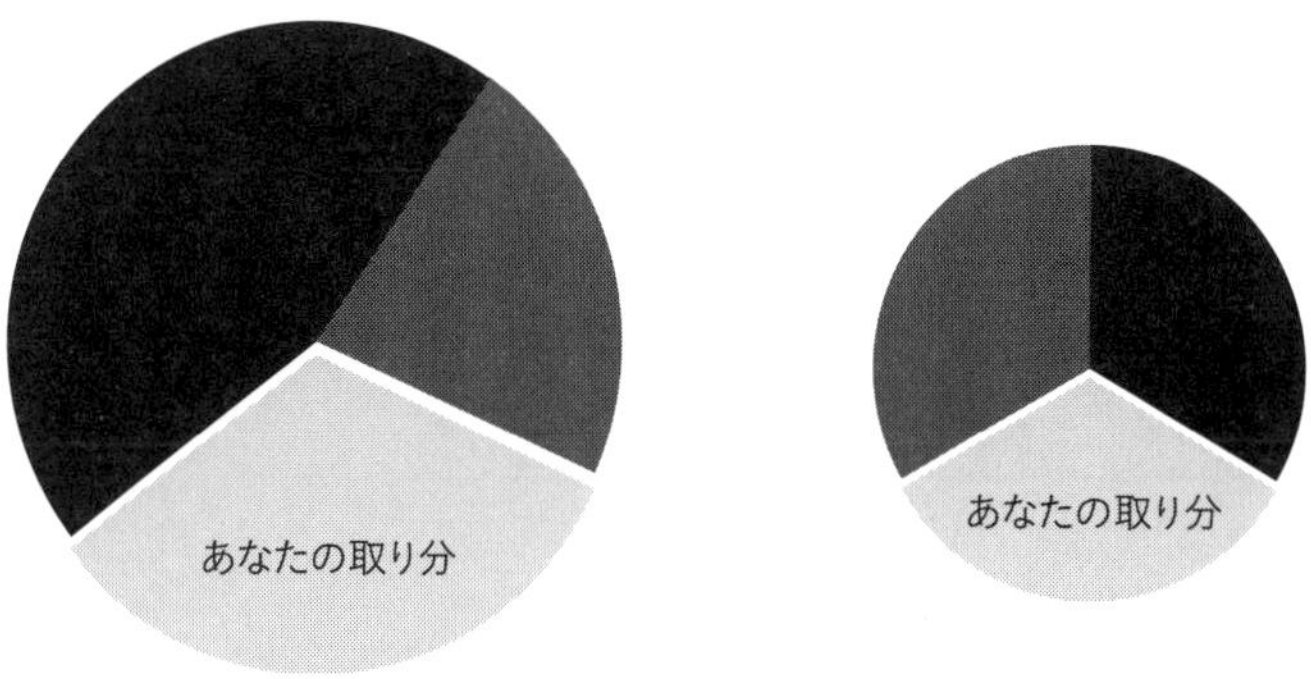

分のどちらを取るかなのだ。

かつて、私はすばらしい同僚たちと幾年にもわたって数々の研究を実施した結果、人は他人の健康にとても関心をもっていることがわかった。[24] アラン・ウィリアムズをはじめとする、その時代の研究者たちとともに私がこの研究にのめり込んでいったのは、医療補助の総額がいくらであるかだけでなく、それが誰にどのように配分されているかが関心の的になっていることがわかったからだ。もし私がいまでもこうした研究をやっていたなら、幸福の配分に直接注目しているだろうが、10年前は健康問題だけを重視していた。だが幸いなことに、健康は幸福製造プロセスにおける重要なインプットであり、医療補助の配分に関する人々の要望から、幸福やその他のインプットの配分に関する要望を推論することができる。

１９９０年代半ばに私がこの研究を始めたころ、医療補助の配分に関する国民の要望について、大規模な研究はされていなかった。そこで、私は研究費が得られた分だけ、できるだけ多くの人々に質問し始めた。ディスカッショングループやアンケートをはじめとする幅広い方法を用いたさまざまな研究によって、国民は政策介入によってどれだけ人々の健康を実現できるかを本気で気にかけていることがわかった。つまり、国民は医療補助というケーキの大きさに関心をもっているということだ。しかし、国民はより平等な配分にも関心をもっている。つまり、ケーキの一切れ一切れが同じ大きさであることを好むのだ。[25] 所得の配分に関する国民意識を調査した研究でも、同じようなことがわかっている。[26]

健康問題における公平さについて国民がどう考えているかを考察する最近の大規模な研究において、私とアキ・ツチヤはシェフィールド大学の同僚たちとともに、イギリス国民600人に一連の質問に二択で答えてもらう調査を実施した。一方の選択肢は最大多数の健康という観点から好ましいものになっていて、もう一方は不平等の減少といった別の観点から好ましいものになっていた。その結果はとても勇気づけられるもので、国民全体の健康上の犠牲があまり大きくならないならば、国民は不平等の減少を重視している。だが、国民全体の健康が大きく損なわれると言われると、最大多数の健康のほうを優先する。[27]

幸福そのものの配分に関し、国民が何を優先しているかに注目した調査は非常に少ない。イギリスの国家統計局（ONS）の協力を得て、私とロバート・メトカーフは約1000人のイギリス国民に対面式のインタビューで次のような質問をした。

どちらが好ましいと思いますか？――すべての人に妥当なレベルの幸福を実現する政策か、

全体としては高いレベルの幸福につながるものの、一部の人たちには高いレベルの幸福が約束され、残りの人たちには低いレベルの幸福しか約束されない政策。

結果として、回答者の89パーセントが第1の選択肢を選んだ。これは、国民は全体的な幸福の量よりも、幸福の配分に関心を寄せているということを示している。

私たちは別の国民1000人に、今度はオンライン調査で、生活満足度に関する同じような質問をふたつ出した。

政策1では、ひとりの人が生活満足度で評価5をつけ、もうひとりの人が評価9をつけました。政策2では、ひとりの人が評価6をつけ、もうひとりの人が評価7をつけました。最高の結果をもたらすのは、どちらの政策だと思いますか？

政策1では、ひとりの人が生活満足度で評価2をつけ、もうひとりの人が評価6をつけました。政策2では、ひとりの人が評価3をつけ、もうひとりの人が評価4をつけました。最高の結果をもたらすのは、どちらの政策だと思いますか？

どちらの質問でも、国民が好んだのは幸福度の差が小さいほうだった。回答者3人につきほぼふたりの割合で、第2の選択肢を選び、回答者7人につきほぼひとりの割合で、第1の選択肢を強く好んでいる（残りの回答者はどちらの選択肢がよいか決められなかった）。

しかし――この「しかし」は大きな逆接と捉えてほしい――こうした研究のすべてが焦点効果の影響を受けている。なぜなら、回答者は健康や幸せの配分の重要度について考えてほしいと要請されることで、それが実際よりも重要であるかのように思ってしまいがちだからだ。同じように、幸福の理想的な配分について国民が優先しているものは、現在の配分がどうなっているかに左右されることがわかっている。[28] こうした問題はどれもきわめて重要で、資源配分の決定において国民の意向を考慮するべきかどうか、そしてどう考慮すればよいのかを判断する際には、これを検討しなければいけない。実証研究の結果は、慎重に慎重を重ねて取り扱う必要がある。現状で、私はケーキのサイズと一切れの配分のどちらを優先すべきなのかわからないが、社会のなかの幸福の配分に私たちは影響を受け、なおかつそれに関心を寄せているということだけは自信をもって言える。

幸いなことに、「所得」という〝事実に基づく〟指標を参考にすることもできる。先進国では、経済成長により最も幸福な人たちと最も幸福でない人たちとの格差が縮まっているが、所得格差の拡大は幸福の平等を実現するうえでの障壁となっている。[29] アメリカ人とイギリス人は、所得格差が小さいほうが幸福でいられるようだ。[30] 日本、中国の都市部、ラテンアメリカでも、格差が小さいと幸福度が高い。[31] これとは対照的に、中国の農村地域では、格差が大きいと生活満足度も高かった。[32] これは、たくさん稼げるチャンスが公平にあるとされている場合、所得格差がときにチャンスの象徴とみなされることもあるということを示している。

ただし全体として、最大多数の幸福という観点から言うと、社会の底辺部にいる人々への援助に関心をもつのは筋が通っている。とくに、ケーキの小さな一切れしかもらえていない人たちに大きな一切れを得るチャンスがほとんどない場合はなおさらだ。さらに、より平等な社会がおおむね幸福な社会だとするならば、調査などしなくても、他人を思いやることのメリットは明らかだ。

他人を思いやると幸せになれる

不当な格差が解消された場合以外に、他人を直接思いやる場合にも私たちはよい気分になれるものだ。第2章で解説したように、ボランティア活動をしている人たちは、そこからかなりのやりがいを経験している。別の研究では、ボランティアをしている人、他人の手助けをしている人、慈善事業に寄付している人は、ほかの人たちよりも生活満足度が高く、よい気分でいられると報告されている。[33] しかし、ほかと同じように、幸福や不幸との相関関係を示す研究から因果関係を導き出す場合には、多少注意する必要がある。他人のために何かをしてあげている人たちは、そもそも幸せだったのかもしれない。そうは言ってみたものの、他人を思いやることで幸福を得られると示す適切な証拠も実際にあるようだ。今日、人からもらった20ドルを遣う贅沢が与えられたとしよう。それを他人のために遣いなさいと言われたら、自分のために遣いなさいと言われた場合よりも、幸せになれると調査が示している。[34]

ボランティア活動のように、他人のために自分の時間を遣うと、時間に追われている感覚が薄らぐと示す調査もある。[35] ならば、自分の時間の一部をやりがいのある活動に充てれば、むしろ自分の時間が増えたような気分になる。思いやりの気持ちから相手と一緒にいてあげると、あなたも相手も孤独感が和らぐ。孤独感は、幸福と同じように、伝染する。孤独感は、人とつながっている感覚よりも、勢いよく広がっていく。[36] 孤独感は健康にも非常に悪い影響をおよぼす。人との交流がない、仲間はずれにされている、孤立していると感じている高齢者は、今後6年間に亡くなる率が高く、それはおもに孤独感が健康に有害で直接的な影響をおよぼすからだろう。[37] ただあなたと一緒にいる機会を与えてあげるだけでも、相手の健康と幸福だけでなく、自分の健康と幸福にもよい効果をもたらしてくれる。

私たちが他人を思いやる理由の大部分は、自分自身がよい気分になれるからだ。妻のレスや子どもたちの気分が沈んでいると、私まで落ち込んでしまう。だから、彼らを元気づけようとする。それは彼らのことが大切だからでもあるし、自分が幸せになれるからでもある。おそらくマーク・トウェインだったと思うが、こんなことを言っている。「自分を元気づける一番よい方法は、誰かほかの人を元気づけることだ」。慈善事業への寄付に関する研究で、「温かなぬくもり」——他人を手助けすることから得られるポジティブな感情——を〝買うこと〟が、寄付の一番の理由だという示唆がある。[38] 温かなぬくもりという言葉は、好ましい感情を表すとてもよい例として私の心に響いた。自分がよい気分になるために他人を思いやるというのは別に悪いことではない。他人の役に立つことで自分がよい気分になるのは、ある仕事のプロジェクトをやり遂げてよい気分になるのとまったく同じで、そのうえ相手も恩恵を得るというボーナス付きだ（仕事のプロジェクトには必ずしも付いてくるとはかぎらない）。

私たちの多くはやりがいを感じることをたくさん実行する。それは自分にとってだけではなく、家族や友人にとってもよいことだ。ときには、他人の心配をすることで自分の幸せを犠牲にしていると感じることもあるだろうし、他人が自分のために同じようにしてくれていると感じることもあるだろう。だが、そうすることに腹を立てる人などひとりもいない。私の家族について言うなら、私とレスはたがいの幸せのため、とりわけ子どもたちの幸せのために、自分自身の幸せをさまざまなかたちで犠牲にしている。そもそも子どもをもつこと自体、種の進化のために幸せを犠牲にすることだと言ってもいいぐらいだが、もう知ってのとおり、自分の経験にやりがいが加わったことで、犠牲は小さく感じる。だが、そうは言っても、ときには子どもたちの幸せのために快楽もやりがいもあきらめているような気分になるし、レスは間違いなくそうだろう。私たちはことさら献身的な人間ではないが、子どもたちを思いやるがゆえ、彼らの幸せに注意を向け、たまに自分の幸せ以上に注意を向けることもある。

私には、人がほかの人を思いやる理由の根底にある動機を深く掘り下げたいなどといった願望はほとんどない。そんなことは、ほかのどこででもいやというほど研究されてきたことだからだ。ここであえて言うと、立場が逆になったら、相手が自分を助けてくれるだろうと想定すれば、他人の手助けをすることはたいてい自分にとって進化の観点からメリットがあるのだ。相互依存──相手が自分の背中を掻いてくれるなら、相手の背中も掻いてやれ──は、生き残りのために有益だ。どこまでも利己的であったり、無私無欲であったりするのは、ほとんど有益でない。[39]

1984年、ジェラルド・ウィルキンソンは、チスイコウモリ（吸血コウモリ）の習性からこの現象を論証しようと試みた。チスイコウモリは獲物の血液を摂取しなければちょうど24時間で危険なレベルまで体重が下がり、瞬く間に死んでしまう。彼らにとっては幸いなことに、別のチスイコウモリに口移しで血液を分け与えるというすばらしい習性がある。通常は親族間でこの口移しをするが、ときには親族でない仲間にも行なう。チスイコウモリのあいだで相互依存の力が働いているのかどうかを見つけ出そうと、ウィルキンソンはカリフォルニアからほとんどが親族でない9匹のコウモリを連れてきて、小さなケージに入れた。毎晩、8匹のコウモリは血液の摂取を許され、1匹だけは空腹に追いやられた。空腹のコウモリがふたたびグループの仲間に入ると、ほかの数匹のコウモリが飢えたコウモリに口移しで血液を与えてやった。彼らは遺伝子学的に親族ではなかったのに。口移しで与えてやったコウモリが夜の血液摂取からはずされる番になると、今度は以前に血液を与えてやったコウモリから与えられる傾向が見られた。[40]人間以外の動物のあいだで相互依存が働く決定的な証拠があると、すべての研究者が同意しているわけではないが、私の言いたいことはわかってもらえただろう。チスイコウモリが助け合いを理解しているなら、人間がそれをやらない手はない。

だが、面倒の見すぎというのもたしかにあり得るだろう。老人や病人、あるいは障害者が家族にいて、その面倒を見ている子どもたちは結果的に自分の人生であまり幸せになれないという。いじめられたり、ほかの同級生たちより成績が悪かったりする傾向が強い。[41] 自分のキャリアをストレスの多い状況で他人の世話をすることに捧げてきた人たち、例えば救急看護師やソーシャルワーカーなどは、極度のストレスや燃え尽き症候群——〝同情疲れ〟とも言われている——のリスクがある。[42] 親切が高じて、それを受ける側から疑念をもたれることもある。例えば、医療関係者はしばしば臓器移植レシピエントと親族関係にない生体臓器ドナーに対して、情緒不安定なのではないかと疑いの念をもつことがある。たとえ親族であっても、彼らの家族が臓器を提供しろと過度な圧力をかけたのではないかという疑いが消えないこともある。[43]

将来の自分のためにいまの自分を犠牲にすることについてこれまで述べてきたことは、他人のために自分の幸せを犠牲にすることにも通じる。犠牲を払うのはそれだけの価値があるのだと自信をもっていい。あなたが一生懸命面倒を見た相手は、あなたの犠牲によって本当に幸せになれるのだ。幸いなことに、他人の面倒を見るのはやりがいを感じられる行為だということを考えると、自分が犠牲を払っていることについていつまでもくよくよ考えることはなく、自分を——そして相手も——幸せにしているということに集中すればよい。

なぜもっと人のために行動しない？

私たちはたいてい、自分自身にとっても別の誰かにとってもメリットになるような経験から多少の快楽と多くのやりがいを得るのに、どうして他人、とりわけ家族や親しい友人以外の人々のためになるようなことをもっとしないのか、興味をそそられるところだ。例えば社会的消費よりも個人消費のほうが多くの快楽とやりがいをもたらすという誤った考えのように、他人のために活動することを邪魔するような、幸福の根源についての間違った認識があるのではないかと、私は考えている。その証拠に、人は20ドルを他人のために遣うほうが、自分自身のために遣うよりも幸せになれるという実験結果を聞いた人は、それはあべこべなのではないかと思うという。

私たちはまた、注意が結果よりも決断に集中していると、誤った予測をしてしまうのかもしれない。先ほどの実験の場合、20ドルを取っておいて自分自身のために遣うか、他人のために遣うか、その金銭的な違いに集中していて、そこから得られる幸福には注意を向けていない。〝他人の役に立つ〟活動というラベルを付けてしまうと、自分自身の幸福を考えようとしない。むしろ、自分の行動で相手はどれだけ幸せになるのかという間違った方向に注意を集中させてしまう。

以前の章で説明したとおり、時間をもっていないのではなく、時間を作っていないだけなのに、おそらく忙しすぎて他人の面倒まで見ている暇がないと思いたいのだろう。あるいは、実際のところ自分が思っているほど気前のいいふるまいをしているわけでもないのに、自分は気前のいい人間だと思っているのかもしれない。そして、第4章で説明した根本的な帰属の誤りによって、他人の現状をその人たちの性質のせいにし、そのため彼らを手助けしても何の意味もないと思ってしまう。

こうした理由から、私たちには道徳的に正しい行動に対する〝盲点〟があるようだ。[44] この盲点を、幸福を広めるのに役立つ〝注目点〟に転換する方法を検討する必要があるだろう。

決断

私たちには誤った願望、誤った予測、誤った思い込みをもつ傾向があるという事実、そして第5章の内容を思い出してみたら、もっと正確に期待を現実に合わせられるようなフィードバックをさがせるはずだ。最後に他人を気にかけたり思いやったりしたとき、どんなに幸せだったか思い出してみよう。そして、将来どんなお世話をしようかと考えるときには、この情報を使えばよい。ここで一日再構築法（DRM）がどんなに役立つかわかるだろう。ある調査によって、他人に親切にしたときのことをただ思い出すだけでも、幸福度を上げられることがわかっている。[45]

幸福の再配分にあなたが貢献した影響を目立たせ、意識することもできる。こんな実験がある。自らの意志でユニセフに寄付をしようとしている人たちを無作為にふたつのグループに分ける。第1のグループは子どもたちを支援するチャリティの一般的な優先順位や活動のタイプを知らされており、第2のグループは「10ドル集まるごとに、アフリカの子どもたちの蚊帳《かや》が買えます」

といったぐあいに、寄付の影響について具体的に知らされていた。すると、具体的な情報を知らされていた人たちのあいだでだけ、多額の寄付が生活満足度の高さと結びついていた。慈善事業への寄付は、寄付金の行き先とその寄付金が誰のために、どのように役立つのかが明確になっている場合、幸福にとても大きな影響をおよぼすようだ。[46] そこで、あなたが時間やお金を提供しようと決断した場合、それを役立てる方法が具体的に知らされるなら、あなたは幸福という大きな果実を収穫できるだろう。

一般的な決断の場合、誰かを気にかけたり思いやったりする文脈を記憶しておけば、将来においてその文脈を再現してみることができるだろう。例えば、ワーカホリックな自分には忙しくて通常勤務している時間は他人のために活動することなどできないと思っているなら、ストレスで疲れ切った妹を週末か休暇中に訪ねる計画を立てれば、妹に手を貸してあげることで幸福を経験できることだろう。あまり考え込まないようにすることも大切だ。あるゲームで、ほかの人たちがみな協力してくれたら、プレーヤーがその分金を稼げるというルールになっているとき、どう動くかを決断する際の時間が短いほど、協力してもらえる率が高くなったという。[47]

設計《デザイン》

人の役に立つ行動を促すには、そのきっかけを準備しておくのもいいだろう。ある実験で、プリンストン大学の学生たちに、行動、価値観、ライフスタイル、あこがれのスーパーヒーローの外見を一覧表に書き込んでもらい、大学内の慈善活動組織に案内したところ、対照グループとして、寮の部屋の特徴を書き込んでもらった学生の2倍の時間をボランティア活動に捧げた。[48] また別の実験では、アリゾナ大学の学生に、ひとつのグループには自分自身の死について考えたこと、感じたことを書き留めてもらい、もうひとつのグループには歯の痛みについて書き留めてもらったあと、教育系の慈善団体への寄付を依頼したところ、死について書き留めたグループは、歯痛について書き留めたグループの2倍以上の小銭を寄付した。[49] この結果は〝スクルージ効果〟という異名を取っている。そこで、次に映画やスクリーンセーバー、銀行のパスワードなどを選ぶ際、人の役に立つことをしたくなるようなものを選んではどうだろうか。私の友人に、ある本の登場人物で利他主義を体現する僧侶の名を銀行のパスワードとして使っている人がいる。いろいろ試してみて、効果的なものを選ぼう。

もうひとつ、あなたの幸福度が慈善事業への寄付額に影響を与えるということを心に留めておいてほしい。私はロバート・メトカーフ、ダニ・ナバロ＝マルティネスとともに、ロンドン市内および周辺の住民を対象にあるオンライン実験を行なった。被験者は40分でできるだけ多くの画面上のスライダーバーをその中間点まで動かすという、退屈だがきついタスクを完了することによって、賞金をもらう。無作為に選んだ一部の被験者にはタスクの成績がよかったと伝える（実際の出来とは無関係）。実験の終わりに、すべての被験者がもらった賞金の一部を慈善事業に寄付する機会が与えられる。どんな結果が出たか想像がつくだろうか？　成績がよかったと伝えられた被験者による寄付は、フィードバックを与えられなかった被験者にくらべて、著しく低かった(前者が34パーセント、後者が50パーセント)[50]。この結果が示しているのは、寄付しようという意欲は動機によって決まるということだ。気分がいいと、よい行ないをしようというインセンティブが少なくなる。これは「許可する波及作用」の一例だということを思い出してほしい。この波及作用からいくらか恩恵を引き出す方法は、あまり幸せを感じていないときに、慈善事業に寄付することだ。そうすれば、あなたの幸福感は高まるはずだ。

ここでもデフォルト作戦は有効だ。あなたが気にかけている不平等を抑制する目的で慈善事業に寄付しようと思うなら、まずは気に入ったものを選び、給料日に引き落とされるように手続きすれば、お金が惜しくなることはない。コミットメントをするのもいいだろう。世界の飢餓を終わらせようと決意するのは高潔で崇高な目標だが、おそらく惨めな思いをするだけだろう。そんな目標はすぐに達成できないからだ。そんな崇高な目標ではなく、貧困者のための炊き出しに参加するぐらいの小さくて扱いやすいコミットメントをするべきだ。こんなふうに他人を思いやることで、不平等を解消したいという思いを具体的な行動に移すことができる。そして、コミットメントを人に知らせることで、それを守りやすくなる。

ここでもほかと同じように、社会規範のパワーを見くびってはいけない。タンザニアの狩猟採集民ハッザ族の社会に関する研究によると、自ら進んで仲間の成人たちにハチミツ棒を与える人たちは、同じように仲間に進んで物を与える友人ができやすいことがわかった[51]。気前のよさは伝染するのだ。イギリスで実施された別の調査では、その街のリサイクル実績を笑顔やしかめっ面で表現してポストカードにしたところ、リサイクルの社会規範が活性化され、全体としてリサイクル率が向上した。[52]

人々の地位や立場に関する社会規範は、他人への気遣いや思いやりにとりわけ強い影響をおよぼす。ざっくり言えば、「誇示的思いやり」――以前ジャン・アベル・オルセンと私が〝誇示的利他主義〟と呼んでいたもの――を積極的に奨励していくべきなのだ。[53]私がこれまであまり積極的に研究してこなかったテーマだが、もっと研究するべきだったと思っている。研究を続けるうちに、よい結果を求めて行動していれば、動機なんてあまり重要でないと気がついた。私が関心をもつのは結果だけで、そのなかでもとくに幸福感がどうなるかという結果を気にしている。人々にちょっとしたきっかけを与えて、他人を気にかけたり思いやったりする気にさせ、自分が相手からどう思われているかに関心をもたせ、その結果彼ら自身が幸せになれたら、みんなにとってよいことだ。誇示的思いやりは、すでによく知られている誇示的消費という概念に似ている。誇示的消費とは、自分の財力を他人に誇示するために贅沢な物を買うことをいう。[54]

また、こんな調査もある。寄付者の名前を寄付金額の範囲とともに公表すると、寄付者の大部分は公表される範囲内の最低額を寄付するようになるという。カーネギーメロン大学が１０００ドルから４９９９ドルの範囲で寄付した寄付者の名前を公表した。ただし、具体的な額は表示していない。１９８９年度に、この範囲内の寄付をした人の約70パーセントは、その寄付金がぴったり1000ドルだった。同様の方針がカーネギーメロン大学の「キャメロン・クラン」という基金への寄付でも採用され、ここでは500ドルから999ドルの範囲で寄付をした寄付者の名前が公表された。この基金への平均寄付金額は525ドルだった。ハーバード・ロースクール基金も1993年度に同じ方針を採用したところ、93パーセントの人の寄付金額がちょうど500ドルだった。[55]

私たちには自分の行動を誇示したい願望があるということが、環境に優しい製品の購入はプライベートな場よりも公の場のほうが多いという事実からもわかる。また、お金を出しているところを他人が知っている場合は、自分のために取っておかずに、地元のコミュニティに払う傾向が強い。[56] プリンストン大学の学生を対象にした調査で、キーボードのキーを押すことで赤十字に寄付してもらうと、他人に寄付した額を教えなければいけない場合のほうが、教えなくてもよい場合よりも、キーを押す回数が増えるという結果が出た。[57] 他人とどちらが気前がいいかを競っていると、そうでない場合より、人は気前がよくなる——また、個人的な利益を競っている場合とくらべても、気前がよくなるという。[58]

総じて言うなら、あなたがどの程度金持ちかは、あなたの仕事や住んでいる場所、乗っている車、着ている洋服などから判断できる。だが、どの程度気前がいいかは、何らかの方法で示してくれないかぎりわからない。概して、自分が人の役に立つことをしているなら、それを人に知らせたほうがいい。それも、「見て！　私ってりっぱでしょ」と見せつけるのではなく、自分も相手も気分がよくなるような方法で知らせるべきだろう。慈善活動は誰も見ていないところで始まるかもしれないが、ほかの人にも知られることによってどんどん推進される。

実行

幸福になることを実行するという意味では、周囲の人たちのなかでケーキの取り分が小さく、あなたが何かやってあげられる人たちに注意を向けるべきだ。それが慈善事業への寄付であれ、傷つきやすいティーンエイジャーの助言者《メンター》としての登録であれ、あるいはたんに不幸な友人の話を聞いてあげることであれ。だからこそ、自分が行なった慈善事業への寄付によってもたらされた幸福に注意を向けられるように、慈善団体からのニュースレターやEメールなどで自分が寄付をしたという事実を思い出すようにしたほうがいい。

あなたも、誰かと一緒にいると気分がよくなることは知っているだろう。ならば、慈善活動を自分ひとりでやるのは（例えば、オンライン寄付など）、それを誰かと一緒に行なう場合にくらべて、快楽ややりがいの度合いは落ちる。アメリカのタイム・ユーズ・サーベイ（ATUS）からもわかるとおり、ボランティアはひとりでやるよりも、誰かと一緒にやったほうが、大きな快楽とやりがいにつながる。不平等を解消するため行動を起こすときは、誰かと一緒に実行することを考えよう。

また、注意が散漫になっていると、他人の不運を彼ら自身のせいにしてしまう傾向があることを示す調査結果がある。野球場で照明器具が脚に落下して骨折したマイクという男性に、どの程度の補償を支払うべきだと思うかと尋ねられたとしよう――ただし、彼は〝盗んだ〟チケットの座席に座っていた。このとき、いきなり補償額の判断をするのではなく、いくつかの単語が並んだリストを読み、補償額の判断をしているあいだその単語を思い出してくれと言われたとしよう。判断をしたあと、単語を思い出さなくてはいけない場合、補償額を低く抑え、責任はマイクにあると彼を非難する傾向が強まる。[59] 集中さえしていれば他人のために行動できるのなら、他人を気遣ったり、面倒を見たりするときには、注意が逸れないようにするべきだ。

効率よく幸せを製造しよう

あなたの幸福が最大の関心事であれば、おそらくぐずぐず先延ばしなんてせず、適度な範囲で他人のことを気にかけ、思いやろうとするはずだ。しかし、できるだけ幸せになるための注意の配分がうまくいっていないと思うときには、決断・設計・実行の3つのステップを通して、バランスの取れた状態を見いだせるだろう。**決断**によって、幸福に関するどんな疑問にも答えが出せるだろう。**設計**によって、導き出した答えを容易に実行に移せるようになる。**実行**によって、あなたの注意資源がスムーズに使われるようになる。これらは柔軟性のある原則なので、人生におけるどんな経験にも応用することができるはずだ。

結論

ここまでみなさんとともに長い旅を続けてきたが、私にとってそうであったように、みなさんにとってもこの旅が快楽とやりがいに満ちたものであったと思いたい。この旅を通して、自身の幸福に効果的に注意を向けるすべを学び取ってもらえていたら幸いだ。あと少し、私の最終的な見解にみなさんの注意エネルギーを向けていただきたい。

幸福は何より大事なものだ。あなたにとって大事なことがなぜ大事なのかと何度も訊かれたら、あなたは最後にきっとこう答えるだろう。「幸せになれるからだよ」[1]。オードリー・ヘプバーンがそのものずばりのことを言っている。「何より大事なのは人生を楽しむこと——幸せでいられること——それがすべてです」。さらに、幸福は多岐にわたってすばらしい結果をもたらしてくれ、しかもそれがほかの人にも伝染する。それゆえ、幸福の追求はどんな人にとっても崇高で真剣に取り組むべき目的なのだ。

何かを追求しよう、あるいは何かを向上させようとしているなら、その対象を明確にするのは当然のことだ。幸福は国際的な評価基準である生活満足度によって測定されているケースがほとんどだが、本来は本人の継続的な感情によって測定されるべきものだ。「評価する自己」が大手を振っている、その現状についてダニエル・カーネマンはこう言っている――自分の行動を決定する際に、私たちは「経験する自己」よりも「評価する自己」の意見を聞きすぎる、と。私もまったく同感だ。自分はいまどの程度幸せだと思っているか、どのくらい幸せであるべきかよりも、自分が実際にどのくらい幸せを感じているか、その感覚に耳を傾けてほしい。

これまで述べたように、感情という言葉を使うとき、ただ一般的な〝情〟のことではなく、経験と結びついた快楽ややりがいを表す心情のことを指している。私たちはみな、生まれてから死ぬまで自分自身と大事な人たちのためにこの心情を最大にするよう努めていくべきだ。政策立案者も同様で、その際彼らは、私たちが社会の底辺にいる人たちの苦しみに心を痛めているという事実をきちんと考慮しなければいけない。愛、人生、そして世界は快楽とやりがいの法則(PPP)と関連しているのだ。

このPPPを使って考えれば、少々疑問に思うような行動の多くも説明がつく。ここでまた、アマチュア・ボディビルディングの世界の話をさせてほしい。興味のない人には申し訳ないが、これが私の生活の3本柱のひとつ(あとのふたつは家族と仕事)なのだ。一見すると、大会に出ることはまったく割が合わない。ボディビルディングをやっている男たち(大半が男性だ)は、何時間も厳しいトレーニングをし、できるだけ身体を大きくするためにたくさん食べる。そして、できるだけ多くの筋肉を維持するために厳しいダイエットを3カ月続け、その間に体脂肪をだいたい3パーセントまで落とす。大会前の最後の数週間はとりわけ厳しい。筋肉を維持し体脂肪を落とすため、来る日も来る日も鶏肉とサヤインゲンの食事が続く。そして、ステージ上で盛り上がった筋肉を見せられるように、大会前の数日間は、ベイクドポテトとリンゴを起きているあいだ1時間ごとに交互に食べる。

筋肉を見せびらかしてステージに立つ数秒間のためにこれだけのことをし、タンゴマン〔訳注 オレンジ色のソフトビニールの人形〕の顔が青白く見えるほど日焼けして――きわめつけは――小さなビキニパンツを穿く。しかも、まず勝つことはないと思っていたほうがいい。たとえ勝てたとしても、商品は安っぽいトロフィーだけで、大会会場まで行く費用ほどの価値もない。しかし、ボディビルディングは継続的なＰＰＰの観点から言えば立派に意味がある。ダイエットは非常に辛いだけだが、同時にやりがいもある。自分の身体を限界まで追い込むというところに、やりがいを見いだせるのだ。

けれども、活動のなかには楽しくもなければ、やりがいもないものもある。もちろん、将来の幸せや、大事な人の幸せのためにいまの幸せをあきらめたってかまわないが、現在進行中の活動から自分もほかの誰かも何の恩恵も期待できないなら、率直に言って、別の活動をするべきだ。こんな古いジョークがある。「このあいだ医者に行って、私が『こうしてると痛いんです』と言うと、医者は『じゃあ、しなければいい』と言ったんだ」。私たちは幸福に代替物があると思っている――お金と同じように、比較的簡単にあっちこっち動かせるものだと思っている。困ったときのためにお金をためておいて、そのときが来なければ残念なだけだが、将来の幸せのためにいまの幸せをあきらめて、将来幸せになれなかったら、それこそ悲劇だ。

私のなかの経済学者は、乏しい資源の配分という観点から注意について考えている。私のなかの心理学者は、注意は特定の文脈によって無意識的に振り回されると同時に、意識的に配分できるものであると認識している。本当はもっと幸せになれるのに、そうなれない要因はたくさんあるが、幸福の製造プロセスを機能させれば、**決断、設計、実行**の3ステップで注意をうまく配分し直し、幸せになれるのだ。

次の文章を見て、その中に「f」がいくつ含まれているか数えてみてほしい。

Finished files are the result of years of scientific study combined with the experience of years.

あなたの答えは3つだろうか、それとも6つだろうか？　この文章には6つの「f」が含まれているが、3つと答えた人も少なくないだろう。私たちの脳は「of」の中の「f」に気づかないからだ。比喩的に言えば、もし「of」の「f」（幸福製造プロセスのインプット）に注意を向けると不幸になるなら、無視するのが賢明だろう。だが一方で、これに気づいていれば幸せになれるかもしれない。ならば、まずは文中のすべての単語に（幸福製造プロセスのすべてのインプットに）慎重に注意を向け、それから大きな幸せをつかむための決断、設計、実行の3ステップで、あなたに幸せをもたらすものに容易に注意が向くようにするべきだ。

私が吃音にある程度対応できるようになったのは、自分自身と自分の話し方に現実的な期待をしようと決断し、自分の会話障害にきちんと向き合えるようデフォルトとコミットメントを設計し、自分の話し方や他人の反応に対する過度な不安を捨てられるような活動を実行したためだ。あなた自身の心配事の影響も吃音の影響とそれほど大きな違いはないかもしれない。ならば、幸せになれるように注意を向け直すための策も、非常に似ているかもしれない。

おおむねここまでのところで、ささやかだが効果的な方法で自分自身にきっかけを与えてやるほうが、まったく別の人間になれとか、これまでと極端に違うライフスタイルをもてと〝強要〟するよりも、ずっとたやすいということがわかってもらえただろう。自分の行動の大半は文脈に左右され、自分自身の内的心理だけに支配されているわけではないと理解していれば、幸せをもたらす状況を呼びよせ、不幸になるような状況は避けることができるだろう。自分自身が置かれている状況はある程度コントロールできるが、いったんこうした状況に身を置いたら、ある決まったやり方で行動する自分の傾向はほとんどコントロールできない。

〝attention（注意）〟という単語は、ラテン語で〝reach toward（目指す）〟を意味する言葉に由来するらしい。PPPに従って、あなたが最高の幸せという究極のご褒美を目指していける状況にあることを願っている。あなたは、いまこの瞬間から最高の幸せを目指していける。幸せをもたらすものに注意を向ければ向けるほど、幸せになれる。そして、自分が惨めになるようなことはやめよう。変えるべきはどう考えるかではなく、何をするかだ。あなたが何をするかであなたという人間が決まり、何に注意を向けるかで、あなたの幸せが決まる。だから、あなたと大事な人たちが幸せになれるものに注意を向けていこう。

ゆっくりウォームダウンしよう

あなたがコーヒーや何かもっと強力な刺激を求めて横道に逸れる前に、もうひとつやってほしいことがある。本書のはじめにやったエクササイズを覚えているだろうか？　それをもう一度やってほしいのだ。おそらく、いまなら快楽とやりがいの区別がはっきりついているだろうから。

本書のはじめに見た20項目のリストをもう一度あげておく。そのなかで、最も快楽をもたらしてくれるものをふたつ選ぶとしたら、どれを選ぶだろうか？　最もやりがいを感じるものをふたつ選ぶとしたら、どれを選ぶだろうか？　あなたがどんな回答をしようと、前回とどう変わっていようと、本書を読んで快楽を与えてくれるものとやりがいを与えてくれるものが明確に理解できていればそれでいい。

快楽についてあなたが選んだふたつの項目のそれぞれに対して、実現がどの程度むずかしいかを0から10で評価してほしい。実現がまったく困難でないなら〝0〟、きわめてむずかしいなら

		最も快楽を与えてくれる	最もやりがいを与えてくれる	実現のむずかしさ（0～10）
1	財力			
2	新たな経験			
3	子どもの存在			
4	子どもとの時間			
5	子どもの独り立ち			
6	新しいパートナー			
7	たっぷりの睡眠			
8	セックス			
9	通勤時間の短縮			
10	友人との時間			
11	新居			
12	新しい仕事			
13	新しい上司			
14	新しい仕事仲間			
15	エクササイズ			
16	健康的な身体			
17	スリムな体型			
18	禁煙			
19	休暇			
20	ペットの存在			

〝10〟といったぐあいだ。また、やりがいについてあなたが選んだふたつの項目のそれぞれに対しても、実現がどの程度むずかしいかを同じ基準で評価してほしい。最大の快楽とやりがいを与えてくれる項目の実現が、以前よりもたやすいと感じてくれていることを願っている。そうでないなら、項目を選ぶ時点で、以前より意欲的になっているのだろう。

この本を執筆したことで〝幸せ教授〟である私はとても幸せになれたし、書き上げたことでもっと幸せになれた。この本を読んで、あなたがポジティブな感情をもつことに貪欲になり、多くの快楽とやりがいを感じ、生活のなかにたくさんの幸せ経験が生まれていることを願っている。私はこの本をどうやって締めくくろうかと長い間一生懸命に考えてきた。それというのも、これまで学んできたとおり、一番最後が最も記憶に残るのだから。だから、もう一度言わせてほしい。未来の幸せでいまの不幸を埋め合わせることはできない。失った幸福は永遠に失われたままだ。いまこそ、エネルギーをたっぷり蓄えた注意製造プロセスの力を借りて、日々の生活のなかに快楽とやりがいを探し始める絶好のときなのだ。

謝辞

ここで、私は自分ひとりでは何もできなかったという話をするのが習わしだ。実際のところ、これは正確ではない。私は本書を自分ひとりで書き上げることもできたのだから――ただ、それではたいした本は書けなかっただろう。この『幸せな選択、不幸な選択』を私自身が誇れる本にするために、多くの人が手を貸してくれた。そして、彼らもこのプロジェクトに関わったことを誇りに思ってくれていることを願っている。ここで、協力してくれた人たちを紹介しよう。

プライベートでサポートをしてくれた妻のレス。私が執筆に集中できるよう、何度も子どもたちを外へ連れ出してくれた。彼女のすばらしい性格のおかげで、私は地に足をつけて仕事に臨むことができ、笑いを忘れずにいられた。

知的インスピレーションを与えてくれたダニエル・カーネマン。私が出会ったなかで、最も頭がよく、最高の人格者だ。

並外れた能力をもつ研究員のローラ・クドゥルナ。いつも電話やEメールで私のまとまりのない話を聞いて、それをまともな理論にまとめあげる手伝いをしてくれた。そして、その理論を裏付ける（反証となったケースも多かったが）調査結果を見つけてきてくれた。彼女には、第2章で報告した快楽とやりがいに関する新しいデータの分析をすべて任せた。最後の段階で見せた彼女の仕事ぶりは私と（ほぼ）同じくらい熱心で徹底しており、特筆すべきものだった。

調査において計り知れない支援をしてくれたリズ・プランク。執筆当初からの協力者で、私のアイデアに大きな刺激を与えた興味深い研究をいくつも見つけてくれた。同じく調査支援をしてくれたケイト・ラファンは、記録的な速さで国家統計局（ONS）のデータ分析を進めてくれた。

さらに、ダニエル・デービスとメラタ・スネデンは、このプロジェクトの初期のころに調査支援をしてくれた。

共同研究者たちには大変お世話になった。本書に書かれた情報の多くは彼らとの共同研究の成果であり、彼らはまた本書の内容に丁寧なコメントを寄せてくれている。ロバート・メトカーフは、数年前私のもとで博士号を取得したため、私を学者生活における父のように慕ってくれているが、やがて学者として父を追い越す日が来るかもしれない。デビッド・ブラッドフォードは優秀な経済学者で、私のなかにいまでも潜んでいる経済学者の部分を思い出させてくれる。ジョージ・カベツォスとマテオ・ガリッツィは、とても頭の切れるポスドクで、私が出会ったなかで最も心の優しい人たちだ。グレース・ローダンとキャロライン・ルディシルはともにロンドン・スクール・オブ・エコノミクスのなかでも非常に優秀な講師で、大きな力になってくれた講師。イボ・ブラエブはときに異星人のように感じる人物だが、とてもすばらしい発想の持ち主だ。

さまざまなコメントを寄せてくれた人たちにも感謝したい。私の親友であるミゲル・ラブレス・ハーグリーブズ、トレーニングパートナーのディクシー・ディーン、エクササイズについてすばらしい提案をしてくれたポーラ・スキッドモア、優秀な博士課程の学生で、幸福に関するデータを扱う達人のダニエル・フジワラ、ともに外科医で、彼らが博士号を取得した際に私が指導教授を務めたドム・キングとヘンリー・リー、初期段階の草稿に寄せてくれたコメントが大きな改善へとつながったリーザ・ウィッター、非常に洞察に富んだコメントを寄せてくれたオリバー・ハリソン、最終段階での改善にヒントを与えてくれたクロエ・フォイ、最初の売り込み段階で力になってくれたスティーブ・マーティン、最初に正しい方向性を示してくれたヘレン・コイル。

大切なエージェントであるマックス・ブロックマン。企画書作りや契約の段階からずいぶんと力になってくれ、本が出来上がるまで穏やかに見守ってくれた。

そして、私を信頼してくれた編集者のクリスティーナ・ロドリゲスとアレクシス・キルシュバウム。プロジェクトをサポートし、私ひとりに任せず、読者の共感が得られるような素材の見せ方について手助けしてくれた。

協力してくれたすべての人たちに心からの感謝を捧げる。もし付き合っている仲間を見れば本人の人格がわかるという言葉が正しいなら、私は非常にすばらしい人物だと――もしくは非常に幸運な人物だと――判断されるだろう。仲間たちは〝幸せをデザインする〟手伝いをしてくれたが、それ以上に、私に日々大きな快楽とやりがいをもたらし続けている。

訳者あとがき

「あなたはいま幸せですか？」

　この問いにあなたならどう答えるでしょう？

「毎日楽しいことばかりで、最高に幸せ！」と答える人もいれば、「大きな仕事を抱えていて、楽しいことなど何もないから不幸だ」と言う人もいるでしょう。一方で「生活はきついけれど、目的があるから幸せ」とか、「楽だけれど、生きがいがないから不幸」と答える人もいるでしょう。

　答えもさまざまですが、幸せかどうかの基準も人によってばらばらです。では、いったいどんな状態が本当の幸せなのでしょうか？

　その問いに、行動科学に基づいて幸福の研究に取り組んできた著者が、明快な答えを出してくれています。

　著者のポール・ドーランは、もともと経済学の分野で研究者としてのキャリアを歩み始め、現在は行動科学の教授として、ダニエル・カーネマンらとともに数多くの研究に携わってきた、いわば「学問の人」ですが、一方でイギリス政府の経済評価に関するチーフ・アカデミック・アドバイザーとして、机上の論理に留まらず、実社会でも国民の幸福に貢献する「実践の人」でもあります。こうした経歴から生まれた彼の幸福へのアプローチは、経済学と心理学が融合したとてもユニークなもので、読者のみなさんの幸福に対する考え方を一変させることでしょう。

また、その理論は行動科学における最新の研究結果に裏打ちされており、本書のなかでも興味深い研究結果が数多く紹介されています。

ドーランはまず、幸福を〝快楽とやりがいが持続すること〟と定義し、生活全般を「評価」するのではなく、いま「経験」していることに注意を向けるべきだと言います。自分が幸せであるかどうかは、全体像を写した〝スナップ写真〟ではなく、実際に経験していることを継続的に映し出した〝映像〟として捉えようというのは、とてもわかりやすい喩えです。本書では、日々不満だらけの職場にいながら、マスコミ関係の一流企業に勤めているという事実に満足している女性の例が出てきますが、仕事以外でも結婚生活や人間関係において、同じような過ちを犯してしまっている人が意外と多いのではないでしょうか。

そして、「快楽」と「やりがい」が長期的に見てバランスの取れている状態が幸せなのだと、ドーランは言います。どちらかに偏った快楽型またはやりがい型なら、足りない方を補えばより幸せになれるわけです。本書には、自分の生活に「快楽」と「やりがい」のどちらが多いかを見きわめ、足りない方を補ってうまくバランスを取るための具体的かつ簡単な方法がいくつも紹介されています。それを実践すれば、今よりもっとポジティブな感情を多く経験することができるはずです。

また、本書では減量や禁煙といった多くの人たちが取り組んでいる身近な問題も扱っています。身近な問題とはいえ、本書で紹介しているアプローチは行動科学の研究に基づいたものですから、今まで成功したことがないという人たちも新たな気持ちでチャレンジしてみてはいかがでしょうか。

本書を読んで、幸せの捉え方が変われば、より多くのポジティブな感情に包まれて生活することができるでしょう。本書が、「快楽」と「やりがい」に満ちた人生への第一歩になることを心から願っています。

最後に、すばらしい本との出会いとともに、思いがけない喜びと大きなやりがいを与えてくださった、早川書房の坂口玲実さんに心より感謝いたします。

2015年　夏

中西　真雄美

原注

序章

1. Gordon N. Stuttering: incidence and causes. *Developmental Medicine & Child Neurology* 2002; 44: 278–82.
2. Peters ML, Sorbi MJ, Kruise DA, Kerssens JJ, Verhaak PF, Bensing JM. Electronic diary assessment of pain, disability and psychological adaptation in patients differing in duration of pain. *Pain* 2000; 84: 181–92.
3. James W. Does consciousness exist? In: *The William James reader: vol. 1*. Wilder Publications, 1898.〔「意識は存在するのか」ジェイムズ『純粋経験の哲学』岩波文庫、伊藤邦武編訳〕
4. Currie J, Vigna SD, Moretti E, Pathania V. The effect of fast food restaurants on obesity and weight gain. *American Economic Journal: Economic Policy* 2010; 2: 32–63.
5. Mazar N, Amir O, Ariely D. The dishonesty of honest people: a theory of self-concept maintenance. *Journal of Marketing Research* 2008; 45: 633–44.

第 1 章

1. Kahneman D, Riis J. Living, and thinking about it: two perspectives on life. *Science of Well-Being* 2005: 285–304.
2. Clark AE. What really matters in a job? Hedonic measurement using quit data. *Labour Economics* 2001; 8: 223–42; Hirschberger G, Srivastava S, Marsh P, Cowan CP, Cowan PA. Attachment, marital satisfaction, and divorce during the first fifteen years of parenthood. *Personal Relationships* 2009; 16: 401–20.
3. Feldman F. *Pleasure and the good life: concerning the nature, varieties, and plausibility of hedonism*. Oxford University Press, 2004; Haybron DM. *The pursuit of unhappiness: the elusive psychology of well-being*. Oxford University Press, 2008.
4. Vitterso J, Oelmann HI, Wang AL. Life satisfaction is not a balanced estimator of the good life: evidence from reaction time measures and self-reported emotions. *Journal of Happiness Studies* 2009; 10: 1–17.
5. Deaton A. The financial crisis and the well-being of Americans: 2011 OEP Hicks Lecture. *Oxford Economic Papers* 2011; 64: 1–26.
6. Schwarz N, Strack F, Mai H-P. Assimilation and contrast effects in part-whole question sequences: a conversational logic analysis. *Public Opinion Quarterly* 1991; 55: 3–23.
7. Watson D, Tellegen A. Toward a consensual structure of mood. *Psychological Bulletin* 1985; 98: 219–35.

8. Kahneman D, Deaton A. High income improves evaluation of life but not emotional well-being. *Proceedings of the National Academy of Sciences* 2010; 107: 16489–93.
9. Bentham J. An introduction to the principles of morals and legislation. Oxford University Press, 1907.〔「道徳および立法の諸原理序説」ベンサム／J. S. ミル『世界の名著 49』中央公論社、山下重一訳〕
10. Watson D, Tellegen A. Toward a consensual structure of mood. *Psychological Bulletin* 1985; 98: 219–35.
11. Mauss I, Wilhelm F, Gross J. Is there less to social anxiety than meets the eye? Emotion experience, expression, and bodily responding. *Cognition & Emotion* 2004; 18: 631–42.
12. Oliver MB, Hartmann T. Exploring the role of meaningful experiences in users' appreciation of good movies. *Projections* 2010; 4: 128–50.
13. Ryff CD. Psychological well-being in adult life. *Current Directions in Psychological Science* 1995; 4: 99–104.
14. Nelson SK, Kushlev K, English T, Dunn EW, Lyubomirsky S. In defense of parenthood: children are associated with more joy than misery. *Psychological Science* 2013; 24: 3–10.
15. Dolan P, Metcalfe R. Comparing measures of subjective well-being and views about the role they should play in policy. Office for National Statistics, 2011.
16. Vitaglione GD, Barnett MA. Assessing a new dimension of empathy: empathic anger as a predictor of helping and punishing desires. *Motivation and Emotion* 2003; 27: 301–25; Harmon-Jones E, Harmon-Jones C, Price TF. What is approach motivation? *Emotion Review* 2013; 5: 291–95.
17. Hopfensitz A, Reuben E. The importance of emotions for the effectiveness of social punishment. *Economic Journal* 2009; 119: 1534–59.
18. Hansen T. Parenthood and happiness: a review of folk theories versus empirical evidence. *Social Indicators Research* 2012; 108: 29–64.
19. Kirchgessner M, Vlaev I, Rutledge R, Dolan P, Sharot T. Happiness in action: using measures of pleasure and purpose to predict choice. Under review, 2013.
20. Einstein A. *Relativity: the special and general theory*. Henry Holt, 1920.〔アインシュタイン『特殊および一般相対性理論について』白揚社、金子務訳〕
21. O'Brien EH, Anastasio PA, Bushman BJ. Time crawls when you're not having fun: feeling entitled makes dull tasks drag on. *Personality and Social Psychology Bulletin* 2011; 37: 1287–96; Eastwood JD, Frischen A, Fenske MJ, Smilek D. The unengaged mind: defining boredom in terms of attention. *Perspectives on Psychological Science* 2012; 7: 482–95.
22. Harris C, Laibson D. Instantaneous gratification. *Quarterly Journal of Economics* 2013; 128: 205–48.
23. Dehaene S. The neural basis of the Weber–Fechner law: a logarithmic mental number line. *Trends in Cognitive Sciences* 2003; 7: 145–47.

24. Guven C, Senik C, Stichnoth H. You can't be happier than your wife. Happiness gaps and divorce. *Journal of Economic Behavior & Organization* 2012; 82: 110–30.
25. Proto E, Sgroi D, Oswald AJ. Are happiness and productivity lower among young people with newly-divorced parents? An experimental and econometric approach. *Experimental Economics* 2012; 15: 1–23.
26. Hinks T, Katsoris A. Smoking ban and life satisfaction: evidence from the UK. *Economic Issues* 2012; 17: 23–48.
27. Roese NJ, Summerville A. What we regret most . . . and why. *Personality and Social Psychology Bulletin* 2005; 31: 1273–85; Zeelenberg M, Van den Bos K, Van Dijk E, Pieters RGM. The inaction effect in the psychology of regret. *Journal of Personality and Social Psychology* 2002; 82: 314–27.
28. Kivetz R, Keinan A. Repenting hyperopia: an analysis of self-control regrets. *Journal of Consumer Research* 2006; 33: 273–82.
29. Wittgenstein L. *Philosophical investigations*, 4th edition. Wiley-Blackwell, 2009.〔ヴィトゲンシュタイン『哲学探求』岩波書店、丘沢静也訳〕
30. Russell B. *Autobiography*. Routledge, 1998.〔『ラッセル自叙伝　第1（1872年-1914年）』理想社、日高一輝訳〕

第2章

1. Scollon CN, Kim-Prieto C, Diener E. Experience sampling: promises and pitfalls, strengths and weaknesses. *Journal of Happiness Studies* 2003; 4: 5–34.
2. Kahneman D, Krueger AB, Schkade DA, Schwarz N, Stone AA. A survey method for characterizing daily life experience: the day reconstruction method. *Science* 2004; 306: 1776–80.
3. White MP, Dolan P. Accounting for the richness of daily activities. *Psychological Science* 2009; 20: 1000–1008.
4. Csikszentmihalyi M, Hunter J. Happiness in everyday life: the uses of experience sampling. *Journal of Happiness Studies* 2003; 4: 185–99; Dimotakis N, Scott BA, Koopman J. An experience sampling investigation of workplace interactions, affective states, and employee well-being. *Journal of Organizational Behavior* 2011; 32: 572–88.
5. Anxo D, Mencarini L, Pailhe A, Solaz A, Tanturri ML, Flood L. Gender differences in time use over the life course in France, Italy, Sweden, and the US. *Feminist Economics* 2011; 17: 159–95.
6. Verbrugge LM, Gruber-Baldini AL, Fozard JL. Age differences and age changes in activities: Baltimore longitudinal study of aging. *Journal of Gerontology B: Psychological and Social Sciences* 1996; 51B: S30–S41.
7. Hamermesh DS, Lee J. Stressed out on four continents: time crunch or yuppie kvetch? *Review of Economics and Statistics* 2007; 89: 374–83.

8. Dolan P, Peasgood T, White M. Do we really know what makes us happy? A review of the economic literature on the factors associated with subjective well-being. *Journal of Economic Psychology* 2008; 29: 94–122.

9. Layard R, Mayraz G, Nickell S. The marginal utility of income. *Journal of Public Economics* 2008; 92: 1846–57.

10. Fujiwara D. Valuing the impact of adult learning. NIACE Research Paper, 2012.

11. Schwandt H. Unmet aspirations as an explanation for the age U-shape in human wellbeing. Centre for Economic Performance, CEP Discussion Paper No. 1229, 2013.

12. Deaton A, Stone AA. Grandpa and the snapper: the wellbeing of the elderly who live with children. National Bureau of Economic Research, 2013.

13. Frijters P, Beatton T. The mystery of the U-shaped relationship between happiness and age. *Journal of Economic Behavior & Organization* 2012; 82: 525–42.

14. Peasgood T. Measuring wellbeing for public policy. Imperial College London, 2008; Oishi S, Diener E, Lucas R. The optimum level of well-being: can people be too happy? *Perspectives on Psychological Science* 2007; 2: 346–60.

15. Eichhorn J. Happiness for believers? Contextualizing the effects of religiosity on life-satisfaction. *European Sociological Review* 2012; 28: 583–93.

16. Schimmack U, Oishi S, Furr RM, Funder DC. Personality and life satisfaction: a facet-level analysis. *Personality and Social Psychology Bulletin* 2004; 30: 1062–75.

17. Sutin A, Costa Jr P, Wethington E, Eaton W. Turning points and lessons learned: stressful life events and personality trait development across middle adulthood. *Psychology and Aging* 2010; 25: 524–33.

18. Oswald AJ, Powdthavee N. Does happiness adapt? A longitudinal study of disability with implications for economists and judges. *Journal of Public Economics* 2008; 92: 1061–77; Lucas RE. Adaptation and the set-point model of subjective well-being: does happiness change after major life events? *Current Directions in Psychological Science* 2007; 16: 75–79.

19. Lucas RE, Clark AE, Georgellis Y, Diener E. Reexamining adaptation and the set point model of happiness: reactions to changes in marital status. *Journal of Personality and Social Psychology* 2003; 84: 527.

20. Dolan P, Layard R, Metcalfe R. Measuring subjective well-being for public policy. Office for National Statistics, 2011.

21. First ONS annual experimental subjective well-being results. Office for National Statistics, 2012.

22. Stevenson BA, Wolfers J. Paradox of declining female happiness. *American Law & Economics Association Annual Meetings*, Paper 107, 2008.

23. How's life? measuring well-being, OECD Publishing, 2011: http:// dx.doi.org/10.1787/ 9789264121164-en.

24. Dolan P, Kavetsos G. Happy talk: mode of administration effects on subjective well-being. Centre for Economic Performance, CEP Discussion Paper No. 1159, 2012.
25. Deaton A, Arora R. Life at the top: the benefits of height. *Economics & Human Biology* 2009; 7: 133–36.
26. Hosoda M, Stone-Romero EF, Coats G. The effects of physical attractiveness on job-related outcomes: a meta-analysis of experimental studies. *Personnel Psychology* 2003; 56: 431–62.
27. Krueger AB, Mueller AI. Time use, emotional well-being, and unemployment: evidence from longitudinal data. *American Economic Review* 2012; 102: 594–99; Knabe A, Ratzel S, Schob R, Weimann J. Dissatisfied with life but having a good day: time-use and well-being of the unemployed. *Economic Journal* 2010; 120: 867–89.
28. Weiss A, King JE, Inoue-Murayama M, Matsuzawa T, Oswald AJ. Evidence for a midlife crisis in great apes consistent with the U-shape in human well-being. *Proceedings of the National Academy of Sciences* 2012; 109: 19949–52.
29. O'Brien E, Konrath SH, Gruhn D, Hagen AL. Empathic concern and perspective taking: linear and quadratic effects of age across the adult life span. *Journal of Gerontology B: Psychological and Social Sciences* 2013; 68: 168–75.
30. Stone AA, Schwartz JE, Broderick JE, Deaton A. A snapshot of the age distribution of psychological well-being in the United States. *Proceedings of the National Academy of Sciences* 2010; 107: 9985–90.
31. Carstensen LL, Turan B, Scheibe S, et al. Emotional experience improves with age: evidence based on over 10 years of experience sampling. *Psychology and Aging* 2011; 26: 21–33.
32. Dolan P, Kudrna L. More years, less yawns: fresh evidence on tiredness by age and other factors. *Journal of Gerontology B: Psychological and Social Sciences* 2013.

第 3 章

1. Ockham W. *Philosophical writings: a selection*. Hackett, 1990.
2. DellaVigna S. Psychology and economics: evidence from the field. *Journal of Economic Literature* 2009; 47: 315–72.
3. Hossain T, Morgan J. . . . Plus shipping and handling: revenue (non) equivalence in field experiments on eBay. *Advances in Economic Analysis & Policy* 2006; 5.
4. Davenport TH, Beck JC. *The attention economy: understanding the new currency of business*. Harvard Business Press, 2002.〔ダベンポート／ベック『アテンション！』シュプリンガー・フェアラーク東京、高梨智弘ほか訳〕
5. Kaplan S, Berman MG. Directed attention as a common resource for executive functioning and self-regulation. *Perspectives on Psychological Science* 2010; 5: 43–57.
6. Maguire EA, Gadian DG, Johnsrude IS, et al. Navigation-related structural change in the hippocampi of taxi drivers. *Proceedings of the National Academy of Sciences* 2000; 97: 4398–

4403.
7. Chabris C, Simons D. The invisible gorilla: and other ways our intuition deceives us. HarperCollins, 2011.〔チャブリス／シモンズ『錯覚の科学』文藝春秋、木村博江訳〕
https://www.youtube.com/watch?v=vJG698U2Mvo
8. Drew T, Vo ML-H, Wolfe JM. The invisible gorilla strikes again: sustained inattentional blindness in expert observers. *Psychological Science* 2013.
9. Haynes A, Weiser T, Berry W, Lipsitz S, Breizat A, Dellinger E, Herbosa T, et al. A surgical safety checklist to reduce morbidity and mortality in a global population. *New England Journal of Medicine* 2009; 360: 491–99.
10. Harmer M. The case of Elaine Bromiley: independent review on the care given to Mrs Elaine Bromiley on 29 March 2005. Clinical Human Factors Group, 2005.
11. Stanton NA, Young MS. Driver behaviour with adaptive cruise control. *Ergonomics* 2005; 48: 1294–1313; Vahidi A, Eskandarian A. Research advances in intelligent collision avoidance and adaptive cruise control. *IEEE Transactions on Intelligent Transportation Systems* 2003; 4: 143–53.
12. Laycock T. *Mind and brain*. Sutherland & Knox, 1860.
13. Dijksterhuis A, Nordgren LF. A theory of unconscious thought. *Perspectives on Psychological Science* 2006; 1: 95–109.
14. Kahneman D. *Thinking, fast and slow*. Penguin, 2011.〔カーネマン『ファスト&スロー——あなたの意思はどのように決まるか？』早川書房、村井章子訳〕
15. Ritzer G. *The McDonaldization of society*. Pine Forge Press, 2010.〔リッツァ『マクドナルド化する社会』早稲田大学出版部、正岡寛司監訳〕
16. Zhong CB, DeVoe SE. You are how you eat: fast food and impatience. *Psychological Science* 2010; 21: 619–22.
17. Hill RA, Barton RA. Psychology: red enhances human performance in contests. *Nature* 2005; 435: 293.
18. North AC, Hargreaves DJ, McKendrick J. The influence of in-store music on wine selections. *Journal of Applied Psychology* 1999; 84: 271.
19. Alter A. *Drunk tank pink: and other unexpected forces that shape how we think, feel, and behave*. Penguin, 2013.〔オルター『心理学が教える人生のヒント』日経ＢＰ社、林田陽子訳〕
20. Bojinov H, Sanchez D, Reber P, Boneh D, Lincoln P. Neuroscience meets cryptography: designing crypto primitives secure against rubber hose attacks. *Proceedings of the 21st USENIX Security Symposium* 2012: 129–41.
21. Bargh JA. *The automaticity of everyday life*. Lawrence Erlbaum, 1997.
22. Wilson T. *Strangers to ourselves: discovering the adaptive unconscious*. Harvard University Press, 2002.〔ウィルソン『自分を知り、自分を変える——適応的無意識の心理学』新曜社、村

田光二監訳〕
23. Lally P, Gardner B. Promoting habit formation. *Health Psychology Review* 2013; 7: S137–S158.
24. Margolis SV. Authenticating ancient marble sculpture. *Scientific American* 1989; 260: 104–10; Gladwell M. *Blink: the power of thinking without thinking*. Penguin, 2006.〔グラッドウェル『第1感　「最初の2秒」の「なんとなく」が正しい』光文社、沢田博ほか訳〕
25. Genakos C, Pagliero M. Risk taking and performance in multistage tournaments: evidence from weightlifting competitions. Centre for Economic Performance, CEP Discussion Paper No. 928, 2009.
26. Stroop JR. Studies of interference in serial verbal reactions. *Journal of Experimental Psychology* 1935; 18: 643.
27. MacLeod CM. Half a century of research on the Stroop effect: an integrative review. *Psychological Bulletin* 1991; 109: 163.
28. Tuk MA, Trampe D, Warlop L. Inhibitory spillover increased urination urgency facilitates impulse control in unrelated domains. *Psychological Science* 2011; 22: 627–33.
29. Dolan P, Galizzi M. Because I'm worth it: experimental evidence on the spill-over effects of incentives. Centre for the Study of Incentives in Health. In press.
30. Mallam KM. Contribution of timetabled physical education to total physical activity in primary school children: cross sectional study. *British Medical Journal* 2003; 327: 592–93.
31. Metcalf B. Physical activity cost of the school run: impact on schoolchildren of being driven to school (EarlyBird 22). *British Medical Journal* 2004; 329: 832–33.
32. Monin B, Miller DT. Moral credentials and the expression of prejudice. *Journal of Personality and Social Psychology* 2001; 81: 33–43.
33. Effron DA, Cameron JS, Monin B. Endorsing Obama licenses favoring whites. *Journal of Experimental Social Psychology* 2009; 45: 590–93.
34. Zhong CB, Liljenquist K. Washing away your sins: threatened morality and physical cleansing. *Science* 2006; 313: 1451–52.
35. Kahneman D, Thaler RH. Anomalies: utility maximization and experienced utility. *Journal of Economic Perspectives* 2006; 20: 221–34.
36. Metcalfe R, Powdthavee N, Dolan P. Destruction and distress: using a quasi-experiment to show the effects of the September 11 attacks on mental well-being in the United Kingdom. *Economic Journal* 2011; 121: F81–F103.
37. Schkade DA, Kahneman D. Does living in California make people happy? A focusing illusion in judgments of life satisfaction. *Psychological Science* 1998; 9: 340–46.
38. Bradford WD, Dolan P. Getting used to it: the adaptive global utility model. *Journal of Health Economics* 2010; 29: 811–20.
39. Oswald AJ, Powdthavee N. Obesity, unhappiness, and the challenge of affluence: theory and

evidence. *Economic Journal* 2007; 117: 441–54.

40. Samaan Z, Anand S, Zhang X, et al. The protective effect of the obesity-associated rs9939609: a variant in fat mass- and obesity-associated gene on depression. *Molecular Psychiatry*, 2012.
41. Katsaiti MS. Obesity and happiness. *Applied Economics* 2012; 44: 4101–14.
42. Graham C, Felton A. Variance in obesity across countries and cohorts. Unpublished working paper, 2007.
43. Gilbert DT, Pinel EC, Wilson TD, Blumberg SJ, Wheatley TP. Immune neglect: a source of durability bias in affective forecasting. *Journal of Personality and Social Psychology* 1998; 75: 617; Wilson TD, Gilbert DT. Affective forecasting. *Advances in Experimental Social Psychology* 2003; 35: 345–411.
44. Schaller M, Miller GE, Gervais WM, Yager S, Chen E. Mere visual perception of other people's disease symptoms facilitates a more aggressive immune response. *Psychological Science* 2010; 21: 649–52.
45. Di Tella R, Haisken-De New J, MacCulloch R. Happiness adaptation to income and to status in an individual panel. *Journal of Economic Behavior & Organization* 2010; 76: 834–52.
46. Dolan P, Powdthavee N. Thinking about it: a note on attention and well-being losses from unemployment. *Applied Economics Letters* 2012; 19: 325–28.
47. Weinstein ND. Community noise problems: evidence against adaptation. *Journal of Environmental Psychology* 1982; 2: 87–97.
48. Cohen S, Glass DC, Singer JE. Apartment noise, auditory discrimination, and reading ability in children. *Journal of experimental social psychology* 1973; 9: 407–22.
49. Passali GC, Ralli M, Galli J, Calo L, Paludetti G. How relevant is the impairment of smell for the quality of life in allergic rhinitis? *Current Opinion in Allergy and Clinical Immunology* 2008; 8: 238–42.
50. Wilson TD, Gilbert DT. Explaining away: a model of affective adaptation. *Perspectives on Psychological Science* 2008; 3: 370–86.
51. Dolan P, Selya-Hammer C, Bridge JA, Kudrna L. The impact of cancer on the preferences and subjective wellbeing of patients and their carer. Under review, 2013.
52. Wiggins S, Whyte P, Huggins M, et al. The psychological consequences of predictive testing for Huntington's disease. *New England Journal of Medicine* 1992; 327: 1401–5.
53. Gardner, J, Oswald A. Do divorcing couples become happier by breaking up? *Journal of the Royal Statistical Society: Series A (Statistics in Society)* 2006; 169: 319–36.
54. Loewenstein G, Thaler RH. Anomalies: intertemporal choice. *Journal of Economic Perspectives* 1989; 3: 181–93.
55. Loewenstein G. Anticipation and the valuation of delayed consumption. *Economic Journal* 1987; 97: 666–84.

56. Forrest D, Simmons R. Outcome uncertainty and attendance demand in sport: the case of English soccer. *Journal of the Royal Statistical Society: Series D (The Statistician)* 2002; 51: 229–41.

第4章

1. Benjamin DJ, Heffetz O, Kimball MS, Rees-Jones A. What do you think would make you happier? What do you think you would choose? *American Economic Review* 2012; 102: 2083–2110.
2. Benjamin DJ, Heffetz O, Kimball MS, Rees-Jones A. Do people seek to maximize happiness? Evidence from new surveys. National Bureau of Economic Research, 2010.
3. Koepp MJ, Gunn RN, Lawrence AD, et al. Evidence for striatal dopamine release during a video game. *Nature* 1998; 393: 266–68.
4. Nickerson C, Schwarz N, Diener E, Kahneman D. Zeroing in on the dark side of the American dream: a closer look at the negative consequences of the goal for financial success. *Psychological Science* 2003; 14: 531–36.
5. Translated and as it appears in Coelho, Paulo. (2010) The fisherman and the businessman. Paulo Coelho's Blog. [online] http://paulocoelhoblog.com/2010/09/08/the-fisherman-and-the-businessman.
6. Akerlof GA, Kranton RE. Economics and identity. *Quarterly Journal of Economics* 2000; 115: 715–53.
7. Loewenstein G. Because it is there: the challenge of mountaineering . . .for utility theory. *Kyklos* 1999; 52: 315–43.
8. Medvec VH, Madey SF, Gilovich T. When less is more: counterfactual thinking and satisfaction among Olympic medalists. *Journal of Personality and Social Psychology* 1995; 69: 603.
9. Dockery AM. The happiness of young Australians: empirical evidence on the role of labour market experience. *Economic Record* 2005; 81: 322–35.
10. Career Happiness Index 2012:| City & Guilds. http://www.cityandguilds.com/About-Us/Broadsheet-News/November-2012/Careers-Happiness-Index-2012.
11. Nozick R. *Anarchy, state, and utopia*. Basic Books, 1977.〔ノージック『アナーキー・国家・ユートピア——国家の正当性とその限界』木鐸社、嶋津格訳〕
12. Dolan P. Happiness questions and government responses: a pilot study of what the general public makes of it all. Revue d'economie politique 2011; 121: 3–15.
13. Dolan P, White MP. How can measures of subjective well-being be used to inform public policy? *Perspectives on Psychological Science* 2007; 2: 71–85.
14. Dolan P, Peasgood T. Measuring well-being for public policy: preferences or experiences? *Journal of Legal Studies* 2008; 37: S5–S31.
15. Crisp R. Hedonism reconsidered. *Philosophy and Phenomenological Research* 2006; 73: 619–45.

16. Dolan P, Peasgood T. Measuring well-being for public policy: preferences or experiences? *Journal of Legal Studies* 2008; 37: S5–S31.
17. Cohen S, Doyle WJ, Turner RB, Alper CM, Skoner DP. Emotional style and susceptibility to the common cold. *Psychosomatic Medicine* 2003; 65: 652–57.
18. Neve J-ED, Oswald AJ. Estimating the influence of life satisfaction and positive affect on later income using sibling fixed effects. *Proceedings of the National Academy of Sciences* 2012; 109: 19953–58.
19. Lyubomirsky S, King L, Diener E. The benefits of frequent positive affect: does happiness lead to success? *Psychological Bulletin* 2005; 131: 803–55.
20. Golle J, Mast FW, Lobmaier JS. Something to smile about: the interrelationship between attractiveness and emotional expression. *Cognition & Emotion* 2013: 1–13; Ritts V, Patterson ML, Tubbs ME. Expectations, impressions, and judgments of physically attractive students: a review. *Review of Educational Research* 1992; 62: 413–26; Hamermesh D, Biddle J. Beauty and the labor market. *American Economic Review* 1994; 84: 1174–94.
21. Pinquart M. Creating and maintaining purpose in life in old age: a meta-analysis. *Ageing International* 2002; 27: 90–114.
22. Siegenthaler KL, O'Dell I. Older golfers: serious leisure and successful aging. *World Leisure Journal* 2003; 45: 45–52; Whaley DE, Ebbeck V. Self-schemata and exercise identity in older adults. *Journal of Aging and Physical Activity* 2002; 10: 245–59.
23. Hackman JR, Oldham G, Janson R, Purdy K. A new strategy for job enrichment. *California Management Review* 1975; 17: 57–71; Steger MF, Dik BJ, Duffy RD. Measuring meaningful work: the work and meaning inventory (WAMI). *Journal of Career Assessment* 2012; 20: 322–37.
24. Wegner L, Flisher AJ, Chikobvu P, Lombard C, King G. Leisure boredom and high school dropout in Cape Town, South Africa. *Journal of Adolescence* 2008; 31: 421–31.
25. Tsapelas I, Aron A, Orbuch T. Marital boredom now predicts less satisfaction nine years later. *Psychological Science* 2009; 20: 543–45.
26. Schkade DA, Kahneman D. Does living in California make people happy? A focusing illusion in judgments of life satisfaction. *Psychological Science* 1998; 9: 340–46.
27. Kahneman D. Thinking, fast and slow. Penguin, 2011.〔カーネマン『ファスト&スロー』早川書房、村井章子訳〕
28. Xu J, Schwarz N. How do you feel while driving your car? Depends on how you think about it. Unpublished working paper, 2006.
29. Dolan P, Gudex C, Kind P, Williams A. The time trade-off method: results from a general population study. *Health Economics* 1996; 5: 141–54.
30. Dolan P. Modelling valuations for EuroQol health states. *Medical Care* 1997; 35: 1095–1108.
31. Dolan P. Using happiness to value health. Office of Health Economics, 2011.

32. Dolan P, Loomes G, Peasgood T, Tsuchiya A. Estimating the intangible victim costs of violent crime. *British Journal of Criminology* 2005; 45: 958–76.
33. Dolan P, Kahneman D. Interpretations of utility and their implications for the valuation of health. *Economic Journal* 2008; 118: 215–34.
34. Shaw JW, Johnson JA, Coons SJ. US valuation of the EQ-5D health states: development and testing of the D1 valuation model. Medical Care 2005; 43: 203–20.
35. Dolan P, Metcalfe R. Valuing health: a brief report on subjective wellbeing versus preferences. *Medical Decision Making* 2012; 32: 578–82.
36. Menzel P, Dolan P, Richardson J, Olsen JA. The role of adaptation to disability and disease in health state valuation: a preliminary normative analysis. *Social Science & Medicine* 2002; 55: 2149–58.
37. Dolan P, Kavetsos G, Tsuchiya A. Sick but satisfied: the impact of life and health satisfaction on choice between health scenarios. *Journal of Health Economics* 2013; 32: 708–14.
38. Smith A. *The theory of moral sentiments*. Strahan, 1759.〔スミス『道徳感情論』日経 BP 社、村井章子ほか訳〕
39. Dolan P, Metcalfe R. "Oops . . . I did it again" : repeated focusing effects in reports of happiness. *Journal of Economic Psychology* 2010; 31: 732–37.
40. Distinction bias: misprediction and mischoice due to joint evaluation. *Journal of Personality and Social Psychology* 2004; 86: 680.
41. Loewenstein G, O'Donoghue T, Rabin M. Projection bias in predicting future utility. *Quarterly Journal of Economics* 2003; 118: 1209–48.
42. Dutton DG, Aron AP. Some evidence for heightened sexual attraction under conditions of high anxiety. *Journal of Personality and Social Psychology* 1974; 30: 510–17.
43. Simonsohn U. Weather to go to college. *Economic Journal* 2010; 120: 270–80.
44. Conlin M, O'Donoghue T, Vogelsang TJ. Projection bias in catalog orders. *American Economic Review* 2007; 97: 1217–49.
45. Read D, van Leeuwen B. Predicting hunger: the effects of appetite and delay on choice. *Organizational Behavior and Human Decision Processes* 1998; 76: 189–205.
46. Chochinov HM, Tataryn D, Clinch JJ, Dudgeon D. Will to live in the terminally ill. *Lancet* 1999; 354: 816–19.
47. Baumeister RF, Vohs KD, DeWall CN, Zhang L. How emotion shapes behavior: feedback, anticipation, and reflection, rather than direct causation. *Personality and Social Psychology Review* 2007; 11: 167–203.
48. Bar-Hillel M, Neter E. Why are people reluctant to exchange lottery tickets? *Journal of Personality and Social Psychology* 1996; 70: 17.
49. Gilbert DT, Morewedge CK, Risen JL, Wilson TD. Looking forward to looking back: the misprediction of regret. *Psychological Science* 2004; 15: 346–50.

50. Kahneman D, Wakker PP, Sarin R. Back to Bentham? Explorations of experienced utility. *Quarterly Journal of Economics* 1997; 112: 375–406.

51. Fredrickson BL, Kahneman D. Duration neglect in retrospective evaluations of affective episodes. *Journal of Personality and Social Psychology* 1993; 65: 45.

52. Wakin D. Ringing finally ended, but there's no button to stop shame. *New York Times*, Jan. 12, 2012.

53. Clark AE, Georgellis Y. Kahneman meets the quitters: peak-end behavior in the labour market. Unpublished working paper, 2004.

54. Nickerson RS. Confirmation bias: a ubiquitous phenomenon in many guises. *Review of General Psychology* 1998; 2: 175.

55. Mahoney MJ. Publication prejudices: an experimental study of confirmatory bias in the peer review system. *Cognitive Therapy and Research* 1977; 1: 161– 75.

56. Ross L. The intuitive psychologist and his shortcomings: distortions in the attribution process. *Advances in Experimental Social Psychology* 1977; 10: 173–220.

57. Gilbert DT, Malone PS. The correspondence bias. *Psychological Bulletin* 1995; 117: 21.

58. Ouellette JA, Wood W. Habit and intention in everyday life: the multiple processes by which past behavior predicts future behavior. *Psychological Bulletin* 1998; 124: 54.

59. Webb TL, Sheeran P. Does changing behavioral intentions engender behavior change? A meta-analysis of the experimental evidence. *Psychological Bulletin* 2006; 132: 249–68; Astell-Burt T, Feng X, Kolt GS. Greener neighborhoods, slimmer people? Evidence from 246,920 Australians. *International Journal of Obesity* 2013.

60. Frijters P. Do individuals try to maximize general satisfaction? *Journal of Economic Psychology* 2000; 21: 281–304.

61. Festinger L. *A theory of cognitive dissonance*. Stanford University Press, 1957.〔フェスティンガー『認知的不協和の理論——社会心理学序説』誠信書房、末永俊郎監訳〕

62. Festinger L, Carlsmith JM. Cognitive consequences of forced compliance. *Journal of Abnormal and Social Psychology* 1959; 58: 203–10.

63. Masataka N, Perlovsky L. Music can reduce cognitive dissonance. *Nature* Precedings 2012; Knox R, Inkster J. Postdecision dissonance at post time. *Journal of Personality and Social Psychology* 1968; 8: 319–23; Foster JD, Misra TA. It did not mean anything (about me): cognitive dissonance theory and the cognitive and affective consequences of romantic infidelity. *Journal of Social and Personal Relationships* 2013.

64. Mullainathan S, Washington E. Sticking with your vote: cognitive dissonance and political attitudes. *American Economic Journal: Applied Economics* 2009; 1: 86–111.

65. Aizer A, Dal Bo P. Love, hate and murder: commitment devices in violent relationships. *Journal of Public Economics* 2009; 93: 412–28.

66. Dolan P, Lordan G. Moving up and sliding down: an empirical assessment of the effect of

social mobility on subjective wellbeing. Centre for Economic Performance, CEP Discussion Paper No. 1190, 2013.

67. Graham C, Pettinato S. Frustrated achievers: winners, losers and subjective well-being in new market economies. *Journal of Development Studies* 2002; 38: 100–140.

68. May DR, Gilson RL, Harter LM. The psychological conditions of meaningfulness, safety and availability and the engagement of the human spirit at work. *Journal of Occupational and Organizational Psychology* 2004; 77: 11–37.

69. Schooler J, Ariely D, Loewenstein G. The pursuit and assessment of happiness. In: Brocas I, Carrillo JD, eds. *The psychology of economic decisions: vol. 1: rationality and wellbeing*. Oxford University Press, 2003.

70. Polivy J, Herman CP. The false-hope syndrome: unfulfilled expectations of self-change. *Current Directions in Psychological Science* 2000; 9: 128–31.

71. Sharot T. The optimism bias: why we're wired to look on the bright side. Constable & Robinson, 2012.

72. Joule R-V, Girandola F, Bernard F. How can people be induced to willingly change their behavior? The path from persuasive communication to binding communication. *Social and Personality Psychology Compass* 2007; 1: 493–505.

73. Wegner DM, Schneider DJ, Carter SR, White TL. Paradoxical effects of thought suppression. *Journal of Personality and Social Psychology* 1987; 53: 5–13.

74. Hosser D, Windzio M, Greve W. Guilt and shame as predictors of recidivism: a longitudinal study with young prisoners. *Criminal Justice and Behavior* 2008; 35: 138–52.

75. Sifton E. The serenity prayer: faith and politics in times of peace and war. W. W. Norton, 2005.

76. Dennett DC. *Intuition pumps and other tools for thinking*. Penguin, 2013.〔デネット『思考の技法——直観ポンプと 77 の思考術』青土社、阿部文彦ほか訳〕

77. Shakespeare W. *Macbeth*, annotated edition. Wordsworth Editions, 1992.〔シェイクスピア『マクベス』晃洋書房、吉田秀生訳〕

第5章

1. Hughes JR, Higgins ST. Nicotine withdrawal versus other drug withdrawal syndromes: similarities and dissimilarities. *Addiction* 1994; 89: 1461–70.

2. Richardson CR, Newton TL, Abraham JJ, Sen A, Jimbo M, Swartz AM. A meta-analysis of pedometer based walking interventions and weight loss. *Annals of Family Medicine* 2008; 6: 69–77.

3. Glynn LG, Murphy AW, Smith SM, Schroeder K, Fahey T. Interventions used to improve control of blood pressure in patients with hypertension. In: The Cochrane Collaboration, Glynn LG, eds. Cochrane Database of Systematic Reviews. John Wiley & Sons, 2010.

4. Wisdom J, Downs JS, Loewenstein G. Promoting healthy choices: information versus convenience. *American Economic Journal: Applied Economics* 2010; 2: 164–78.
5. Wing RR, Tate DF, Gorin AA, Raynor HA, Fava JL. A self-regulation program for maintenance of weight loss. *New England Journal of Medicine* 2006; 355: 1563–71.
6. Stice E, Yokum S, Blum K, Bohon C. Weight gain is associated with reduced striatal response to palatable food. *Journal of Neuroscience* 2010; 30: 13105–9.
7. Rozin P, Kabnick K, Pete E, Fischler C, Shields C. The ecology of eating: smaller portion sizes in France than in the United States help explain the French paradox. *Psychological Science* 2003; 14: 450–54.
8. Hetherington MM, Anderson AS, Norton GNM, Newson L. Situational effects on meal intake: a comparison of eating alone and eating with others. *Physiology & Behavior* 2006; 88: 498–505.
9. Ogden J, Coop N, Cousins C, et al. Distraction, the desire to eat and food intake: towards an expanded model of mindless eating. *Appetite* 2012.
10. Wansink B, Just DR, Payne CR. Mindless eating and healthy heuristics for the irrational. *American Economic Review* 2009; 99: 165–69.
11. Zajonc RB, Murphy ST, Inglehart M. Feeling and facial efference: implications of the vascular theory of emotion. *Psychological Review* 1989; 96: 395.
12. Niedenthal PM. Embodying emotion. *Science* 2007; 316: 1002–5.
13. Grandey AA, Fisk GM, Mattila AS, Jansen KJ, Sideman LA. Is "service with a smile" enough? Authenticity of positive displays during service encounters. *Organizational Behavior and Human Decision Processes* 2005; 96: 38–55.
14. Umbreit J, Lane KL, Dejud C. Improving classroom behavior by modifying task difficulty effects of increasing the difficulty of too-easy tasks. *Journal of Positive Behavior Interventions* 2004; 6: 13–20.
15. Hackman JR, Oldham GR. Motivation through the design of work: test of a theory. *Organizational Behavior and Human Performance* 1976; 16: 250–79.
16. Daugherty JR, Brase GL. Taking time to be healthy: predicting health behaviors with delay discounting and time perspective. *Personality and Individual Differences* 2010; 48: 202–7.
17. Goodin RE, Rice JM, Parpo A, Eriksson L. *Discretionary time: a new measure of freedom*. Cambridge University Press, 2008.
18. Wang M, Sunny Wong MC. Leisure and happiness in the United States: evidence from survey data. *Applied Economics Letters* 2011; 18: 1813–16.
19. Geiselman RE. Enhancement of eyewitness memory: an empirical evaluation of the cognitive interview. *Journal of Police Science & Administration* 1984.
20. Gilbert D. *Stumbling on happiness*. HarperCollins, 2009.〔ギルバート『明日の幸せを科学する』早川書房、熊谷淳子訳〕

21. Gilbert D, Killingsworth MA, Eyre RN, Wilson TD. The surprising power of neighborly advice. *Science* 2009; 323: 1617–19.
22. Dobewall H, Realo A, Allik J, Esko T, Metspalu A. Self-other agreement in happiness and life-satisfaction: the role of personality traits. *Social Indicators Research* 2013; 114: 479–92.
23. Lyubomirsky S, Lepper H. A measure of subjective happiness: preliminary reliability and construct validation. *Social Indicators Research* 1999; 46: 137–55.
24. Roberts J, Hodgson R, Dolan P. "It's driving her mad" : gender differences in the effects of commuting on psychological health. *Journal of Health Economics* 2011; 30: 1064–76.
25. Seidlitz L, Diener E. Sex differences in the recall of affective experiences. *Journal of Personality and Social Psychology* 1998; 74: 262–71.
26. Schwartz B. *The paradox of choice: why more is less*. Harper Perennial, 2005.〔シュワルツ『なぜ選ぶたびに後悔するのか——オプション過剰時代の賢い選択術』武田ランダムハウスジャパン、瑞穂のりこ訳〕
27. Bisson JI, Jenkins PL, Alexander J, Bannister C. Randomised controlled trial of psychological debriefing for victims of acute burn trauma. *British Journal of Psychiatry* 1997; 171: 78–81.
28. Bonanno GA. Loss, trauma, and human resilience: have we underestimated the human capacity to thrive after extremely aversive events? *American Psychologist* 2004; 59: 20.
29. Rule NO, Ambady N. Brief exposures: male sexual orientation is accurately perceived at 50ms. *Journal of Experimental Social Psychology* 2008; 44: 1100–1105.
30. Dijksterhuis A, van Olden Z. On the benefits of thinking unconsciously: unconscious thought can increase post-choice satisfaction. *Journal of Experimental Social Psychology* 2006; 42: 627–31.
31. Creswell JD, Bursley JK, Satpute AB. Neural reactivation links unconscious thought to decision-making performance. *Social Cognitive and Affective Neuroscience* 2013.
32. Payne JW, Samper A, Bettman JR, Luce MF. Boundary conditions on unconscious thought in complex decision making. *Psychological Science* 2008; 19: 1118–23.
33. Newell BR, Wong KY, Cheung JC, Rakow T. Think, blink or sleep on it? The impact of modes of thought on complex decision making. *Quarterly Journal of Experimental Psychology* 2009; 62: 707–32; Dijksterhuis A, Van Baaren RB, Bongers KC, Bos MW, Van Leeuwen ML, Van der Leij A. The rational unconscious: conscious versus unconscious thought in complex consumer choice. *Social Psychology of Consumer Behavior* 2009: 89–108.
34. Hsee CK, Zhang J, Yu F, Xi Y. Lay rationalism and inconsistency between predicted experience and decision. *Journal of Behavioral Decision Making* 2003; 16: 257–72.

第 6 章

1. Thaler RH, Sunstein CR. *Nudge: improving decisions about health, wealth, and happiness*. Yale University Press, 2008.〔セイラー／サンスティーン『実践 行動経済学』日経 BP 社、遠藤

真美訳〕
2. Leventhal H, Singer R, Jones S. Effects of fear and specificity of recommendation upon attitudes and behavior. *Journal of Personality and Social Psychology* 1965; 2: 20; Zhao M, Lee L, Soman D. Crossing the virtual boundary: the effect of task-irrelevant environmental cues on task implementation. *Psychological Science* 2012; 23: 1200–1207.
3. Dolan P, Hallsworth M, Halpern D, King D, Metcalfe R, Vlaev I. Influencing behaviour: the MINDSPACE way. *Journal of Economic Psychology* 2012; 33: 264–77. Dolan P, Hallsworth M, Halpern D, King D, Vlaev I. MINDSPACE: influencing behaviour through public policy. Report for the Cabinet Office, 2010.
4. Beshears J, Choi JJ, Laibson D, Madrian BC. Social security policy in a changing environment. In: The importance of default options for retirement saving outcomes: evidence from the United States. University of Chicago Press, 2009: 167–69; Rithalia A, McDaid C, Suekarran S, Myers L, Sowden A. Impact of presumed consent for organ donation on donation rates: a systematic review. *British Medical Journal* 2009; 338.
5. Team BI. Applying behavioural insights to reduce fraud, error and debt. UK London Cabinet Office, 2012.
6. Dolan P, Metcalfe R. Better neighbors and basic knowledge: a field experiment on the role of non-pecuniary incentives on energy consumption. Unpublished working paper, 2013.
7. Holland RW, Hendriks M, Aarts H. Smells like clean spirit: nonconscious effects of scent on cognition and behavior. *Psychological Science* 2005; 16: 689–93.
8. Birnbach D, King D, Vlaev I, Rosen L, Harvey P. Impact of environmental olfactory cues on hand hygiene behaviour in a simulated hospital environment: a randomized study. *Journal of Hospital Infection* 2013.
9. Shirtcliff EA, Allison AL, Armstrong JM, Slattery MJ, Kalin NH, Essex MJ. Longitudinal stability and developmental properties of salivary cortisol levels and circadian rhythms from childhood to adolescence. *Developmental Psychobiology* 2012; 54: 493–502.
10. Holzman DC. What's in a color? The unique human health effects of blue light. *Environmental Health Perspectives* 2010; 118: A22–A27.
11. Moore E. A prison environment's effect on health care service demands. *Journal of Environmental Systems* 1981; 11: 17–34; Ulrich R. View through a window may influence recovery from surgery. *Science* 1984; 224: 420–21.
12. Park SH, Mattson RH, Kim E. Pain tolerance effects of ornamental plants in a simulated hospital patient room. In: Relf D, ed. *XXVI International Horticultural Congress: Expanding Roles for Horticulture in Improving Human Well-Being and Life Quality* 639, 2002: 241–47; Katcher A, Segal H, Beck A. Comparison of contemplation and hypnosis for the reduction of anxiety and discomfort during dental surgery. *American Journal of Clinical Hypnosis* 1984; 27: 14–21.

13. Wansink B. *Mindless eating: why we eat more than we think*. Random House, 2010.〔ワンシンク『そのひとクチがブタのもと』集英社、中井京子訳〕
14. Wansink B, Sobal J. Mindless eating: the 200 daily food decisions we overlook. *Environment and Behavior* 2007; 39: 106–23.
15. Wansink B. Super bowls: serving bowl size and food consumption. *Journal of the American Medical Association* 2005; 293: 1723–28.
16. Chiou W, Yang C, Wan C. Ironic effects of dietary supplementation illusory invulnerability created by taking dietary supplements licenses health-risk behaviors. *Psychological Science* 2011; 22: 1081–86.
17. Kaptchuk TJ, Friedlander E, Kelley JM, et al. Placebos without deception: a randomized controlled trial in irritable bowel syndrome. *PLoS ONE* 2010; 5: e15591.
18. Plassmann H, Mazar N, Robitaille N, Linder A. The origin of the pain of paying. *Advances in Consumer Research* 2011; 39: 146.
19. Werner CM, Turner J, Shipman K, et al. Commitment, behavior, and attitude change: an analysis of voluntary recycling. *Journal of Environmental Psychology* 1995; 15: 197–208.
20. Turner-McGrievy G, Tate D. Weight loss social support in 140 characters or less: use of an online social network in a remotely delivered weight loss intervention. *Translational Behavioral Medicine: Practice, Policy, Research* 2013: 1–8.
21. Ryan RM. Further examining the American dream: differential correlates of intrinsic and extrinsic goals. *Personality and Social Psychology Bulletin* 1996; 22: 280–87.
22. Koo M, Fishbach A. The small-area hypothesis: effects of progress monitoring on goal adherence. *Journal of Consumer Research* 2012; 39: 493–509.
23. Gine X, Karlan D, Zinman J. Put your money where your butt is: a commitment contract for smoking cessation. American Economic Journal: *Applied Economics* 2010; 2: 213–35.
24. Dunn E, Norton M. *Happy money: the science of smarter spending*. Simon & Schuster, 2013.〔ダン／ノートン『「幸せをお金で買う」５つの授業』KADOKAWA/ 中経出版、古川奈々子訳〕
25. Thaler R. Toward a positive theory of consumer choice. *Journal of Economic Behavior & Organization* 1980; 1: 39–60.
26. De La Ronde C, Swann WB. Partner verification: restoring shattered images of our intimates. *Journal of Personality and Social Psychology* 1998; 75: 374.
27. Surowiecki J. *The wisdom of crowds*. Knopf Doubleday, 2005.〔スロウィッキー『「みんなの意見」は案外正しい』角川文庫、小高尚子訳〕
28. Bargh JA, Williams EL. The automaticity of social life. *Current Directions in Psychological Science* 2006; 15: 1–4.
29. Dimberg U, Thunberg M. Unconscious facial reactions to emotional facial expressions. *Psychological Science* 2000; 11: 86.

30. Parkinson B, Simons G. Affecting others: social appraisal and emotion contagion in everyday decision making. *Personality and Social Psychology Bulletin* 2009; 35: 1071–84.
31. Fowler JH, Christakis NA. The dynamic spread of happiness in a large social network. *British Medical Journal* 2008; 337: a2338.
32. Totterdell P. Catching moods and hitting runs: mood linkage and subjective performance in professional sport teams. *Journal of Applied Psychology* 2000; 85: 848.
33. McIntosh DN. Spontaneous facial mimicry, liking and emotional contagion. *Polish Psychological Bulletin* 2006; 37: 31.
34. Larson RW, Richards MH. Family emotions: do young adolescents and their parents experience the same states? *Journal of Research on Adolescence* 1994; 4: 567–83.
35. Putnam RD. *Bowling alone: the collapse and revival of American community*. Simon & Schuster, 2001.〔パットナム『孤独なボウリング――米国コミュニティの崩壊と再生』柏書房、柴内康文訳〕
36. Luttmer E. Neighbors as negatives: relative earnings and well-being. *Quarterly Journal of Economics* 2005; 120: 963–1002.
37. Card D, Mas A, Moretti E, Saez E. Inequality at work: the effect of peer salaries on job satisfaction. *American Economic Review* 2012; 102: 2981–3003.
38. Senik C. When information dominates comparison: learning from Russian subjective panel data. *Journal of Public Economics* 2004; 88: 2099–2123; Akay A, Bargain O, Zimmermann KF. Relative concerns of rural-to-urban migrants in China. *Journal of Economic Behavior & Organization* 2012; 81: 421–41.
39. Blanton H, Crocker J, Miller DT. The effects of in-group versus out-group social comparison on self-esteem in the context of a negative stereotype. *Journal of Experimental Social Psychology* 2000; 36: 519–30.
40. Wadsworth T. Sex and the pursuit of happiness: how other people's sex lives are related to our sense of well-being. *Social Indicators Research* 2013; 1–21.
41. Duhigg C. *The power of habit: why we do what we do, and how to change*. Random House, 2012.〔デュヒッグ『習慣の力』講談社、渡会圭子訳〕
42. Hofmann W, Friese M, Wiers RW. Impulsive versus reflective influences on health behavior: a theoretical framework and empirical review. *Health Psychology Review* 2008; 2: 111–37.
43. Henningfield JE, Cohen C, Slade JD. Is nicotine more addictive than cocaine? *British Journal of Addiction* 1991; 86: 565–69.
44. Christakis NA, Fowler JH. The collective dynamics of smoking in a large social network. *New England Journal of Medicine* 2008; 358: 2249–58.
45. Lally P, van Jaarsveld C, Potts H, Wardle J. How are habits formed: modelling habit formation in the real world. *European Journal of Social Psychology* 2010; 40: 998–1009.
46. Verplanken B, Wood W. Interventions to break and create consumer habits. *Journal of Public*

Policy & Marketing 2006; 25: 90–103.
47. Bernheim BD, Rangel A. Addiction and cue-triggered decision processes. *American Economic Review* 2004; 94: 1558–90.
48. Wood W, Tam L, Witt MG. Changing circumstances, disrupting habits. *Journal of Personality and Social Psychology* 2005; 88: 918.

第７章

1. Csikszentmihalyi M. *Flow: The psychology of optimal experience*. HarperCollins, 2008.〔チクセントミハイ『フロー体験 喜びの現象学』世界思想社、今村浩明訳〕
2. Van Boven L, Gilovich T. To do or to have? That is the question. *Journal of Personality and Social Psychology* 2003; 85: 1193–1202.
3. Frank RH. How not to buy happiness. *Daedalus* 2004; 133: 69–79.
4. Carter TJ, Gilovich T. The relative relativity of material and experiential purchases. *Journal of Personality and Social Psychology* 2010; 98: 146–59.
5. Van Boven L, Campbell MC, Gilovich T. Stigmatizing materialism: on stereotypes and impressions of materialistic and experiential pursuits. *Personality and Social Psychology Bulletin* 2010; 36: 551–63.
6. Nicolao L, Irwin JR, Goodman JK. Happiness for sale: do experiential purchases make consumers happier than material purchases? *Journal of Consumer Research* 2009; 36: 188–98.
7. Olsson LE, Garling T, Ettema D, Friman M, Fujii S. Happiness and satisfaction with work commute. *Social Indicators Research* 2013; 111: 255–63.
8. Nelson LD, Meyvis T, Galak J. Enhancing the television-viewing experience through commercial interruptions. *Journal of Consumer Research* 2009; 36: 160–72.
9. Baird B, Smallwood J, Mrazek MD, Kam JW, Franklin MS, Schooler JW. Inspired by distraction: mind wandering facilitates creative incubation. *Psychological Science* 2012; 23: 1117–22.
10. Dolan P, Metcalfe R. The relationship between innovation and subjective wellbeing. *Research Policy* 2012; 41: 1489–98.
11. Ruef M. Strong ties, weak ties and islands: structural and cultural predictors of organizational innovation. *Industrial and Corporate Change* 2002; 11: 427–49.
12. Taylor S. *Making time: why time seems to pass at different speeds and how to control it.* Totem Books, 2009.〔テイラー『メイキング・タイム——時間の流れをコントロール』DHC、藤井留美訳〕
13. Block RA, Zakay D, Hancock PA. Developmental changes in human duration judgments: a meta-analytic review. *Developmental Review* 1999; 19: 183–211.
14. Ahn H-K, Liu MW, Soman D. Memory markers: how consumers recall the duration of experiences. *Journal of Consumer Psychology* 2009; 19: 508–16.

15. DeNeve K, Cooper H. The happy personality: a meta-analysis of 137 personality traits and subjective well-being. *Psychological Bulletin* 1998; 124: 197–229.
16. Koelsch S. Towards a neural basis of music-evoked emotions. *Trends in Cognitive Sciences* 2010; 14: 131–37.
17. Guzzetta CE. Effects of relaxation and music therapy on patients in a coronary care unit with presumptive acute myocardial infarction. *Heart & Lung: The Journal of Critical Care* 1989; 18: 609; Nayak S, Wheeler BL, Shiflett SC, Agostinelli S. Effect of music therapy on mood and social interaction among individuals with acute traumatic brain injury and stroke. *Rehabilitation Psychology* 2000; 45: 274; Bensimon M, Amir D, Wolf Y. Drumming through trauma: music therapy with post-traumatic soldiers. *The Arts in Psychotherapy* 2008; 35: 34–48; Gold C, Voracek M, Wigram T. Effects of music therapy for children and adolescents with psychopathology: a meta-analysis. *Journal of Child Psychology and Psychiatry* 2004; 45: 1054–63.
18. Sacks O. The power of music. *Brain* 2006; 129: 2528–32.
19. Szabo A. The acute effects of humor and exercise on mood and anxiety. *Journal of Leisure Research* 2003; 35: 152–62.
20. Berk LS, Felten DL, Tan SA, Bittman BB, Westengard J. Modulation of neuroimmune parameters during the eustress of humor-associated mirthful laughter. *Alternative Therapies in Health and Medicine* 2001; 7: 62–76.
21. Yovetich NA, Dale TA, Hudak MA. Benefits of humor in reduction of threat-induced anxiety. *Psychological Reports* 1990; 66: 51–58.
22. Tse M, Lo A, Cheng T, Chan E, Chan A, Chung H. Humor therapy: relieving chronic pain and enhancing happiness in older adults. *Journal of Aging Research* 2010.
23. Van Wormer K, Boes M. Humor in the emergency room: a social work perspective. *Health Social Work* 1997; 22: 87–92.
24. Potter C, Carpenter J. Fathers' involvement in Sure Start: what do fathers and mothers perceive as benefits? *Practice: Social Work in Action* 2010; 22: 3–15.
25. Ruch W. *The sense of humor: explorations of a personality characteristic. Vol. 3.* Walter de Gruyter, 1998.
26. Carpenter KM, Stoner SA, Mundt JM, Stoelb B. An online self-help CBT intervention for chronic lower back pain. *Clinical Journal of Pain* 2012; 28: 14–22.
27. Brown LA, Gaudiano BA, Miller IW. Investigating the similarities and differences between practitioners of second-and third-wave cognitive-behavioral therapies. *Behavior Modification* 2011; 35: 187–200.
28. Davidson RJ, Kabat-Zinn J, Schumacher J, et al. Alterations in brain and immune function produced by mindfulness meditation. *Psychosomatic Medicine* 2003; 65: 564–70; Teasdale JD, Segal ZV, Mark J, et al. Prevention of relapse/ recurrence in major depression by mindfulness-based cognitive therapy. *Journal of Consulting and Clinical Psychology* 2000; 68: 615–23.

29. Lim C, Putnam RD. Religion, social networks, and life satisfaction. *American Sociological Review* 2010; 75: 914–33.
30. Stevens N. Gender and adaptation to widowhood in later life. *Ageing & Society* 1995; 15: 37–58.
31. Demir M, Ozen A, Dougan A, Bilyk NA, Tyrell FA. I matter to my friend, therefore I am happy: friendship, mattering, and happiness. *Journal of Happiness Studies* 2011; 12: 983–1005.
32. Lehrer J. *Imagine: how creativity works*. Canongate Books, 2012.
33. Cain S. *Quiet: the power of introverts in a world that can't stop talking*. Penguin, 2012〔ケイン『内向型人間の時代——社会を変える静かな人の力』講談社、古草秀子訳〕; Lucas RE, Diener E. Understanding extraverts' enjoyment of social situations: the importance of pleasantness. *Journal of Personality and Social Psychology* 2001; 81: 343–56.
34. Meiran N, Chorev Z, Sapir A. Component processes in task switching. *Cognitive Psychology* 2000; 41: 211–53.
35. Buser T, Peter N. Multitasking. *Experimental Economics* 2012: 1–15.
36. Wang Z, Tchernev JM. The "myth" of media multitasking: reciprocal dynamics of media multitasking, personal needs, and gratifications. *Journal of Communication* 2012; 62; 493–513.
37. Kavetsos G, Koutroumpis P. Technological affluence and subjective well-being. *Journal of Economic Psychology* 2011; 32: 742–53; Brown JR, Goolsbee A. Does the Internet make markets more competitive? Evidence from the life insurance industry. *Journal of Political Economy* 2002; 110: 481–507; Czernich N, Falck O, Kretschmer T, Woessmann L. Broadband infrastructure and economic growth. *Economic Journal* 2011; 121: 505–32.
38. Spira J, Feintuch J. The cost of not paying attention: how interruptions impact knowledge worker productivity. Basex, 2005.
39. Jackson TW, Culjak G. Can seminar and computer-based training improve the effectiveness of electronic mail communication within the workplace? *Proceedings of the 17th Australasian Conference on Information Systems* 2006. Centre for Information Studies, Charles Sturt University.
40. Zhu E. Hypermedia interface design: the effects of number of links and granularity of nodes. *Journal of Educational Multimedia and Hypermedia* 1999; 8: 331–58.
41. Worthen B. The perils of texting while parenting. *Wall Street Journal*, Sept. 29, 2012.
42. Schwebel DC, Stavrinos D, Byington KW, Davis T, O'Neal EE, de Jong D. Distraction and pedestrian safety: how talking on the phone, texting, and listening to music impact crossing the street. *Accident Analysis & Prevention* 2012; 45: 266–71.
43. Levy J, Pashler H, Boer E. Central interference in driving: is there any stopping the psychological refractory period? *Psychological Science* 2006; 17: 228–35.
44. DeVoe SE, Pfeffer J. Time is tight: how higher economic value of time increases feelings of time pressure. *Journal of Applied Psychology* 2011; 96: 665.

45. DeVoe SE, House J. Time, money, and happiness: how does putting a price on time affect our ability to smell the roses? *Journal of Experimental Social Psychology* 2012; 48: 466.
46. Aguiar M, Hurst E. Measuring trends in leisure: the allocation of time over five decades. *Quarterly Journal of Economics* 2007; 122: 969–1006.
47. Shah AK, Mullainathan S, Shafir E. Some consequences of having too little. *Science* 2012; 338: 682–85.
48. Dolan P, Metcalfe R. With my money on my mind: income, happiness and intrusive financial thoughts. Unpublished working paper, 2011.
49. Smallwood J, Schooler JW. The restless mind. *Psychological Bulletin* 2006; 132: 946.
50. Mason MF, Norton MI, Horn JDV, Wegner DM, Grafton ST, Macrae CN. Wandering minds: the default network and stimulus-independent thought. *Science* 2007; 315: 393–95.
51. Ziauddeen H, Farooqi IS, Fletcher PC. Obesity and the brain: how convincing is the addiction model? *Nature Reviews Neuroscience* 2012; 13: 279–86.
52. Killingsworth MA, Gilbert DT. A wandering mind is an unhappy mind. *Science* 2010; 330: 932.
53. Nolen-Hoeksema S, McBride A, Larson J. Rumination and psychological distress among bereaved partners. *Journal of Personality and Social Psychology* 1997; 72: 855–62.
54. Dolan P. Thinking about it: thoughts about health and valuing QALYs. *Health Economics* 2011; 20: 1407–16.
55. Gilkey JG. *You can master life*. Macmillan, 1938.
56. Bennett P, Phelps C, Brain K, Hood K, Gray J. A randomized controlled trial of a brief self-help coping intervention designed to reduce distress when awaiting genetic risk information. *Journal of Psychosomatic Research* 2007; 63: 59–64.
57. Wood W, Quinn JM, Kashy DA. Habits in everyday life: thought, emotion, and action. *Journal of Personality and Social Psychology* 2002; 83: 1281–97.
58. Powers W. *Hamlet's BlackBerry*. HarperCollins, 2011.
59. Spitzer M. *Demencia digital (Digital dementia)*. Ediciones B, 2013.
60. Yuan K, Qin W, Wang G, et al. Microstructure abnormalities in adolescents with Internet addiction disorder. *PloS ONE* 2011; 6: e20708.
61. Hofmann W, Vohs KD, Baumeister RF. What people desire, feel conflicted about, and try to resist in everyday life. *Psychological Science* 2012; 23: 582–88.
62. Turkle S. *Alone together: why we expect more from technology and less from each other*. Basic Books, 2011.
63. Rothberg MB, Arora A, Hermann J, Kleppel R, Marie PS, Visintainer P. Phantom vibration syndrome among medical staff: a cross sectional survey. *British Medical Journal* 2010; 341.
64. The phone stacking game changes everything. *Huffington Post*, Oct. 1, 2012.
65. The communications market report. United Kingdom: a nation addicted to smartphones.

OfCom, 2011.
66. The communications market report. United Kingdom: UK is now texting more than talking. OfCom, 2012.

第 8 章

1. Ferrari JR, Harriott JS, Zimmerman M. The social support networks of procrastinators: friends or family in times of trouble? *Personality and Individual Differences* 1998; 26: 321–31.
2. Borkovec TD, Ray WJ, Stober J. Worry: a cognitive phenomenon intimately linked to affective, physiological, and interpersonal behavioral processes. *Cognitive Therapy and Research* 1998; 22: 561–76.
3. O'Donoghue T, Rabin M. Choice and procrastination. *Quarterly Journal of Economics* 2001; 116: 121–60.
4. Bui NH. Effect of evaluation threat on procrastination behavior. *Journal of Social Psychology* 2007; 147: 197–209.
5. Jeanmonod R, Jeanmonod D, Ngiam R. Resident productivity: does shift length matter? *American Journal of Emergency Medicine* 2008; 26: 789–91.
6. Kahneman D, Tversky A. Intuitive prediction: biases and corrective procedures. DTIC Document, 1977.
7. Roy M, Christenfeld N. Effect of task length on remembered and predicted duration. *Psychonomic Bulletin & Review* 2008; 15: 202–7.
8. Van Eerde W. A meta-analytically derived nomological network of procrastination. *Personality and Individual Differences* 2003; 35: 1401–18.
9. Buehler R, Griffin D, Ross M. Exploring the "planning fallacy" : why people underestimate their task completion times. *Journal of Personality and Social Psychology* 1994; 67: 366–81.
10. Amabile TM, Hadley CN, Kramer SJ. Creativity under the gun. *Harvard Business Review* 2002; 80: 52–61.
11. Frost RO, Marten P, Lahart C, Rosenblate R. The dimensions of perfectionism. *Cognitive Therapy and Research* 1990; 14: 449–68.
12. Dolan P, Rudisill C. Babies in waiting: why increasing the IVF age cut-off is likely to lead to fewer wanted pregnancies. Under review, 2013.
13. Cadena X, Schoar A, Cristea A, Delgado-Medrano HM. Fighting procrastination in the workplace: an experiment. National Bureau of Economic Research, 2011.
14. Roy M, Christenfeld N, McKenzie C. Underestimating the duration of future events: memory incorrectly used or memory bias? *Psychological Bulletin* 2005; 131: 738–56.
15. Wohl MJ, Pychyl TA, Bennett SH. I forgive myself, now I can study: how self-forgiveness for procrastinating can reduce future procrastination. *Personality and Individual Differences* 2010; 48: 803–8.

16. Steel P. The nature of procrastination: a meta-analytic and theoretical review of quintessential self-regulatory failure. *Psychological Bulletin* 2007; 133: 65.
17. Shu SB, Gneezy A. Procrastination of enjoyable experiences. *Journal of Marketing Research* 2010; 47: 933–44.
18. Ariely D, Wertenbroch K. Procrastination, deadlines, and performance: self-control by precommitment. *Psychological Science* 2002; 13: 219–24.
19. Kruger J, Evans M. If you don't want to be late, enumerate: unpacking reduces the planning fallacy. *Journal of Experimental Social Psychology* 2004; 40: 586–98.
20. Duflo E, Saez E. The role of information and social interactions in retirement plan decisions: evidence from a randomized experiment. National Bureau of Economic Research, 2002.
21. Lee E. The relationship of motivation and flow experience to academic procrastination in university students. *Journal of Genetic Psychology* 2005; 166: 5–14; Read D, Loewenstein G, Kalyanaraman S. Mixing virtue and vice: combining the immediacy effect and the diversification heuristic. *Journal of Behavioral Decision Making* 1999; 12: 257–73.
22. Johns G, Jia Lin Xie, Yongqing Fang. Mediating and moderating effects in job design. *Journal of Management* 1992; 18: 657.
23. Lavoie JAA, Pychyl TA. Cyberslacking and the procrastination superhighway: a web-based survey of online procrastination, attitudes, and emotion. *Social Science Computer Review* 2001; 19: 431–44.
24. Dolan P, Olsen JA. Equity in health: the importance of different health streams. *Journal of Health Economics* 2001; 20: 823–34; Dolan P, Tsuchiya A. The social welfare function and individual responsibility: some theoretical issues and empirical evidence. *Journal of Health Economics* 2009; 28: 210–20.
25. Dolan P, Shaw R, Tsuchiya A, Williams A. QALY maximisation and people's preferences: a methodological review of the literature. *Health Economics* 2005; 14: 197–208; Edlin R, Tsuchiya A, Dolan P. Public preferences for responsibility versus public preferences for reducing inequalities. *Health Economics* 2012; 21: 1416–26.
26. Amiel Y, Cowell F, Gaertner W. Distributional orderings: an approach with seven flavors. *Theory and Decision* 2012; 73: 381–99.
27. Dolan P, Edlin R, Tsuchiya, A. The relative societal value of health gains to different beneficiaries—final report. National Co-ordinating Centre for Research Methodology, 2008.
28. Dolan P, Robinson A. The measurement of preferences over the distribution of benefits: the importance of the reference point. *European Economic Review* 2001; 45: 1697–1709.
29. Clark A, Fleche S, Senik C. The great happiness moderation. IZA Discussion Paper No. 6761, 2012.
30. Alesina A, Di Tella R, MacCulloch R. Inequality and happiness: are Europeans and Americans different? *Journal of Public Economics* 2004; 88: 2009–42.

31. Oshio T, Kobayashi M. Income inequality, perceived happiness, and self-rated health: evidence from nationwide surveys in Japan. *Social Science & Medicine* 2010; 70: 1358–66; Jiang S, Lu M, Sato H. Identity, inequality, and happiness: evidence from urban China. *World Development* 2012; 40: 1190–1200; Graham C, Felton A. Inequality and happiness: insights from Latin America. *Journal of Economic Inequality* 2006; 4: 107–22.

32. Knight J, Song L. Subjective well-being and its determinants in rural China. *China Economic Review* 2009; 20; 635–49.

33. Meier S, Stutzer A. Is volunteering rewarding in itself? *Economica* 2008; 75: 39–59.

34. Dunn EW, Aknin LB, Norton MI. Spending money on others promotes happiness. *Science* 2008; 319: 1687–88.

35. Mogilner C, Chance Z, Norton MI. Giving time gives you time. *Psychological Science* 2012; 23: 1233–38.

36. Cacioppo JT, Fowler JH, Christakis NA. Alone in the crowd: the structure and spread of loneliness in a large social network. *Journal of Personality and Social Psychology* 2009; 97: 977–91.

37. Luo Y, Hawkley LC, Waite LJ, Cacioppo JT. Loneliness, health, and mortality in old age: a national longitudinal study. *Social Science & Medicine* 2012; 74: 907–14.

38. Andreoni J. Impure altruism and donations to public goods: a theory of warm-glow giving. *Economic Journal* 1990; 100: 464.

39. Dawkins R. *The selfish gene*. Oxford University Press, 2006.〔ドーキンス『利己的な遺伝子』紀伊國屋書店、日高敏隆ほか訳〕

40. Wilkinson GS. Reciprocal food sharing in the vampire bat. *Nature* 1984; 308: 181–84.

41. Lloyd K. Happiness and the wellbeing of young carers: extent, nature, and correlates of caring among 10 and 11 year old schoolchildren. *Journal of Happiness Studies* 2013; 14: 67–80.

42. Bourassa D. Examining self-protection measures guarding adult protective services social workers against compassion fatigue. *Journal of Interpersonal Violence* 2012; 27: 1699–1715.

43. Fellner CH, Schwartz SH. Altruism in disrepute: medical versus public attitudes toward the living organ donor. *New England Journal of Medicine* 1971; 284: 582–85.

44. Sandstrom GM, Dunn EW. The virtue blind spot: do affective forecasting errors undermine virtuous behavior? *Social and Personality Psychology Compass* 2011; 5: 720–33.

45. Otake K, Shimai S, Tanaka-Matsumi J, Otsui K, Fredrickson BL. Happy people become happier through kindness: a counting kindness intervention. *Journal of Happiness Studies* 2006; 7: 361–75.

46. Aknin LB, Dunn EW, Whillans AV, Grant AM, Norton MI. Making a difference matters: impact unlocks the emotional benefits of prosocial spending. *Journal of Economic Behavior & Organization* 2013; 88: 90–95.

47. Rand DG, Nowak MA. Human cooperation. *Trends in Cognitive Sciences* 2013.

48. Nelson LD, Norton MI. From student to superhero: situational primes shape future helping. *Journal of Experimental Social Psychology* 2005; 41: 423–30.
49. Jonas E, Schimel J, Greenberg J, Pyszczynski T. The Scrooge effect: evidence that mortality salience increases prosocial attitudes and behavior. *Personality and Social Psychology Bulletin* 2002; 28: 1342–53.
50. Dolan P, Metcalfe R, Navarro-Martinez D. The determinants of default acceptance in charity donations. Working paper, 2013.
51. Apicella CL, Marlowe FW, Fowler JH, Christakis NA. Social networks and cooperation in hunter-gatherers. *Nature* 2012; 481: 497–501.
52. Cotterill S, Moseley A, Richardson L. Can nudging create the Big Society? Experiments in civic behaviour and implications for the voluntary and public sectors. *Voluntary Sector Review* 2012; 3: 265–74.
53. Dolan P, Olsen JA. *Distributing health care: economic and ethical issues*. Oxford University Press, 2002.
54. Veblen T. *The theory of the leisure class*. MacMillan, 1899.〔ヴェブレン『有閑階級の理論――制度の進化に関する経済学的研究』ちくま学芸文庫、高哲男訳〕
55. Glazer A, Konrad KA. A signaling explanation for charity. *American Economic Review* 1996; 86: 1019–28.
56. Griskevicius V, Tybur JM, Van den Bergh B. Going green to be seen: status, reputation, and conspicuous conservation. *Journal of Personality and Social Psychology* 2010; 98: 392–404; Iredale W, van Vugt M, Dunbar R. Showing off in humans: male generosity as a mating signal. *Evolutionary Psychology* 2008; 6: 386–92.
57. Ariely D, Bracha A, Meier S. Doing good or doing well? Image motivation and monetary incentives in behaving prosocially. *American Economic Review* 2009; 99: 544–55.
58. Duffy J, Kornienko T. Does competition affect giving? *Journal of Economic Behavior & Organization* 2010; 74: 82–103.
59. Goldinger SD, Kleider HM, Azuma T, Beike DR. "Blaming the victim" under memory load. *Psychological Science* 2003; 14: 81–85.

結論

1. Potter M, Vu J, Croughan-Minihane M. Weight management: what patients want from their primary care physicians. *Journal of Family Practice* 2001; 50: 513–19.

幸《しあわ》せな選択《せんたく》、不幸《ふこう》な選択《せんたく》
行動科学で最高の人生をデザインする

2015年8月20日　初版印刷
2015年8月25日　初版発行

＊

著　者　ポール・ドーラン
訳　者　中西《なかにし》真《ま》雄《ゆ》美《み》
発行者　早　川　　浩

＊

印刷所　株式会社亨有堂印刷所
製本所　大口製本印刷株式会社

＊

発行所　株式会社　早川書房
東京都千代田区神田多町2－2
電話　03-3252-3111（大代表）
振替　00160-3-47799
http://www.hayakawa-online.co.jp
定価はカバーに表示してあります
ISBN978-4-15-209559-6　C0033
Printed and bound in Japan
乱丁・落丁本は小社制作部宛お送り下さい。
送料小社負担にてお取りかえいたします。